汽车类高端技能人才·理实一体化系列教材

汽车自动变速器原理与检修

主　编　魏　虹
副主编　王　静　司腊梅

电子工业出版社
Publishing House of Electronics Industry
北京·BEIJING

内 容 简 介

本书主要介绍汽车自动变速器的组成及分类，液力变矩器的工作原理，行星齿轮变速机构的工作原理，辛普森和拉维娜变速器的工作原理，双离合、手自一体、无级变速器的工作原理，液压控制系统控制原理，自动变速器的故障诊断技术。在讲解自动变速器基础知识点的同时，大量引入理实一体化教学的理念，将理论内容和实践内容有机结合，理论知识中合理穿插实践部分，提高学生的实践能力，激发学生的学习兴趣，从而提升教学效果。

本书可作为汽车工程类高职高专的教材，适用于汽车电子技术、汽车检测与维修专业、汽车运用与维修专业、新能源汽车等专业学生学习，也可作为汽车类工程技术人员、中等职业学校电子专业和汽车专业教师的参考书。

未经许可，不得以任何方式复制或抄袭本书之部分或全部内容。
版权所有，侵权必究。

图书在版编目（CIP）数据

汽车自动变速器原理与检修／魏虹主编．—北京：电子工业出版社，2016.7
汽车类高端技能人才·理实一体化系列教材
ISBN 978-7-121-29095-4

Ⅰ．①汽… Ⅱ．①魏… Ⅲ．①汽车—自动变速装置—理论—高等学校—教材 ②汽车—自动变速装置—车辆修理—高等学校—教材　Ⅳ．①U463.212 ②U472.41

中国版本图书馆 CIP 数据核字（2016）第 134127 号

策划编辑：竺南直
责任编辑：竺南直
印　　刷：北京虎彩文化传播有限公司
装　　订：北京虎彩文化传播有限公司
出版发行：电子工业出版社
　　　　　北京市海淀区万寿路 173 信箱　邮编　100036
开　　本：787×1 092　1/16　印张：13　字数：352 千字　彩插：6
版　　次：2016 年 7 月第 1 版
印　　次：2022 年 8 月第10次印刷
定　　价：32.00 元

凡所购买电子工业出版社图书有缺损问题，请向购买书店调换。若书店售缺，请与本社发行部联系，联系及邮购电话：（010）88254888，88258888。
质量投诉请发邮件至 zlts@phei.com.cn，盗版侵权举报请发邮件至 dbqq@phei.com.cn。
本书咨询联系方式：davidzhu@phei.com.cn。

出 版 说 明

　　高等职业教育的实践教学体系，是高等职业教育内涵的核心，在一定意义上可以说，高等职业教育实践教学体系决定了高等职业教育的特征，决定了高等职业教育培养目标的实现，构建高等职业教育实践教学体系是高职院校教学基础建设的重点。

　　作为全国最大的汽车类高等职业学校之一，西安汽车科技职业学院近年来根据汽车行业发展的需要，紧贴职业岗位，引进吸收国外汽车职业教育的先进理念和思想，深入开展实践教学体系的建设和改革。首先，根据实践教学内容，对实践教学项目进行分类，将实践教学内容的开发分为理实一体化教学课程开发和专项实习实训项目的开发两种类型；其次，进行了理实一体化教学课程开发，对汽车发动机构造、汽车底盘构造、汽车电器设备、发动机电子控制技术、车身与底盘电子控制技术、自动变速器、汽车故障诊断与维修7门课程实施理实一体化改造和建设，建设了理实一体化教室，开发出了一系列理实一体化核心课程；此外，以奥迪企业全球员工技术培训计划实践教学体系为基础，根据汽车4S店和修理厂技术岗位基本技能要求，开发了职业技能系列实训项目。经过实践教学体系的建设和改革，提高了实训教学的针对性和有效性，强化了职业岗位的能力素质培养，提升了毕业生的就业竞争力和发展后劲。

　　《汽车类高端技能人才·理实一体化系列教材》是理实一体化课程改革成果总结，配合理实一体化教室，为汽车技术类高职专业的核心课程提供了一个较为理想的教学方案。《汽车类高端技能人才·理实一体化系列教材》是《汽车类高端技能人才实用教材》的核心部分，与以前出版的其他专业基础课一起构成了一套较为完整的汽车技术类专业系列教材。

　　这套系列教材具有以下几个特点：

　　一是系统性。这一系列教材，包含了从汽车发动机、底盘构造，汽车电器设备，汽车电子控制系统，自动变速器，直到汽维修与故障诊断等一系列课程教材，内容上从简到繁，由浅及深，认识过程上从观感认知到分析应用，基本囊括了汽车技术类专业的大多核心专业课程，形成了一个较为完整的专业课程体系。

　　二是实用性。在编写过程中，从企业岗位需求和学生发展空间两个方面考虑编排内容，既注重专业理论的系统性，又重点考虑了专业技能训练的需求。在章节框架结构上，不拘泥于其他理实一体化教材所追求的形式上的"理实一体化"，不强调"项目教学"，"任务导向"，而把重点放在如何在实践环节的学习中，既能学会基本专业技能，又能掌握系统的专业知识上。

　　三是通俗性。在编写过程中，充分考虑到高职学生文化基础的现实状况，降低对学生文化基础知识的要求，让大多数学生能够学得懂。

本套教材内容丰富、图文并茂、体例饱满，选材主要来源于最新的技术手册；难易适中、应用性强，有利于知识的吸收和技能的迅速提高，可作为高等职业技术院校或应用型本科汽车类各专业的必修课教材，也可作为成人高校汽车类各专业的教材，同时可作为相关从业人员的参考用书。

教材编写过程中，由于各种原因，疏漏和不尽如人意之处在所难免，敬请广大师生提出宝贵意见，以便再版时修订完善。

《汽车类高端技能人才理实一体化教材》编委会

前　言

近年来汽车工业发展迅猛，汽车已经不再是简单的代步工具，加入自动控制技术、通信技术以及人工智能等技术的应用，使汽车发展成为更加舒适、更加安全、更加人性化的交通工具。

汽车专业学生在学习中，在掌握了汽车的基础知识之后，需继续关注于汽车专业知识，例如汽车电器设备、汽车发动机电控技术、汽车底盘电控技术、自动变速器、汽车诊断与维修技术等专业知识。作为车辆动力传递的关键部分，自动变速器的技术发展至关重要。我们经过多年教学的积累，在总结汽车与自动变速器的紧密关系后，编写了《汽车自动变速器原理与检修》这本教材。该书主要介绍自动变速器的组成及分类、液力变矩器的工作原理、行星齿轮变速机构的工作原理、辛普森和拉维娜变速箱的工作原理、双离合、手自一体、无级变速器的工作原理、液压控制系统控制原理、自动变速器的故障诊断技术。

本教材与传统教材相比较，具有以下特色：在讲解自动变速器基础知识点的同时，大量引入理实一体化教学的理念，将理论内容和实践内容有机结合，理论知识中合理穿插实践部分，提高学生的实践能力，激发学生的学习兴趣，从而提升教学效果。本书可作为汽车工程类高职高专教材，适用于汽车电子技术专业、汽车检测与维修专业、汽车运用与维修专业、新能源汽车专业等学生学习，也可作为汽车类工程技术人员、中等职业学校电子专业和汽车专业教师的参考书。

本书由西安汽车科技职业学院讲师魏虹担任主编，电子工程系讲师王静、教师司腊梅担任副主编。本书第1、6章由王静老师编写，第2、3章由魏虹老师编写，第4、5章由司腊梅老师编写，全书的统稿工作由魏虹老师完成。

本书在编写过程中参阅了大量的自动变速器类教材和汽车专业教材，并引用了不少参考文献中的内容，由于时间仓促，无法联系，未能一一与著作者协商，在此表示衷心的感谢，并致以歉意。

欢迎广大读者对书中存在的误漏和不足之处提出批评指正，交流讨论，以便我们改正提高。

编　者
2016年3月于西安

目 录

第1章 自动变速器概述 ·· 1
1.1 自动变速器的发展历史 ··· 2
1.2 自动变速器的组成 ··· 5
1.3 自动变速器的类型和优缺点 ··· 7
1.4 自动变速器的控制面板 ·· 11
1.5 自动变速器的型号识别 ·· 17
小结 ··· 21
习题 ··· 22

第2章 液力变矩器 ·· 23
2.1 液力耦合器 ·· 24
2.2 液力变矩器 ·· 28
2.3 带锁止离合器的液力变矩器 ··· 35
【实训项目】液力变矩器的结构认识 ·· 39
【故障案例】液力变矩器的常见故障 ·· 41
小结 ··· 42
习题 ··· 42

第3章 齿轮变速机构 ··· 43
3.1 行星齿轮机构 ··· 43
【实训项目】行星齿轮机构的结构认识 ·· 48
【故障案例】单排行星齿轮机构的常见损伤 ·· 49
3.2 执行器 ·· 50
【实训项目】离合器、制动器、单向离合器的结构认识 ······························· 61
【故障案例】执行器的常见故障 ·· 63
3.3 标准型辛普森齿轮变速机构 ··· 64
【实训项目】标准型四挡辛普森行星齿轮机构的拆装 ································· 72
3.4 改进型辛普森齿轮变速机构 ··· 74
【实训项目】改进型四挡辛普森行星齿轮机构的拆装 ································· 77
3.5 拉维娜齿轮变速机构 ·· 79
【实训项目】拉维娜自动变速器的拆装 ··· 83
小结 ··· 85
习题 ··· 86

第4章　新型自动变速器 87

4.1　本田雅阁平行轴式自动变速器 87
【实训项目】平行轴式（两轴式）自动变速器的拆装 95
4.2　双离合器式自动变速器 97
4.3　手自一体变速器 100
4.4　无级变速器 103
小结 106
习题 106

第5章　自动变速器的控制系统 107

5.1　液压油泵 107
【实训项目】油泵的检修 112
5.2　液压控制系统的结构及工作原理 117
5.3　电子控制系统的结构及工作原理 139
小结 151
习题 151

第6章　自动变速器的检测与维修 152

6.1　自动变速器的基本检查与调整 152
6.2　自动变速器的试验 158
6.3　自动变速器的拆装 164
6.4　常见故障的诊断与排除 185
小结 199
习题 199

参考文献 200

附录A　油路图 201

第1章

自动变速器概述

知识目标

1. 了解自动变速器的发展及应用。
2. 掌握自动变速器的基本组成和工作原理。
3. 理解自动变速器的分类和优缺点。

现代汽车上广泛采用活塞式内燃发动机,由于该类型的发动机转矩变化范围较小,不能适应牵引力和车速需要在相当大范围内变化的要求,因此在汽车传动系中,采用可以改变转速比和传动转矩比的装置,即变速器。汽车上配备的手动变速器不但可以扩大发动机传到驱动车轮上的转矩和转速的变化范围,以适应汽车在各种条件下行驶的需要,而且能在保持发动机转动方向不变的情况下实现倒车,还能利用空挡暂时地切断发动机与传动系统的动力传递,使发动机处于怠速运转状态。虽然手动变速器有上述优点,但在操纵轻便性、经济性、动力性方面仍存在缺陷。随着科学技术的不断进步,液压技术和电子技术不断在汽车上得到运用,在变速器发展方面,为提高驾驶操作的轻便性,减轻驾驶员的疲劳程度,提高汽车的动力性和经济性,人们在改进变速器的结构和换挡方法上作了很大的努力,液力控制自动变速器、电控液力自动变速器、电子控制机械自动变速器和机械无级自动变速器等便是人们改进手动变速器的结果。

随着汽车工业的飞速发展,城市车辆密度的加大,自动变速器已逐渐成为汽车的标配,而不仅仅是豪华的标志。因为有了自动变速器,改变车速变得轻松自如,且不必频繁地踩踏板,使汽车的驾驶更为简单方便,乘坐更为舒适安全。

汽车自动变速器即自动操纵式变速器,能够根据发动机负荷和车速等工况的变化自动变换传动系统的传动比,使汽车获得良好的动力性和燃油经济性,提高车辆行驶的安全性、乘坐舒适性和操纵轻便性。

1.1 自动变速器的发展历史

1.1.1 自动变速器的发展史

1914年，德国奔驰（Benz）汽车公司生产出第一台自动变速器，但只安装在达官贵人的车上，并没有商品化。

1926年，美国通用（GM）汽车公司第一次在别克轿车上将液力耦合器和机械变速器组装在一起。1939年，美国通用汽车公司首先在其生产的奥兹莫比尔（Oldsmobile）轿车上装用了液力耦合器和行星齿轮机构组成的液力变速器，这是现代自动变速器的雏形。

20世纪40年代末50年代初，出现了根据车速和节气门开度自动控制换挡的液力控制换挡自动变速器，使自动变速器进入了迅速发展时期。到1975年，自动变速器在重型汽车及公共汽车上的应用已相当普遍。

1968年，法国雷诺（Renault）汽车公司第一次在自动变速器上使用电子元件。20世纪70年代末电子控制技术开始应用于汽车变速器。

1982年，日本丰田（Toyota）生产出第一台由微机控制的电控自动变速器，即丰田A140E自动变速器。

1983年，德国研制成功电喷发动机和自动变速器共用的电子控制单元（ECU）。

1984年，美国第一台电控自动变速THM440-T4由通用汽车公司推出。自此，以微机为控制核心的电子控制自动变速器迅速发展。

自动变速器在国外得以迅速发展，普及率越来越高，除了大排量发动机继续装备自动变速器之外，发动机排量在2.0L以下的轿车也大量装备自动变速器，而且不少车型都把它作为标准配置推出。

自动变速器在我国一直处于十分落后状态，除了20世纪70年代长春第一汽车制造厂曾为红旗牌轿车配置了自动变速器之后，将近20年国产轿车从未出现过自动变速器总成。自从20世纪80年代以来，国外大量的现代轿车进入我国市场，特别是在一些国际化大都市，装备有自动变速器的进口轿车的保有量迅速增长。长期以来具有自动变速器的轿车，一直被视为高级和豪华的标志，通常只有发动机排量在3.0L以上的轿车才配置自动变速器。同时，人们形成了一种概念，装备自动变速器的轿车具有许多优点，但售价昂贵、燃油经济性较差、结构复杂、维修保养困难，较难在普及型轿车上推广。因此，大家始终把自动变速器认为是一种技术难度大，但又是很奢侈的汽车部件总成。

1998 年，上海通用汽车公司率先在国产的别克新世纪轿车上推出了 4T65E 自动变速器，紧接着长春一汽大众在捷达轿车上也推出了自动变速器，而广州本田雅阁轿车、东风神龙富康轿车、东风风神轿车以及上海大众帕萨特轿车都配置了自动变速器，其中东风神龙富康轿车和长春一汽大众捷达都市阳光型轿车都配置了 1.6L 排量的电喷发动机，是国产轿车配置自动变速器中，发动机排量最小的车型。另外，长春一汽大众的奥迪 A6 配置了手动、自动混合控制的自动变速器，代表了较新的自动变速器控制技术。在仅仅十来年的时间里，在国产轿车上自动变速器的普及率发展如此之快，是始料不及的。

1.1.2 自动变速器的电子化

随着微电子技术的迅猛发展，机电一体化技术进入汽车领域，推动了汽车变速装置的重大变革。常见的三种传动装置均出现了电子化的趋势。

（1）液力自动变速器（Automatic Transmission，AT）。液力自动变速器的基本结构由液力变矩器与动力换挡的辅助变速装置组成。液力变矩器安装在发动机和变速器之间，以液压油为工作介质，起传递转矩、变矩、变速及离合的作用。液力变矩器可在一定范围内自动无级地改变转矩比和传动比，以适应行驶阻力的变化。但是由于液力变矩器变矩系数小，不能完全满足汽车使用的要求，所以，它必须与齿轮变速器组合使用，扩大传动比的变化范围。目前，绝大多数液力自动变速器都采用行星齿轮系数作为辅助变速器。行星齿轮系统主要由行星齿轮机构和执行机构组成，通过改变动力传递路线得到不同的传动比。由此可见，液力自动变速器实际上是能实现局部无级变速的有级变速器。液力自动变速器是目前使用最多的自动变速器。采用此种类型的自动变速器，免除了手动变速器繁杂的操作，使开车变得省力。同时，电子控制也使自动切换过程柔和、平顺，因此汽车具有良好的乘坐舒适性和安全性、优越的动力性和方便的操纵性。但这种变速器效率低，结构复杂，成本比较高。

（2）手动式机械变速器（Manual Transmission，MT）。借助于微机控制技术，手动式机械变速器正演变为由电子计算机控制的机械式自动变速器（Electronic-controlled Mechanical Transmission，EMT 或 Automated Mechanical Transmission，AMT），从而克服了手动操纵的种种弊端。电控机械式自动变速器（AMT）是在传统固定轴式变速器和干式离合器的基础上，应用电子技术和自动变速器理论来实现机电一体化协调控制的。车辆起步、换挡的自动操纵是以电控单元（ECU）为核心，通过液压或气压执行机构来控制离合器的分离与接合、选挡操作以及发动机节气门调节的。ECU 车辆的运行状况（发动机转速、变速器输入轴转速、车速）、驾驶员意图（油门开度、制动踏板行程）和道路路面状况（坡道、弯道）等因素，按预先设定的由模拟熟练驾驶员的驾驶规律（换挡规律、离合器接合规律），借助于相应的执行机构（发动机油门控制执行机构、离合器执行机构、变速器换挡执行机构），对发动机、离合器、变速器的协调动作进行自动操纵。

AMT 既具有液力自动变速器自动变速的优点，又保留了原手动变速器齿轮传动的效率高、成本低、结构简单、易制造的长处。它揉合了二者优点，是非常适合我国国情的机电一体化高新技术产品。它是在机械变速器基础上进行改造的，保留了绝大部分原总成部件，只改变其中手动操作系统的换挡杆部分，生产继承性好，改造的投入费用少，非常容易被生产厂家接受。它的缺点是非动力换挡，这可以通过电控软件方面来得到一定弥补。在几种自动变速器中，AMT 的性能价格比最高。在中低挡轿车、城市客车、军用车辆、载货车等方面应用前景较广阔。

（3）无级变速器（Continuously Variable Transmission，CVT）。无级变速器的特点是可实现无级变速，按传动方式可采用液体传动、电力传动和机械传动三种方式。无级变速器与常见的液压自动变速器最大的不同是在结构上，液压自动变速器由液压控制的齿轮变速系统构成，是有挡位的；而无级变速器所能实现的是在两挡之间的无级变速，由两组变速轮盘和一条传动带组成，比传统的自动变速器结构简单，体积更小。由于无级变速器可以自由改变传动比，从而实现全程无级变速，使车速变化更为平稳，没有传统变速器换挡时那种"顿"的感觉。同时无级变速器可使发动机始终在其经济转速区域内运行，从而大大改善了燃油经济性。

1.1.3　自动变速器的优势

自动变速器与传统的手动变速器相比较，具有以下优势。

（1）自动变速器可消除职业和非职业驾驶员操作技能上的差异。随着轿车的大量普及，老人和妇女涉及该商品的使用领域，由于体能和操作技能上的差异，往往给这些人的使用带来许多障碍，甚至导致许多交通安全事故。追求商品的操作简便，往"傻瓜"型的操作方式发展，是普及商品的重要途径，而自动变速器能根据实际路况条件自动选择最合适的挡位行驶，从而减少技能和体能上由差异所造成的影响。

（2）电子控制技术的快速发展促使自动变速器燃油经济性明显改善。自动变速器燃油经济性较差的问题，一直制约自动变速器在普及型轿车上的广泛应用，关键是变矩器"软"连接引起的高速状态时的滑转，传动效率很低。20 世纪 80 年代后期，由于电子控制技术的快速发展，电子元件的成本大幅度降低和可靠性大幅度提高，为电控自动变速器的发展创造了良好条件，变矩器"软"连接引起的一系列问题也随之解决。如今很难比较手动和自动变速器的油耗究竟是谁高。

（3）减轻驾驶员操作时的劳动强度，提高行驶安全性。随着轿车的普及以及公路的高速化，造成交通事故的机会也在增大。社会的激烈竞争，造成人们的思想高度紧张，极易产生身体的疲劳，人们需要追求一种放松的作业环境，摆脱劳累和放松情绪。自动变速器由于简化操作，具有自适应的控制功能，因此可使驾驶员将注意力集中于对外界情况的观察，提高了行驶安全性。

（4）自动变速器可以降低发动机污染物的排放。发动机变工况的使用是造成发动机排放指标差的重要原因之一。在手动变速器的汽车上，通过稳定发动机转速而频繁变更变速器挡位是很难实现的。但在自动变速器的汽车上，可把发动机转速稳定在低污染和低油耗的区域，而通过变速器挡位的自动变换来适应外界的路况变化。

1.2 自动变速器的组成

自动变速器的厂牌型号很多，外部形状和内部结构也有所不同，但其组成基本相同，都是由液力变矩器和齿轮式自动变速器组合起来的。常见的组成部分有液力变矩器、行星齿轮机构、离合器、制动器、油泵、滤清器、管道、控制阀体、速度调压器等，按照这些部件的功能，可分为供油系统、液力变矩器、变速齿轮机构、液控换挡系统、电控换挡系统五大部分，如表1-2-1所示。

表1-2-1　自动变速器的组成及各部分功用

组成	功能	组成零部件
供油系统	给变矩器、换挡执行机构、自动换挡系统等部分提供一定压力、流量的液压油	油泵、油箱、滤清器、调压阀、管道等
液力变矩器	利用油液循环流动过程中动能的变化将发动机的动力传递给自动变速器的输入轴，并根据行驶阻力的变化，在一定范围内自动、无级地改变传动比和转矩比	泵轮、涡轮、导轮等
变速齿轮机构	实现变速的机构，改变动力传递的方向和变速比	行星齿轮机构、离合器、制动器、单向离合器等
液控换挡系统	根据手动阀、节气门开度、车速、控制开关等状态，利用液压控制原理，按照换挡规律控制行星齿轮变速器中的换挡机构，实现自动换挡	液力控制的各种控制阀及油路
电控换挡系统	通过电磁阀，控制换挡执行机构工作，实现自动换挡	控制电脑、各种传感器、电磁阀等

1.2.1 供油系统

自动变速器的供油系统主要由油泵、油箱、滤清器、调压阀及管道所组成。油泵是自动变速器最重要的总成之一，它通常安装在变矩器的后方，由变矩器壳后端的轴套驱动。在发动机运转时，不论汽车是否行驶，油泵都在运转，为自动变速器中的液力变矩器、换挡执行机构、自动换挡控制系统部分提供一定油压的液压油。油压的调节由调压阀来实现。

1.2.2　液力变矩器

液力变矩器位于自动变速器的最前端，安装在发动机的飞轮上，其作用与采用手动变速器的汽车中的离合器相似。它利用油液循环流动过程中动能的变化将发动机的动力传递给自动变速器的输入轴，并能根据汽车行驶阻力的变化，在一定范围内自动地、无级地改变传动比和转矩比，具有一定的减速增扭功能。

1.2.3　变速齿轮机构

自动变速器中的变速齿轮机构所采用的类型有普通齿轮式和行星齿轮式两种。采用普通齿轮式的变速器，由于尺寸较大，最大传动比较小，只有少数车型采用。目前绝大多数轿车自动变速器中的齿轮变速器采用的是行星齿轮式。

变速齿轮机构主要包括行星齿轮机构和换挡执行机构两部分。行星齿轮机构是自动变速器的重要组成部分之一，主要由太阳轮（也称中心轮）、内齿圈、行星架和行星齿轮等元件组成。行星齿轮机构是实现变速的机构，变速比的改变是通过以不同的元件作主动件和限制不同元件的运动而实现的。在变速比改变的过程中，整个行星齿轮组还存在运动，动力传递没有中断，因而实现了动力换挡。

换挡执行机构主要是用来改变行星齿轮中的主动元件或限制某个元件的运动，改变动力传递的方向和变速比，主要由多片式离合器、制动器和单向超越离合器等组成。离合器的作用是把动力传给行星齿轮机构的某个元件使之成为主动件。制动器的作用是将行星齿轮机构中的某个元件固定，使之不动。单向超越离合器也是行星齿轮变速器的换挡元件之一，其作用和多片式离合器及制动器基本相同，也是用于固定或连接几个行星排中的某些太阳轮、行星架、齿圈等基本元件，让行星齿轮变速器组成不同传动比的挡位。

1.2.4　液控换挡系统

自动变速器油液（自动变速器中的油液为变速器油，或称 ATF）从液压油泵输出后，即进入主油路系统。由于液压油泵由发动机直接驱动，故其输出流量和压力均受发动机运转状况影响。发动机怠速工作时，转速在1000r/min左右，而在最高车速时，发动机转速在5000r/min

以上，从而使得液压系统输出的油液流量和压力变化很大。当主油路压力很高时，会引起换挡冲击并增加功率消耗；而主油路压力太低时，又会使得离合器、制动器等执行元件打滑，二者均影响液压控制系统的正常工作。因此主油路的油压需要相关液压阀进行调整，保证油液在进入换挡系统其他阀时具有稳定的油压，使系统工作平稳。

1.2.5 电控换挡系统

电控换挡系统通过节气门位置传感器和车速传感器，将发动机节气门开度和车辆行驶速度转变为由各种传感器输出的电信号，连同其他反映汽车各总成和系统工作情况的传感器信号一起，送到电子控制自动变速器的电子控制单元（ECU）。然后，输入信号与事先存储在电子控制单元中的参数进行比较，并由电子控制单元向相应的若干个电磁阀发出指令，接通或切断流向换挡阀的液压，使执行机构中的各离合器和制动器动作得到控制，从而精确地控制换挡时机和锁止离合器的工作，并使自动变速器的换挡更趋平稳。

1.3 自动变速器的类型和优缺点

不同车型采用的自动变速器在形式、结构上均有不同，下面从不同角度对自动变速器进行分类。

1.3.1 自动变速器的分类

1. 按自动变速器的变速方式分类

自动变速器按照变速方式可分为有级变速器和无级变速器。有级变速器是指在变速过程中有明显的挡位变化，各挡位之间具有明显的差异，如图 1-3-1 所示。无级变速器是指在变速过程中没有明显的挡位，车速在缓慢地增大或者减小，如图 1-3-2 所示。

2. 按汽车驱动方式分类

自动变速器按照汽车驱动方式的不同，可分为后驱动和前驱动两种。
如图 1-3-3 所示，后驱动自动变速器的变矩器和齿轮变速器的输入轴及输出轴在同一轴线上，因此轴向尺寸较大；阀板总成则布置在齿轮变速器下方的油底壳内。

图 1-3-1　有级变速器　　　　　　　　图 1-3-2　无级变速器

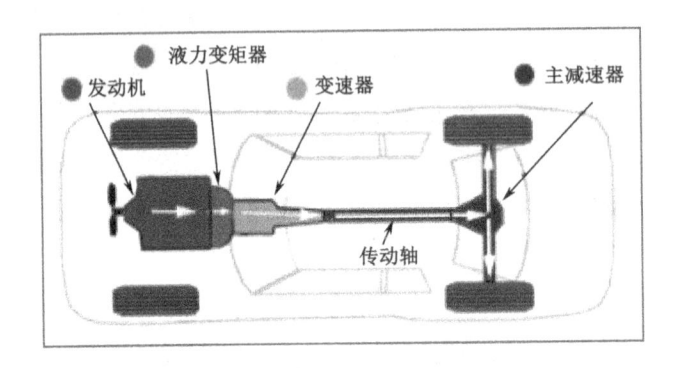

图 1-3-3　后驱动自动变速器

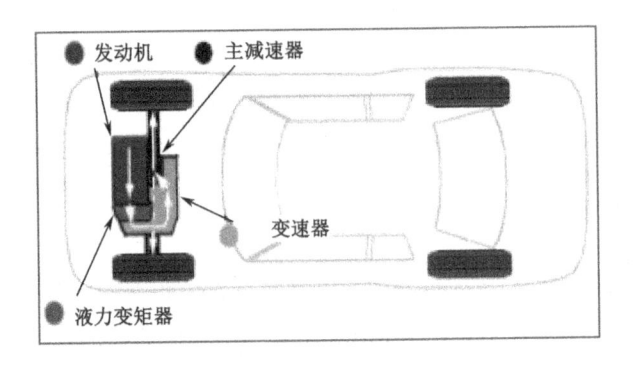

前驱动自动变速器除了具有与后驱动自动变速器相同的组成部分外，在自动变速器的壳体内还装有差速器。前驱动汽车的发动机有纵置和横置两种。纵置发动机的前驱动自动变速器的结构和布置与后驱动自动变速器基本相同，只是在前端增加了一个差速器。横置发动机的前驱动自动变速器由于汽车横向尺寸的限制，要求有较小的轴向尺寸，因此通常将输入轴和输出轴设计成两个轴线的方式，变矩器和齿轮变速器输入轴布置在上方，输出轴则布置在下方。如图 1-3-4 所示为前驱动自动变速器。

图 1-3-4　前驱动自动变速器

3．按自动变速器前进挡的挡位数分类

自动变速器按前进挡的挡位数的不同分类，早期的自动变速器通常为 2～3 个前进挡；而现在常见的自动变速器有 5～6 个前进挡，甚至有些达到 7 个前进挡。

4．按变矩器的类型分类

按照液力变矩器的类型，可分为有锁止离合器和无锁止离合器两种。早期的变矩器中没有锁止离合器，在任何工况下都是以液力的方式传递发动机动力，因此传动效率较低。

新型轿车自动变速器都采用带锁止离合器的变矩器，这样当汽车达到一定车速时，控制系统使锁止离合器接合，液力变矩器输入部分和输出部分连成一体，发动机动力以机械传递的方式直接传入齿轮变速器，从而提高了传动效率，降低了汽车的燃油消耗量。

5．按传动机构的类型分类

自动变速器按其传动机构的类型不同，可分为平行轴式、行星齿轮式和链条式三种，如图 1-3-5 所示。平行轴式自动变速器体积大，最大传动比小，只有少数几种车型使用。行星齿轮式自动变速器结构紧凑，能获得较大的传动比，为绝大多数轿车所采用。链条式传动为新型的无级变速器，它只需两个滑轮和一个钢带，就能实现无数个前进挡位的无级变速。

（a）平行轴式　　（b）行星齿轮式　　（c）链条式

图 1-3-5　不同传动机构的自动变速器

6．按控制方式分类

自动变速器按控制方式不同，可分为液力控制自动变速器和电子控制自动变速器两种。

液力控制自动变速器是通过机械的手段，将汽车行驶时的车速及节气门开度这两个参数转变为液压控制信号；阀板中的各个换挡阀根据这两个液压控制信号的大小，按照设定的换挡规律，通过控制换阀移动，从而控制执行机构的动作，实现自动换挡。

电子控制自动变速器大多通过气门开度、车速这两个参数控制，发动机转速、发动机水温、自动变速器液压油温等参数均作为修正信号；电脑根据这些电信号，按照设定的换挡规律，向换挡电磁阀、油压电磁阀等发出电子控制信号；换挡电磁阀和油压电磁阀再将电脑的电子控制信号转变为液压控制信号，阀板中的各个控制阀根据这些液压控制信号，控制换挡

执行机构的动作,从而实现自动换挡。

电控变速器的 AI 功能,即 Artificial Intelligent(人工智能)系统,是变速器控制的新技术。AI(人工智能)换挡控制系统通过节气门开度、车速、发动机转速、制动踏板、车辆的加速情况和弯道等输入信号与内存进行比较,根据车辆的实际加速情况评估道路的坡度;根据弯道信息评估道路的弯道情况;根据加速踏板的位置和车辆情况评估驾驶员的意愿,接合行驶模式选择开关的位置,进行道路情况和驾驶员意愿的辅助控制,自动选择合适的换挡程序。

随着汽车技术的发展,市面上又相继出现了更多新型的自动变速器,例如双离合自动变速器、手自一体变速器等,这些类型将在第 4 章中详细讲解。

1.3.2 自动变速器的优缺点

1. 自动变速器的优点

(1)使发动机和传动系统等零部件的寿命得到提高。液力传动汽车的发动机与传动系统,由液体工作介质"软"性连接。液力传动起一定的吸收、衰减和缓冲的作用,大大减少了冲击和动载荷。例如,当载荷突然增大时,可防止发动机过载和突然熄火。

汽车在起步、换挡或制动时,能减少发动机和传动系统所承受的冲击及动载荷,因而提高了有关零部件的使用寿命。对比试验表明:自动变速器的使用可以使发动机的寿命提高 85%,变速器的寿命提高 12 倍,传动轴和驱动半轴的寿命可以提高 75%~100%。

(2)驾驶性能好。汽车驾驶性能的好坏,除与汽车本身的结构有关外,还取决于正确的控制和操纵。自动变速器能通过系统的设计,采用液压操纵或者电子控制,使换挡实现自动化。在变换变速杆位置时,实质上是操纵液压控制的滑阀,使整车自动去完成这些使用要求,以获得最佳的燃料经济性和动力性。自动变速器系统可以不要离合器,大大减轻了驾驶员的劳动强度,使得驾驶性能与驾驶员的技术水平关系不大,因而特别适合于非职业驾驶员驾驶的车辆。

(3)行驶性能好。采用液力自动变速器的汽车在起步时,驱动轮上的驱动转矩是逐渐增加的,从而防止了很大振动与冲击,减少了车轮的打滑,使起步容易,且更加平稳。通过液力传动或微电脑控制换挡,可以消除或者降低动力传动系统的冲击和动载荷,提高了汽车的乘坐舒适性。

(4)安全性能好。车辆行驶过程中,驾驶员必须根据道路、交通条件的变化,对车辆的行驶方向和速度进行改变和调节。以城市大客车为例,平均每千米换挡 3~5 次,且每次换挡有 4~6 个手脚协调动作,使驾驶员的注意力被分散,而且容易产生疲劳,导致交通事故增加。而如果以减少换挡、操纵节气门大小代替变速,那样会牺牲燃油经济性。由于自动变速的车辆，取消了离合器踏板和换挡操纵，所以只要控制加速踏板就能自动变速，从而改善了驾驶员的劳动强度，使行车事故率降低，平均车速提高。

（5）减少废气排放。发动机在怠速和高速运行时，排放的废气中 CO 或 HC 化合物的浓度较高。而自动变速器的应用，可使发动机经常在经济转速区域内运转，也就是在较小污染排放的转速范围内工作，从而降低了污染物排放。

2．自动变速器的缺点

（1）结构复杂，制造、维修成本高。与手动变速器相比，自动变速器结构较复杂，零件加工难度大，生产、维修成本较高，维修也较麻烦。

（2）传动效率低，燃油消耗率高。与手动变速器相比，自动变速器的效率还不够高，油耗相对也较高。当然，通过实施动力传动控制一体化、液力变矩器闭锁、增加挡位数等措施，可以使自动变速器接近手动变速的效率水平。

1.4 自动变速器的控制面板

1.4.1 自动变速器操纵手柄的使用

自动变速器是由驾驶员通过驾驶室内的操纵手柄来操作的。操纵手柄布置在转向柱上，常见的有 5～8 个挡位。如图 1-4-1 所示为 6 个挡位的自动变速器操纵手柄，目前大部分轿车自动变速器的操纵手柄都是采用这种布置方式。

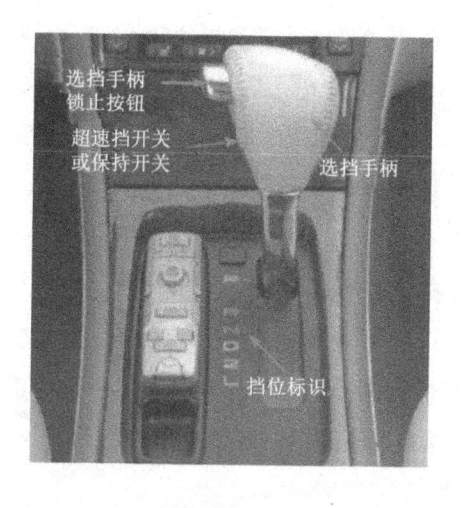

图 1-4-1　自动变速器操纵手柄

以下分析自动变速器操纵手柄各个挡位的含义。

1. 停车挡（P 挡）

P（Park）挡，停车挡或者驻车挡，通常位于操纵手柄的最前方。当选挡手柄置于该位置时，自动变速器中的停车锁止机构将变速器输出轴锁止，驱动轮不能转动，以防止汽车移动，同时换挡执行机构使自动变速器处于空挡状态。当选挡手柄离开停车挡位置时，停车锁止机构即被释放。

2. 倒挡（R 挡）

R（Reverse）挡，倒挡，一般车只有一个倒挡。当选挡手柄置于该位置时，汽车可以倒退行驶。

3. 空挡（N 挡）

N（Neutral）挡，空挡通常位于操纵手柄的中间位置，在倒车挡和前进挡之间。当选挡手柄置于该位置时，换挡执行机构使自动变速器处于空挡状态。此时，发动机的动力虽经输入轴传入自动变速器，但只能使齿轮空转，输出轴无动力输出。

4. 前进挡（D 挡）

D（Drive）挡、S/2 挡、L 挡都是前进挡。变速器在 $D_1 \sim D_4$ 四挡之间换挡，不能间隔升挡，降挡时一些新款车可以间隔降挡。D 位用于正常行车，其中 D_4 挡一般为超速挡。只有少数车最高挡 4 挡为直接挡。

5. 前进低挡（S/2 挡和 L 挡）

丰田车系前进低挡通常有 2 个位置，即 S/2 位和 L 位，均为强制前进低挡。选挡手柄置于 S/2 挡位时，只能在 1～3 挡自动变速；选挡手柄置于 L 挡位时，自动变速器固定在 1 挡或只能在 1～2 挡自动换挡。在变换选挡手柄位置时，必须先按下选挡手柄上方的选挡手柄锁止按钮，否则无法移动选挡手柄。

1.4.2 自动变速器控制开关的使用

自动变速器除了控制面板上的操纵手柄控制挡位之外，还可以通过一些控制开关来进行其他控制。不同车型所配备的自动变速器的控制开关往往都有不同的名称，作用也不尽相同。以下介绍常见的几种控制开关。

1. 超速挡开关（O/D 开关）

超速挡开关用于控制自动变速器的超速挡。当打开此开关后，超速挡控制电路接通，如果此时操纵手柄位于 D 位，自动变速器随着车速的提高而升挡时，最高可升至 4 挡（即超速挡）。

如果关闭该开关，超速挡控制电路被断开，仪表盘上的 O/D OFF 指示灯随之亮起（表示限制超速挡的使用），自动变速器随着车速的提高而升挡时，最高只能升至 3 挡，不能升入超速挡。

超速挡开关作用只是取消 4 挡，限制跳挡范围，与强制降挡开关是不一样的。强制降挡是电控变速器靠自动跳合开关实现的，或用液控变速器阀板上的拉索控制的强制降挡阀实现。

2. 模式开关

常见的电子控制自动变速器都有模式开关，用来选择自动变速器的控制模式，以满足不同的使用要求。

所谓控制模式主要是指人为干预自动变速器的正常换挡规律。常见的自动变速器的控制模式有以下几种。

（1）经济模式（Economy）

经济模式顾名思义是以获得最小的燃油消耗为目的进行换挡控制。在这种模式下，换挡车速相对较低，动力性能稍差。当自动变速器处于经济模式运行时，其换挡规律较正常提前，使发动机在汽车行驶过程中经常处在经济转速范围内运转，从而提高了燃油经济性。此模式适宜在良好路面条件下使用。

（2）动力模式（Power）

动力模式是以汽车获得最大的动力性为目标来设计换挡规律的。因此在这种模式下，燃油消耗较大，而动力性能好。

（3）标准模式（Normal）

标准模式的换挡规律介于经济模式和动力模式之间。该模式兼顾了动力性和经济性，使汽车既保证一定的动力性，又有较佳的燃油经济性。通常情况下，车辆只有动力性开关，没有经济性开关。控制电脑在未收到动力开关信号时自动默认为标准模式。

3. 手动模式（Manual）和保持开关（Hold）

丰田车配置 Manual 开关，该开关按下后自动变速器便不能自动换挡，其挡位完全取决于操纵手柄的位置：D 位只有 4 挡，S/2 位只有 3 挡，L 位只有 1 挡位置。

马自达电子控制自动变速器设有保持开关 Hold，通常位于操纵手柄上。当操纵手柄位于 D 位、S/2 位、L 位时，自动变速器分别保持在 3 挡、2 挡、1 挡位置。汽车在雪地上行驶时，可以按下这个开关，用操纵手柄选择挡位，即 3 挡起步，以防止驱动轮打滑。由此可见手动模式（Manual）和保持开关（Hold）的作用在不同车型中作用相同。

4．冬季和雪地模式

奔驰车倒挡设置有冬季（Winter，W）和标准（Standard，S）两种模式。S 模式下的倒挡输出扭矩大于 W 模式，W 模式下的倒挡传动比小于 S 模式，即低附着系数路面用高挡便于冬季倒挡起步，避免打滑。

5．手自动一体模式

为了提高操作舒适性，2000 年以后的奔驰变速器控制面板的"4"、"3"、"2"、"1" 用手动换挡开关（也称为点动换挡）代替，在 D 位可以有 5 个前进挡，此外手柄向"＋"方向横移，向前加 1 挡，向"－"方向横移，向后减 1 挡。所选实际挡位可以由仪表显示。功能实现由手动换挡控制模块完成。

1.4.3　不同工况下自动变速器的使用

由于自动变速器在结构和工作原理上与手动变速器有很大差异，因此在使用操作上也有诸多不同之处。本书提到的自动变速器如没有特殊指出，均指四挡变速器。

1．起动

正常起动发动机时，应拉紧手制动或踩住制动踏板，将自动变速器的操纵手柄置于 P 位或 N 位，此时将点火开关转至起动位置，才能起动发动机。当操纵手柄位于 P 位或 N 位之外的其他任何位置上时，将点火开关转至起动位置，起动发动机都不会转动。

2．起步

（1）发动机起动后，必须停留几秒，待变速器内油压建立起来后才能挂挡起步。

（2）起步时应先踩住制动踏板，按锁止按钮，然后再进行挂挡，并查看所挂挡位是否正确，最后松开手制动，抬起制动踏板，怠速即可起步，缓慢踩下油门踏板可加速起步。

（3）必须先挂挡后踩油门踏板。不允许出现以下情况：边踩油门踏板边挂挡；先踩油门踏板后挂挡；挂挡后踩着制动踏板或还未松开手刹车就加大油门。

3．一般道路行驶

（1）配置自动变速器的汽车在一般道路上向前行驶时，通常将操纵手柄置于 D 位，并打开超速挡开关。此时自动变速器就能根据车速、行驶阻力、节气门开度等因素，在1挡、2挡、3挡及超速挡之中自动升挡或降挡，以选择最适合汽车行驶的挡位。

（2）为节省燃油，可将模式开关设置在经济模式或者标准模式。

（3）为了提高汽车的动力性，可将模式开关设置在动力模式位置上。在急加速时，还可采用"强制低挡"的操作方法，即将油门踏板迅速踩到全开位置，此时自动变速器会自动下降一个挡位，获得更大的加速效果。当加速的要求得到了满足之后，应立即松开油门踏板，以防止发动机转速超过极限转速造成损坏。强制低挡的目的通常只在于超车，在这种工况下，自动变速器中的摩擦片磨损、发热现象明显严重，非常容易造成碎片或黏接。如非特殊需要，不宜经常使用。

4．倒车

（1）在汽车完全停稳后，将操纵手柄移至R位置。

（2）在平路上倒车时，可完全放松油门踏板，以怠速缓慢倒车。

（3）如果倒车中要越过台阶或突起物时，应缓慢加大油门，在越过台阶或突起物后要及时制动。

5．坡道行驶

（1）在一般坡道上行驶时，可将操纵手柄置于D位，用油门或制动踏板来控制上下坡车速。

（2）如果汽车以超速挡在坡道上行驶，因坡道阻力大于驱动力，导致车速下降到一定车速时，自动变速器从超速挡降至3挡；到3挡后，又因驱动力大于坡道阻力，汽车被加速，到一定车速时又升挡至超速挡。

6．发动机制动

汽车行驶在长坡时，若完全松开油门踏板后车速仍然太快，可将操纵手柄置于S/2位或L位，并将油门踏板松到最小（注意：禁止熄火），此时驱动轮经传动轴、变速器、变矩器反拖发动机运转，这样可利用发动机阻力让汽车减速，这种情况称为发动机制动。在汽车高速时，若完全松开油门，发动机应该降至怠速转速。

7．雪地和泥泞路面行驶与冰雪路面行驶

在雪地或泥泞路面上行驶时，若操纵手柄置于D位，踏下油门踏板较大，驱动轮开始打滑，汽车实际提速慢且磨损轮胎。此时可将操纵手柄置于S/2位或L位，限制自动变速器高挡位，也可利用油门开度来控制车轮的驱动力，防止驱动轮打滑。没有保持开关（Hold）、手动模式（Manual）或手自动一体（Tiptronic）开关的自动变速器，最好采用与操纵手动变

速器一样的方法，用操纵手柄来选择适当的高挡起步行驶可防止打滑。

8．临时停车

汽车在交叉路口等待交通信号或因堵车等原因而需要临时停车时，若停车时间较短，可将操纵手柄保持在D位，只用脚制动停车，此时一旦放松制动踏板，汽车就可以重新起步。

若停车时间稍长，可将操纵手柄保持在D位，最好同时用脚制动和手制动，以免不小心松开制动踏板时汽车向前运动而发生意外。若停车时间较长，最好把操纵手柄换到N位，拉紧手制动停车，以免造成自动变速器液压油升温过高。

9．停放

汽车停放好后，应踩住制动踏板，将操纵手柄移至停车挡位置，并拉紧手制动，然后关闭点火开关，熄火，拔钥匙。

自动变速器车的钥匙锁设有连锁装置，只有手柄推至P位时方可将钥匙拔出。连锁装置可以是手柄连拉索控制锁心回位（大众车系），也可以在P位时由电子控制模块控制电磁阀断电，解除对锁心回位的阻止（丰田车系），钥匙可以拧回空位拔出。

1.4.4 自动变速器使用注意事项

为充分发挥自动变速器的性能优势，防止因使用操作不当而造成自动变速器的早期损坏，在驾驶装有自动变速器的汽车时，应注意以下几点。

（1）在驾驶时，如无特殊需要，不要将操纵手柄在D位、S/2位、L位之间来回拨动。

（2）在天气寒冷的冬季起动时，应允许1min预热，保证发动机和变速器进入正常工作温度。挂上挡行驶后，不应立即猛烈地将油门踏板一脚踩到底。

（3）当汽车还没有完全停稳时，不允许从前进挡换至倒挡，也不允许从倒挡换到前进挡，否则会损坏自动变速器中的摩擦片和制动带。

（4）一定要在汽车完全停稳后才能将操纵手柄拨入停车挡位置，否则自动变速器会发出刺耳的金属撞击声，并损坏停车锁止机构。

（5）要严格按照标准调整好发动机怠速，怠速过高或过低都会影响自动变速器的使用效果。

（6）为了防止不正确的操作造成自动变速器的损坏，大部分车型的自动变速器操纵手柄上都有一个锁止按钮。

（7）被牵引时注意事项。变速杆置于N挡，牵引速度要小于50km/h，距离要小于50km。若需长距离牵引，则要将前轮（驱动轮）置于牵引车上。

1.5 自动变速器的型号识别

一种类型的变速器会被配置在多个公司不同款式的汽车上，而同一种车型也会根据用途不同，也可能装备不同的型号的变速器。如果对自动变速器的型号不了解，在使用、维修中就会对资料查找、故障分析、零配件采购等造成障碍。下面分别介绍世界各国自动变速器制造企业、自动变速器型号的含义、常见自动变速器的主要识别方法。

1.5.1 世界各国自动变速器制造企业

目前世界各国自动变速器制造企业及生产的自动变速器装备车辆情况如下。

1. 采埃孚（ZF）

采埃孚（ZF）是欧洲最大的自动变速器生产厂家，该公司成立于1915年，总部位于德国，ZF所生产的自动变速器在欧洲品牌车型上得到广泛应用，宝马、奥迪、大众、捷豹、保时捷、雷诺、标志、雪铁龙等许多高档乘用车均装配该公司生产的自动变速器。

2. 爱信（Aisin-Warner）

爱信（AW）是目前日本第一大变速器制造公司，成立于1969年，当时由Aisin和Borg-Warner（博格华纳）合资建立，它是爱信精机（Aisin Seiki）株式会社的子公司。由于丰田公司拥有爱信精机22.2%的股份，因此，AW实际属于丰田之下，丰田汽车公司生产的乘用车全部采用该公司生产的自动变速器。其他整车厂商也广泛采购，比如马自达、大宇、欧宝、大众、菲亚特、雪铁龙，甚至保时捷、宝马和奥迪也在其中。1996年，AW和唐山齿轮厂合资建立了唐山爱信齿轮有限公司，主要生产手动变速器，著名的BJC即北京吉普汽车有限公司后期生产的JEEP切诺基所装配的变速器即为该厂生产的爱信变速器，东安三菱和博格华纳联合传动等。而2002年建成投产的天津爱信车身零部件有限公司，主要生产自动变速器，供货对象主要是丰田在国内的合资企业，如一汽丰田、广汽丰田、四川丰田、天津一汽等。

3. 捷特科（Jatco）

捷特科作为全球第三大自动变速器设计制造商，与中国多家汽车生产厂均有合作。它的前身就是日产的AT/CVT（自动变速器/无级变速器）分部，1999年，该分部从日产独立出来，联合 Jatco 成立了 Jatco 变速器技术公司，并在 2004 年正式更名为 Jatco 株式会社，后来，Jatco 又合并了同样独立出来的三菱 AT/CVT 分部，它的力量更加壮大。Jatco 的自动变速器除了装备在日产、三菱、华晨中华、大众 POLO 等品牌的汽车上，还先后给现代、捷豹、通用大宇、福特、戴克、雷诺供货。上一代宝马 528i 也用过 Jatco 的自动变速器。

4. 通用（GM）、克莱斯勒（CHRYSLER）、福特（FORD）

美国三大汽车公司及变速器生产厂，其生产的变速器全部为自己使用。通用汽车旗下的艾里逊变速器部门（Alison Transmission）在商用车传动系统领域处于领先地位。

5. 三菱（MITSUBISHI）

三菱生产的自动变速器广泛应用在三菱、现代、起亚等品牌的自动挡乘用车上。

6. 本田（HONDA）

本田作为唯一采用平行轴式自动变速器的生产厂家，其生产自动变速器全部为自己使用。

7. 大众（VOLKSWAGEN）

大众主要生产 01N、01M 等小排量自动变速器，主要使用在桑塔纳、捷达等自用小排量乘用车上。

8. 雷诺、标志、雪铁龙（联合开发）

雷诺、标志、雪铁龙三家联合开发出 AL4 型自动变速器，目前东风神龙、东风标致旗下乘用车全部装配该款变速器。

目前我国国产自动变速器的发展依赖于国产品牌的汽车制造厂。奇瑞基本依靠自身的力量在生产变速器及自动变速器，其中 AMT 已经装配了奇瑞 QQ。吉利以四亿元的代价收购了澳大利亚的 DSI，其自身生产的 JL-Z 系列自动变速器已经有少量量产和装车。此外，南方汽车旗下重庆青山变速器分公司，也开发出 AMT 自动变速器并小批量装车。

由于国产手动变速器在工艺和技术上均未完全达到国际水平，特别是在质量稳定性和可靠性方面，确实还存在一定差距。其根本原因是国内企业缺乏汽车变速器的技术积累以及国外生产厂家对中国企业的技术封锁，核心技术已被国外公司技术专利所覆盖，要想绕开这些专利实现技术的突破不仅需要高昂的研发费用，过长的研发周期更不利于商业化的实现。

尽管中国的汽车工业本质上还需要依赖国际合作，特别是关键部件及技术在相当长时间内还离不开国外厂家，但我们可以在奇瑞和吉利、长城这样的将独立自主研发放在首位的国内企业看到希望的曙光，相信经过他们的努力，国产的具有优异性能的自动变速器将很快问世。

1.5.2 自动变速器型号的含义

1. 自动变速器的型号

自动变速器的型号主要代表了如下内容。

（1）变速器的性质。主要指是自动变速器还是手动变速器。一般用字母"A"表示自动变速器，用字母"M"表示手动变速器。

（2）自动变速器的生产公司。例如：德国 ZF 公司生产的自动变速器，其型号前面大多为"ZF"字样。

（3）驱动方式。主要标明是前驱动还是后驱动。一般用字母"F"表示前驱动，字母"R"表示后驱动，但也有特别情况，如丰田公司则用数字表示驱动方式（前驱：1、2、5，后驱：3、4），一部分四轮驱动车辆在型号后面附字母"H"或"F"表示。

（4）前进变速挡位数。主要是表示自动变速器前进挡的变速比的个数，用数字表示。

（5）控制类型。主要说明变速器是电控、液控，还是电液控制，电控一般用字母"E"表示，液控一般用"L"表示，电液控制用"EH"表示。

（6）改进序号。表示自动变速器是否在原变速器的基础上做过改进。

（7）额定驱动扭矩。在通用与宝马等公司自动变速器型号中有此参数。

2. 相关汽车公司自动变速器的型号及说明

（1）宝马 ZF4HP22-ER

系列号码分别表示：ZF 公司生产，挡位数 4，控制类型"H"（液压），齿轮类型"P"（行星类）和额定扭矩 22N·m。系列号码的末尾"E"或"ER"分别表示电控或电液控制类型的变速器。

（2）日本丰田变速器型号识别

丰田变速器的型号可分为两大类：一类为型号中除字母外有两位阿拉伯数字，另一类为型号中除字母外有 3 位阿拉伯数字，其识别方法如图 1-5-1 所示。

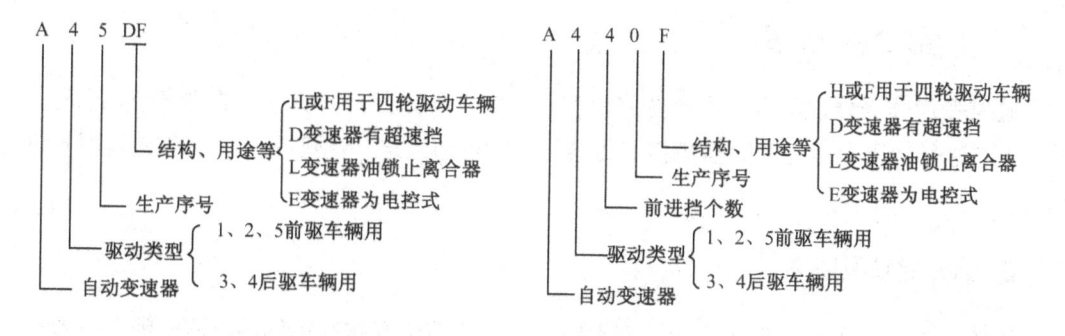

图 1-5-1　丰田自动变速器型号含义

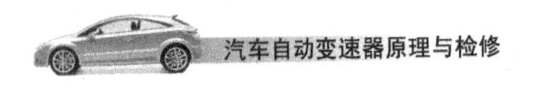

(3) 克莱斯勒自动变速器新型号识别

1992 年，克莱斯勒公司开始执行一套新的自动变速器识别型号，这套系统是由 4 个字母组成的识别系统，每个字母代表变速器的一个特性。第一个字母代表变速器前进挡挡数；第二个字母代表输入转矩容量，从 0～2（从轻负荷至重负荷）是乘用车用的，从 3～7 是卡车用的；第三个字母表示车辆是前驱动还是后驱动，以及发动机在驱动系中的位置。"R"代表后驱动车辆，"T"代表发动机横置的前轮驱动车辆，"L"代表发动机纵置的前驱动车辆，"A"表示四驱动车辆；第四个字母代表变速器的控制类型。"E"表示电控，"R"表示液压控制。

(4) 通用自动变速器型号识别

通用公司自动变速器的型号主要有 4T60E、4L60E 等，从型号上可以判别该变速器的一些特点。第一位阿拉伯数字表示前进挡传动比的个数。如上面的 4 表示四速，即有 4 个前进传动比。第二位字母表示驱动方式。"T"表示变速器为横置（Transverse），"L"表示变速器为后置后驱动式。第三、四位数字表示变速器的额定驱动扭矩。第五位字母表示控制类型。"E"表示变速器为电子控制。

(5) 采埃孚（ZF）公司生产的自动变速器型号识别

宝马配备的 ZF4HP-22EH 型号含义如图 1-5-2 所示。

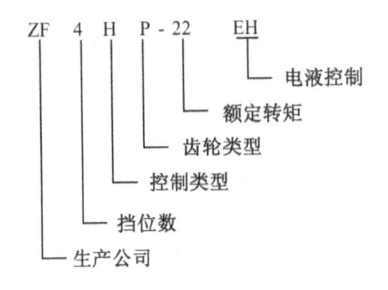

```
ZF  4  H  P - 22  EH
│   │  │  │   │   └─ 电液控制
│   │  │  │   └───── 额定转矩
│   │  │  └───────── 齿轮类型
│   │  └──────────── 控制类型
│   └─────────────── 挡位数
└─────────────────── 生产公司
```

图 1-5-2　采埃孚（ZF）公司生产的自动变速器型号含义

1.5.3　常见自动变速器的主要识别方法

1. 变速器铭牌识别法

通常变速器壳体上都有一个小金属铭牌，上面一般标有自动变速器的生产公司名称、型号、生产序号代码和液力变矩器规格等内容。因此可通过这一铭牌来对自动变速器型号进行识别。

2. 汽车铭牌识别法

目前一部分汽车在发动机室内、驾驶室内、门柱等位置有汽车铭牌，该铭牌上一般会标识生产厂商名称、汽车型号、车身型号、底盘型号、发动机型号、变速器型号、出厂编号等内容。通过汽车铭牌上的内容可对自动变速器的型号进行识别。

3. 壳体标号识别法

一部分变速器的壳体和油底壳等部位，在生产时会将其型号标注在上面，因此可以很直观地识别出自动变速器的型号。

4. 奔驰自动变速器型号识别法

奔驰汽车的自动变速器由其下属公司生产，其型号以数字代码的形式表示。其号码刻在变速器壳体侧部、油底壳接合面上面一点的部位，在一长串字符号码中"722×××"的6位字符即为自动变速器的型号。

5. 零部件特征识别法

自动变速器的型号就像人的名字，在交流中用来代表该物体。在汽车工程中常用一些有特征的部件来代指某一装置。为了区分与识别一些自动变速器的型号，常用其具有特殊形状及特征的集滤器、油底壳、油底壳密封垫、电磁阀个数及导线端子数等进行区分与识别。

6. 变速器结构特征识别法

除了可以用上述的零部件特征对自动变速器进行识别区分外，还可以根据自动变速器的一些独特的结构特征来对自动变速器进行识别区分。比如油底壳在上方的日产千里马RE4F04A自动变速器，有一大一小两个油底壳的宝马或欧宝4L30E自动变速器，有加长壳体的奔驰S320轿车的722.502五速自动变速器，外部有电磁阀阀体的克莱斯勒4ITE（A604）自动变速器，油底壳在前侧的马自达626轿车GF4A-EL自动变速器等。

小　结

自动变速器是汽车动力传递的重要组成部分，自动变速器代替原有的手动变速器，提高了动力传递的可靠性和稳定性。自动变速器的类型众多，在选用时应该根据具体情况进行选择，自动变速器操纵机构的不同类型满足不同车型的要求，不同款式的自动变速器的型号识别也不尽相同。

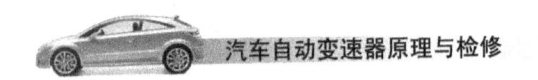

习 题

1-1 自动变速器主要由_____、_____、_____等组成。

1-2 传统的液力自动变速器根据汽车的_____和_____的变化，自动变换挡位。

1-3 自动变速器按照汽车驱动方式的不同，可分为_____和_____两种。

1-4 自动变速器按照控制方式可分为_____和_____两种。

1-5 自动变速器都有哪些优缺点？

1-6 自动变速器都有哪些挡位？各自有什么特点？

1-7 自动变速器常见的控制模式都有哪些？

第 2 章

液力变矩器

知识目标

1. 了解液力耦合器的结构及工作原理。
2. 掌握液力变矩器的结构及工作原理。
3. 掌握带锁止离合器的液力变矩器的结构及工作原理。

汽车上常用的液力传动装置是液力耦合器和液力变矩器,两者都是利用液体的循环流动完成动力的传递。在自动变速器发展的早期,液力耦合器使用较为广泛,但是由于液力耦合器只能传递转矩,不能改变转矩,因此出现了既能传递又能改变转矩的液力变矩器(见图 2-0-1),目前在自动变速器上广泛使用。

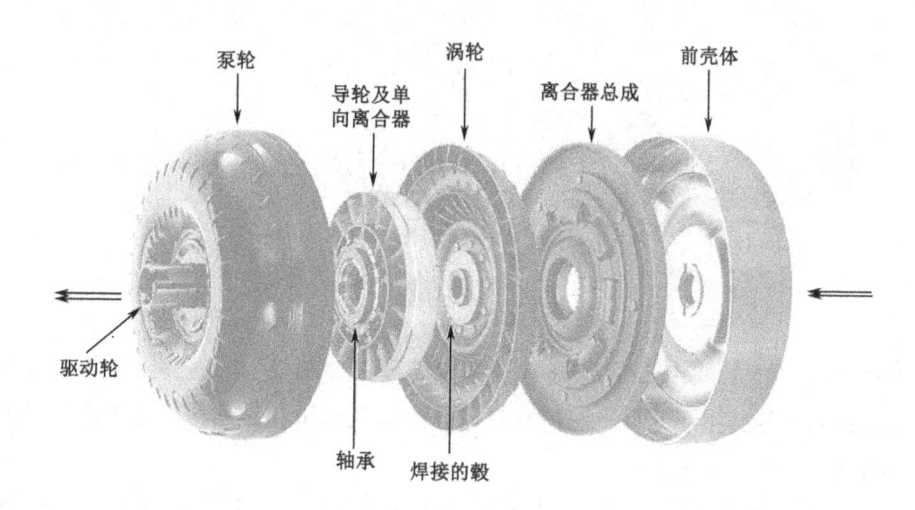

图 2-0-1 液力变矩器

2.1 液力耦合器

随着科技的发展，汽车所配置的变速器由传统的手动变速器发展到了现在的自动变速器，在结构设计上液力耦合器代替了手动变速器中的离合器，使动力传递更加可靠，避免了动力传递中的换挡冲击，使得驾驶体验更加舒适。

液力耦合器安装于汽车发动机之后、齿轮变速机构之前，动力的传递依靠液力耦合器内部的自动变速器油 ATF（Automatic Transmission Fluid），在不考虑机械损失的情况下，输出与输入的力矩是相同的，因此又被广泛地称为液力联轴器。

2.1.1 液力耦合器的组成

液力耦合器主要由泵轮、涡轮、壳体三部分组成，如图 2-1-1 所示，其作用有两方面，一是防止发动机过载，二是调节工作机构的转速。

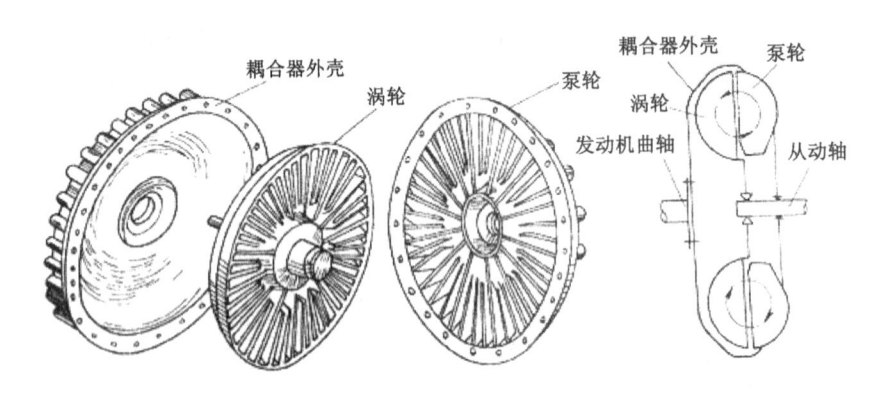

图 2-1-1 液力耦合器

液力耦合器的外壳固定在发动机曲轴上，泵轮和壳体制成一个整体随着发动机曲轴一起旋转，为液力耦合器的主动元件；涡轮与变速器的输入轴用花键连接，为变速器提供动力输入，为液力耦合器的从动元件。

泵轮和涡轮内部沿半径放射状径向排列着许多弧形叶片，用来传递动力。泵轮与涡轮叶片内缘有导流环，装合后构成循环圆，可促进油液循环。泵轮和涡轮相对安装，中间留有 3~4mm 的间隙。

2.1.2 液力耦合器的工作原理

液力耦合原理可以利用生活中的两个风扇来加以说明，如图 2-1-2 所示。通电的风扇转动时可带动空气流动，冲击在对面的静止（不通电）的风扇叶片上。空气流动的能量推动了对面的风扇叶片，此时能量从通电的风扇传递到另一个风扇上。这样的耦合过程所产生的传递效率很低，但这种现象表明，两个相互间没有刚性连接的叶轮，是可以进行能量传递的。这种传递属于"软"连接能量传递方式。

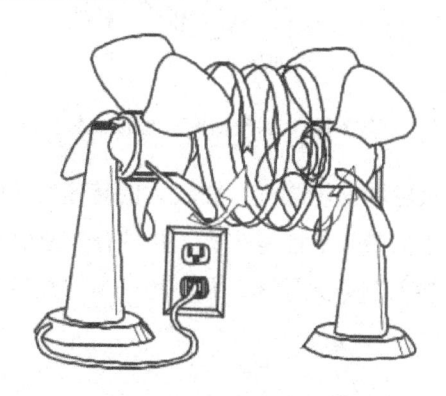

图 2-1-2 风扇耦合的原理

如果要提高两叶轮之间的传递效率，可将两叶轮安装在一个密闭的容器中，同时让两叶轮对置的间隙尽可能减小，并在其中充满油液，其中一个叶轮由发动机曲轴直接驱动，即为泵轮，而另一个被动的叶轮则作为输出，即称为涡轮。

发动机转动时，曲轴带动液力耦合器的壳体和泵轮一起旋转。当泵轮随着发动机的飞轮转动时，由于离心力的作用，自动变速器油 ATF 沿泵轮叶片间的通道由中心向外缘流动，外缘油压高于内缘油压，油液从泵轮外缘冲向涡轮外缘，冲向涡轮外缘的油液沿着涡轮叶片向内缘流动，并返回泵轮内缘，此时油液被泵轮再次甩向外缘，如此循环。液压油由泵轮流向涡轮，又从涡轮返回到泵轮，在轴向断面（循环圆）内形成的循环流，称为"涡流"，如图 2-1-3 所示。

因涡流的产生，液体冲向涡轮使两轮间产生牵连运动，带动沿围绕发动机曲轴和变速器输入轴轴线的环形路径的流动，称为"环流"，如图 2-1-3 所示。

上述两种油流的合成，形成了一条首尾相接的螺旋流，液力耦合器内部的油液实际处于螺旋状循环。在液力耦合器动力传递的过程中，只有当涡轮的扭矩大于汽车的行驶阻力力矩时，汽车才能行驶。

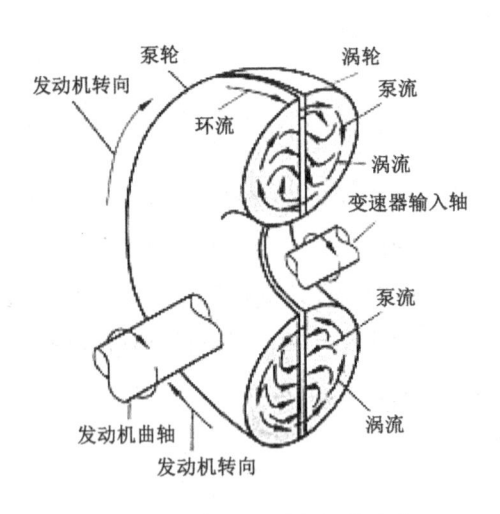

图 2-1-3　涡轮泵轮之间的液流

在液力耦合器中，如果泵轮和涡轮之间存在较大的转速差，将会产生阻碍油液正常循环的紊流。为了减少无规则的紊流带来的能量损失，并且有效地引导泵轮和涡轮之间的油液循环，通常会在液力耦合器中加入剖分式导环，导环的一半与泵轮叶片连接，另一半与涡轮叶片连接，如图 2-1-4 所示。

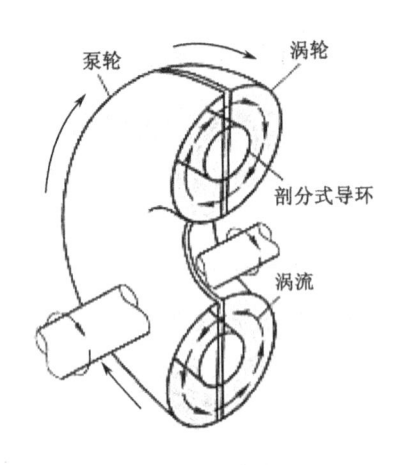

图 2-1-4　剖分式导环及其作用

液力耦合器中的循环液压油，在发动机曲轴的带动下，由泵轮叶片流向外缘时，泵轮对液压油做功，液压油的速度和动能逐渐增大；液压油从涡轮叶片外缘流向内缘时，液压油对涡轮做功，液压油的速度和动能逐渐减小。液力耦合器要实现动力的传递，必须在涡轮和泵轮之间存在液压油的循环流动。油液的循环流动，就要求泵轮和涡轮之间存在着转速差，使两轮叶片外缘处产生压力差。如果泵轮和涡轮转速相同，则液力耦合器就无法起到传动作用。

液力耦合器工作时，发动机的动能利用泵轮传递给液压油，液压油在循环流动时将动力传递给涡轮，涡轮输出给变速器。液力耦合器中只有泵轮和涡轮，液压油在传递过程中只受到泵轮和涡轮之间的作用力，没有其他任何外加的力。根据作用力与反作用力相等的原理，液压油作用在涡轮上的转矩等于泵轮对液压油施加的作用力，也就是发动机传递给泵轮的作用力。涡轮输出的转矩与发动机传递给泵轮的转矩相同，输入输出转矩相同，这就是液力耦合器的传动特点。

2.1.3 液力耦合器的传动效率和工作特征

假设泵轮转速为 n_B，涡轮转速为 n_W，液力耦合器的转速比 $i=\dfrac{n_W}{n_B}$，则液力耦合器的传动效率为

$$\eta = \frac{P_W}{P_B} = \frac{M_W n_W}{M_B n_B} \tag{2-1-1}$$

式中，η—传动效率，P_B—泵轮输入功率，P_W—涡轮输出功率，M_B—泵轮输入转矩，M_W—涡轮输出转矩。

在液力耦合器的工作过程中，泵轮和涡轮的转矩相同，即 $M_B = M_W$，则

$$\eta = \frac{n_W}{n_B} = i \tag{2-1-2}$$

由上式可知，液力耦合器的传动效率等于其转速比。当涡轮和泵轮的转速差变大时，转速比越小，传动效率就越低；当转速差变小时，转速比越大时，传动效率就越高。

发动机起动，汽车尚未起步，发动机处于怠速状态时，泵轮的动力不足以驱动涡轮旋转，涡轮转速为 0，此时耦合器的效率为 0。

汽车起步时，随着发动机转速的提升，泵轮甩出的油液冲击力将会增强，涡轮开始转动，但此时涡轮转速较低，车速较低，因此传动效率低。

随着发动机转速进一步提升，涡轮转速逐渐增大，涡轮与泵轮的转速比增大，耦合器的效率也随之提高。当涡轮的转速越来越接近泵轮转速时，液压油的环流比例增大，环流的增强速度下降，涡轮转速升高的速度变慢，最终涡轮转速达到最大值，液力耦合器的效率也达到最大值。

从理论上来讲，如果涡轮转速和泵轮转速相同，效率则为 100%。但在实际中，涡轮转速等于泵轮转速时，涡轮和泵轮叶片边缘处压力就相同，此时液力耦合器内循环流停止，泵轮和涡轮之间将不存在能量传递，传递效率为 0。在通常情况下，液力耦合器的传动效率最高为 97%。

2.2　液力变矩器

汽车在正常使用时要求汽车的牵引力和车速能在比较大的范围内变化，但是内燃机式的发动机产生的转矩和转速变化范围较小，无法满足汽车的行驶要求。为了解决这个矛盾，必须使发动机的转矩增大，液力耦合器是明显无法完成这个任务的，因此在原有液力耦合器的泵轮和涡轮之间增设导轮，从而将液力耦合器改变成液力变矩器，实现扭矩变化。

2.2.1　液力变矩器的作用

液力变矩器是在液力耦合器的基础上发展起来的，同时具备传统飞轮的惯性作用和自动离合器的功能。依靠泵轮、涡轮、导轮进行能量的传递，保证汽车起步、换挡时，利用液力特有的传动特性减缓冲击，保障动力平稳地传输。同时根据汽车的行驶速度与行驶阻力的变化，在一定范围内改变传动比和转矩比，并且拥有低速增矩、高速耦合的工作特性。液力变矩器的主要作用如下：

（1）液力变矩器替代了普通汽车上的离合器，离合器用于传递或切断发动机与变速器传动机构之间的动力传递，液力变矩器在传递力矩的方式上不同于普通的离合器，并且优于普通的离合器。

（2）液力变矩器主要依靠变矩器内液压油的规律性流动来传递力矩，可在一定范围内改变发动机的转矩，可将发动机的转矩增大两倍输出，也可实现无级变速。

（3）液力变矩器的壳体用螺栓与发动机飞轮固定在一起，同时可起到飞轮的作用，保证发动机运转平稳。

（4）液力变矩器的壳体与泵轮焊接在一起成为一个整体，壳体与发动机飞轮连接，壳体与泵轮将会随发动机一起转动，作为发动机的动力输入的同时，液力变矩器的泵轮又负责驱动液压控制系统的油泵运转，因此当发动机停止转动时，则泵轮停止转动。

2.2.2　液力变矩器的结构

液力变矩器是在液力耦合器的基础上发展而来的，液力变矩器的优势在于既可以传递来自发动机的转矩，同时可以增大发动机传递来的转矩，然后传递给变速器。液力变矩器由泵轮、涡轮、导轮组成，能够增大转矩的关键就是在液力耦合器的基础上增设了导轮，如图 2-2-1 所示。

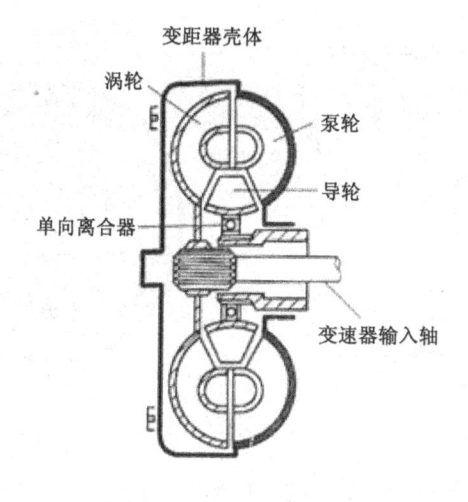

图 2-2-1 液力变矩器

1. 泵轮

泵轮与变矩器壳体连为一体，变矩器的壳体利用螺栓固定在发动机曲轴的飞轮上，泵轮随着发动机曲轴一起旋转。泵轮与变矩器壳体是一个整体，内部径向安装了许多叶片。在叶片的内缘上安装有导环，提供一定的通道使 ATF 流动畅通，如图 2-2-2 所示。当发动机运转时，飞轮将带动泵轮一同旋转，泵轮内的 ATF 依靠离心力向外冲出。发动机转速升高时，泵轮产生的离心力亦随着升高，由泵轮向外喷射的 ATF 的速度也随着升高。

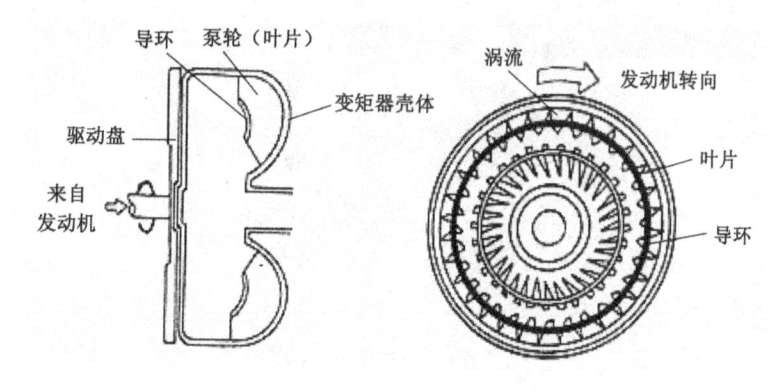

图 2-2-2 泵轮结构示意图

2. 涡轮

涡轮通过花键与变速器的输入轴相啮合。涡轮同样也是有许多叶片的圆盘，其叶片的曲线方向不同于泵轮的叶片，与泵轮叶片的弯曲方向相反。涡轮的叶片与泵轮的叶片相对而设，相互间保持非常小的间隙，如图 2-2-3 所示。

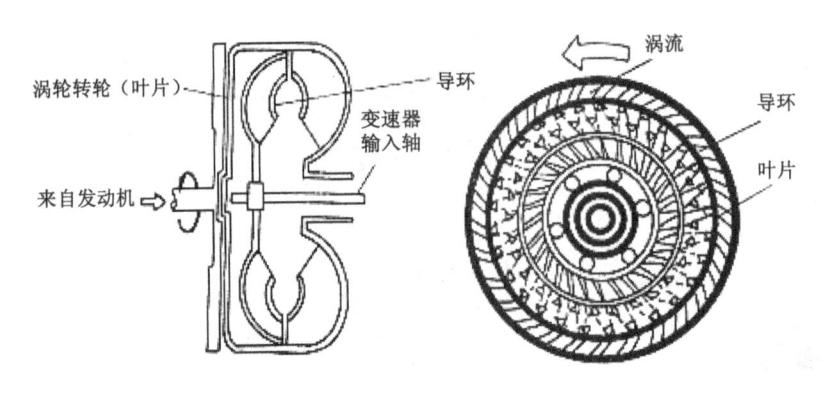

图 2-2-3 涡轮结构示意图

车辆行驶中，变速器置于 R、D、S/2、L 挡位，涡轮与变速器的输入轴一起转动；车辆停止行驶时，变速器置于 P、N 挡位时，由于发动机输出功率小，涡轮不转动。

3. 导轮

导轮是有叶片的小圆盘，位于泵轮和涡轮之间，安装于导轮轴上，通过单向离合器固定于变速器壳体上，如图 2-2-4 所示。导轮上的单向离合器可以锁住导轮以防止反向转动，根据工作液冲击叶片的方向进行旋转或锁住。导轮叶片截住离开涡轮的变速器油液，改变其方向，使其冲击泵轮叶片的背面，给泵轮一个额外的"助推力"。

图 2-2-4 导轮结构示意图

4. 单向离合器

单向离合器安装于导轮叶片的内侧，其外圈与导轮叶片固定在一起，内圈利用花键与变速器壳体上的导轮轴套连接，导轮轴套固定在变速器油泵壳体上，由于油泵壳体利用螺栓固定在变速器壳体上，因此单向离合器的内圈是不能转动的。

如图 2-2-5 所示为楔块式单向离合器，内外座圈之间装有楔块，定位弹簧总是使楔块处于锁止外座圈的方向略微倾斜。当外座圈向图中 A 方向转动时，楔块将顺时针方向转动并倾斜，外座圈可以旋转；当外座圈向图中 B 方向转动时，楔块将逆时针方向转动，此时楔块顶住外座圈，使其不能旋转。因此在单向离合器的作用下，导轮只能在一个方向上转动，而在另一个方向上锁止。

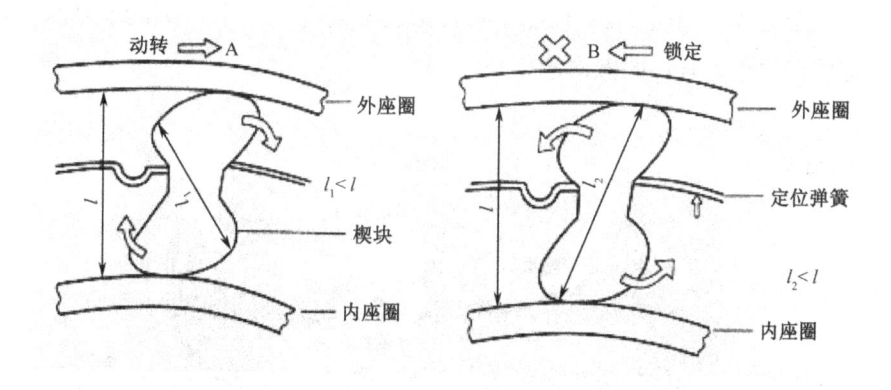

图 2-2-5　楔块式单向离合器工作原理图

2.2.3　液力变矩器的工作原理

在液力变矩器的结构中，泵轮和涡轮是关键的两个组成元件，泵轮利用发动机动力通过自动变速器油液带动涡轮旋转，在泵轮和涡轮之间加上导轮后，通过油液方向改变的作用力使泵轮和涡轮之间实现转速差，此时就可以实现变速和变矩。由于液力变矩器自动变速变矩的范围有限，因此在涡轮把动力传递给变速器后，变速器内再利用多排行星齿轮机构提高效率，同时液压操纵系统会根据发动机工作变化自行控制行星齿轮的工作状态，从而实现自动变速变矩。

液力变矩器的安装位置处于发动机和齿轮变速机构之间，其壳体用螺栓与发动机飞轮连接，壳体与泵轮焊接在一起。因此，当发动机转动时，壳体与泵轮随发动机一起转动，作为发动机的动力输入元件。泵轮的叶片是冲焊在壳体上的，当泵轮转动时，液体在离心力的作用下，从泵轮中心位置流向到泵轮的边缘。涡轮、锁止离合器和导轮均浮装在液力变矩器的壳体内，涡轮与自动变速器输入轴前端啮合，将发动机输出的动力通过液力传动的方式传递给自动变速器输入轴。

1. 涡流运动

当发动机起动并开始运转时，液力变矩器壳体和泵轮将随着发动机同步旋转。此时，连接在自动变速器输入轴上的涡轮，由于受到阻力的作用而静止不动。

当汽车起步并逐渐加速时，发动机曲轴带动液力变矩器壳体及泵轮旋转，此时泵轮将带动自动变速器油一起旋转,在离心力的作用下,自动变速器油从泵轮叶片的内缘向外缘流动,从而去冲击涡轮的叶片外缘,沿着涡轮叶片外缘向内缘流动,流向涡轮中心位置。由于导轮的存在,冲击导轮叶片内缘,液流方向被折射后,冲击泵轮叶片,然后重新流回到泵轮叶片中心,进入下一个循环,如图 2-2-6 所示。这种由泵轮到涡轮、再从涡轮到导轮、再沿着导轮回到泵轮的液体流动方式,叫做涡流运动。

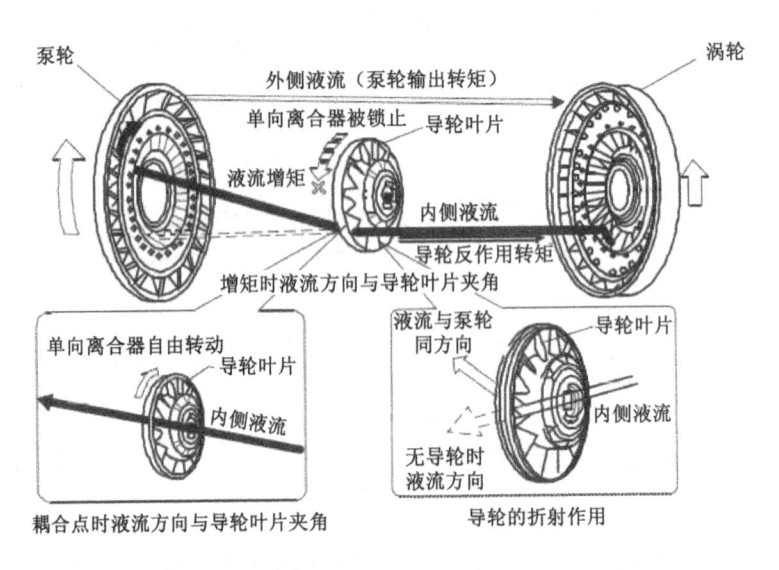

图 2-2-6 液力变矩器中油液的循环

2. 环流运动

自动变速器油液在进行涡流运动的同时又绕曲轴中心线旋转,这种自动变速器油液绕曲轴中心线旋转的液体流动方式,叫做环流运动。

液力变矩器中的液流方向是由涡流和环流合成的。当液力变矩器中泵轮与涡轮的转速差越大时,自动变速器油液形成的涡流比例就越大;当泵轮与涡轮的转速差很小时(耦合状态),自动变速器油液形成以环流运动为主。

3. 导轮的增矩作用

普通的液力耦合器由于只有泵轮和涡轮两个叶轮,因此是不能够实现增大扭矩功能的。液力变矩器中导轮的引入,使发动机扭矩增大变为现实,此时液力耦合器就成了液力变矩器。

发动机在运转时,其输出动力通过飞轮、液力变矩器壳体直接传递给泵轮,泵轮叶片的旋转在带动油液运动的同时,也将发动机输出的动能传递给了自动变速器油,自动变速器油作用于涡轮时,将动力传递给涡轮。通过 ATF 油液的液力传动,发动机传递给泵轮的动能被传递给了涡轮,从而实现了动能的传输。

如图 2-2-6 所示,从液力变矩器中泵轮、涡轮、导轮三个叶轮间液体的流动关系可以看出，当自动变速器油液离开泵轮冲击涡轮时，将油液的能量传递给涡轮并导致其转动，与此同时流出涡轮的油液撞击导轮叶片的正面（此时单向离合器锁止），油液受到导轮正面叶片的阻挡而产生油液折射变向，变向后的油液作用到泵轮叶片上，起到了帮助发动机转动泵轮的作用。

　　油液经过导轮叶片被折射后回流到泵轮中心，此时仍有一定的速度和动能。如果回流的油液运动方向与泵轮此时泵出油液的运动方向一致时，那么回流油液就可以使泵出油液的速度增大，同时可以降低对泵的动能需求，这就在客观上增大了泵轮的动能输出，这就是液力变矩器中导轮的增矩作用。导轮对油液产生的作用力矩，可以使液力变矩器的输出转矩提高两倍，甚至更多。

　　液力变矩器转矩增大值不是恒定值，它的变化和汽车的车速有关。当汽车处于起步状态时，液力变矩器具有最大的转矩增大值，通常可达 1.8～2.5 倍；随着车速的逐渐提高，转矩增大值逐渐下降，当涡轮和泵轮转速之比达到 0.8～0.85 时（耦合点），变矩器的转矩增大值就变成一倍；当车速继续增大时，仍维持这个数值。一旦液力变矩器出现输入和输出转矩相同的情况，此时的液力变矩器就变成了耦合器。

　　在自动变速器油液运动过程中，油液由涡轮流向导轮时，会对导轮叶片产生冲击力，由于导轮叶片的阻碍，油液运动速度会减慢。根据作用力与反作用力的原理，在油液由涡轮向导轮产生冲击力的同时，导轮也会对涡轮产生一个与该冲击力大小相等、方向相反的反作用力，此作用力能够阻止涡轮逆转，因此配置液力变矩器的自动挡汽车仍具有发动机制动功能。此时涡轮的动力来源于两方面，一方面是泵轮的动力，另一方面是导轮的反作用力，涡轮最终输出的动力实际上是两者的合力。

4．导轮中单向离合器的作用

　　在车辆低速行驶过程中，液力变矩器中来自涡轮的液体冲击在导轮的正面，使液力变矩器的输出转矩得以增大。但是随着车速的提高，来自涡轮的液体逐渐改变方向，偏离作用在导轮叶片正面的方向，液力变矩器的输出转矩也就随之下降；当涡轮和泵轮转速之比达到耦合点时，涡轮流出的液体就作用到导轮的背面，出现这种情况时，经过导轮折射的液体返回给泵轮，此时的油液就成了泵轮旋转的阻力，将会出现输出转矩低于输入扭矩的状况，这就不符合液力变矩器增矩的初衷。

　　随着涡轮转速的提高，作用在导轮叶片正面的液体，逐渐转向导轮叶片背面，这种现象是液力变矩器固有的特性，是由液力变矩器结构所决定的。为了防止出现汽车高速时液力变矩器的输出转矩小于输入转矩的现象，因此在导轮和固定轴之间安装了单向离合器。汽车处于低速时，作用在导轮叶片正面的液体由于单向离合器锁止使导轮固定发生方向的改变，产生增大转矩的效果；而当处于高速时，作用在导轮叶片的转矩则不能增大。如图 2-2-7 所示为单向离合器和导轮之间的装配关系。

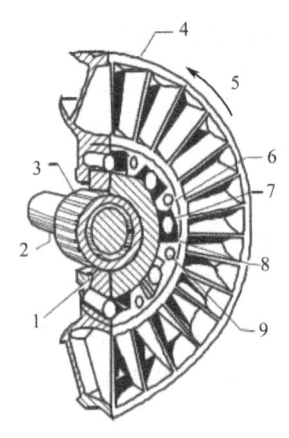

1-离合器轮毂；2-涡轮轴；3-导轮轴；4-导轮；
5-变矩器旋转方向；6-凸轮；7-滚柱；8-弹簧；9-铆钉

图2-2-7 单向离合器和导轮之间的装配关系

液力变矩器导轮的单向离合器在使用过程中，如果油液作用在导轮背面，导致单向离合器的超越（释放），导轮处于自由旋转状态，此时液力变矩器实际上就变成了耦合器，只能起到传递力矩的作用。单向离合器比较容易损坏，但是液力变矩器又是不可拆卸的总成，因此只能根据故障的现象来判断单向离合器是否失效。

如果单向离合器失效现象是在两个方向都能自由旋转，则反映出来的现象就是汽车低速时加速性能减弱；如果单向离合器失效现象是两个方向都锁止，则反映出来的现象就是汽车高速时动力不足。自动变速器的失速试验可以反映出变矩器的单向离合器的失效状况。

2.2.4 液力变矩器的工作特性

液力变矩器在工作时，通过液力传动实现能量的传输，并有缓和冲击的作用。液力变矩器的工作过程具有双重特征，在耦合点之前（即低速时），由于泵轮和涡轮之间的转速差以及导轮的工作特性，液力变矩器具有转矩增大的功能，而在达到耦合点后进入耦合状态，液力变矩器不再具有转矩增大的功能，相当于一个液力耦合器。如图2-2-8所示为液力变矩器的工作特性曲线。液力变矩器的转矩输出特性，能够适应汽车使用要求，即当汽车起步时，驱动轮需要较大的转矩，而当高速行驶时仅需要较小的转矩。

液力变矩器工作时，作用在涡轮上的扭矩（M_w）不仅有泵轮施加给涡轮的扭矩（M_b），还有导轮的反作用力矩（M_d），即：$M_w = M_b + M_d$。

当 $n_w < 0.85 n_b$ 时，此时 $n_b > n_w$，油液速度 v_c 流向导轮的正面，$M_d > 0$，$M_w = M_b + M_d$，可见 $M_w > M_b$，此时为增扭状态。

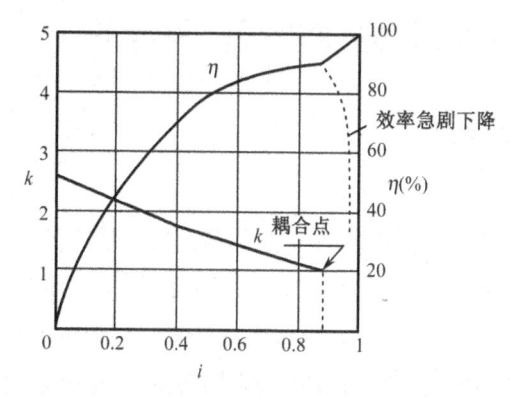

k-增矩比；n-传动效率；i-涡轮/泵轮转速比

图 2-2-8 液力变矩器的工作特性曲线

当 $n_w=0.85n_b$ 时，油液速度 v_c 与导轮叶片相切，$M_d=0$，$M_w=M_b$，为耦合器（液力联轴器），此转速称为"耦合工作点"。

当 $n_w \approx n_b$ 时，油液速度 v_c 流向导轮的背面，M_d 为负值，导轮欲随泵轮同向旋转，导轮对油液的反作用力冲向泵轮正面，故 $M_w=M_b-M_d$，此时为减扭状态。

当 $n_w=n_b$ 时，循环圆内的液体停止流动，停止扭矩的传递。故 n_w 的增大是有限度的，它与 n_b 的比值不可能达到 1。

液力变矩器在发动机低速时能够增大转矩提供给变速器，但是在发动机处于高速时转矩反而减小。为了提高液力变矩器的传动效率，需要设置锁止离合器，用于提高发动机高速时液力变矩器的传动效率。

2.3 带锁止离合器的液力变矩器

传统的液力耦合器和液力变矩器均属于"软"连接机构，该类连接装置存在明显缺点，即在高速状态时，泵轮和涡轮之间会产生较大的滑转现象，导致传动效率大幅度下降，特别是在耦合点之后，图 2-2-8 中的传动效率曲线就说明了这种情况。长期以来，这也是配置自动变速器轿车油耗高的主要症结。

早期处理高速状态的传动效率下降的方法是在原有导轮的基础上增加一个导轮，实现双导轮结构，但是此结构复杂，液力损失较大，其最高效率较低，因此在发展中被淘汰。

目前普遍使用的液力变矩器的锁止离合器有一个压盘，在油压的作用下，发动机和变速器就通过压盘的作用使两者成为刚性连接，直接传递动力。低速时，需要较大的转矩，液力变矩器此时起增矩作用，然而当车速到达液力变矩器不能实现增大转矩时（通常车速大于

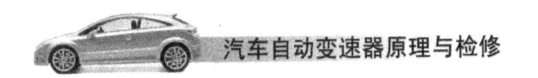

50 km/h），此时锁止离合器开始作用，实现较高的传动效率。

2.3.1 锁止离合器的作用

当汽车处于行驶阻力小、发动机转速较高的情况时，液力变矩器不需要增扭，此时锁止离合器将液力变矩器的泵轮和涡轮锁住，使液力耦合（"软"连接）让位于直接的机械传动（"硬"连接），这样可以提高传动效率，降低燃油消耗，能节油5%左右。当汽车处于行驶阻力大、发动机转速降低的情况时，此时锁止离合器分离，利用液力变矩器低速扭矩增大的特性，提高汽车起步和坡路的加速性能。

2.3.2 锁止离合器的工作原理

图 2-3-1 所示为液力变矩器中锁止离合器的结构图，在液力变矩器壳体和涡轮之间的压盘利用花键与涡轮轴连接，并允许压盘在涡轮轴上进行轴向运动。

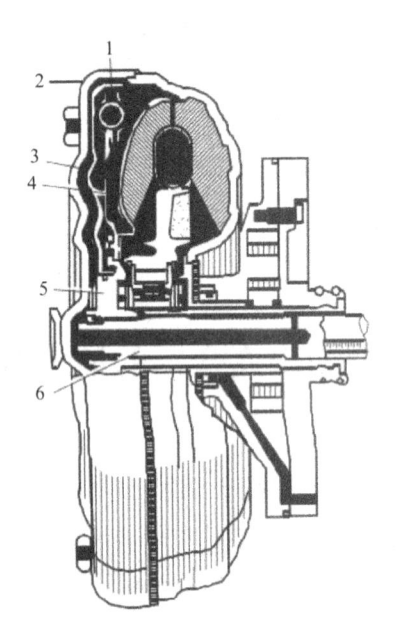

1-阻尼弹簧；2-前盖；3-活塞；4-离合器板；5-涡轮轮毂；6-输入轴

图 2-3-1 液力变矩器锁止离合器结构图

压盘前端面粘有环状的摩擦材料，当锁止离合器处于锁止状态时，液压油作用在压盘的背面，通过摩擦材料和壳体端部的接触，建立了发动机和变速器的刚性连接。处于刚性连接时，为减少和吸收传动系统的振动和冲击，在压盘总成上设置了多个扭振弹簧和窗口，并敷设有阻尼材料。压盘和壳体在接合过程中，会产生很大的冲击力和振动，都会在扭振弹簧的变形下加以吸收，此时压盘总成上的主、被动盘之间将会产生较大转角的变化。当锁止离合器解除锁止时，来自控制阀的液压油进入压盘的正面，推动压盘移动，解除摩擦材料和壳体的接触，同时该压力油从活塞外缘和壳体内缘的缝隙中进入叶轮的腔内，此时液力变矩器恢复了液力耦合的状态。

  液力变矩器中锁止离合器两种状态的实现，是通过改变进入液力变矩器液体的流动方向完成的，如图 2-3-2 所示。作用在压盘正面和背面的油压，是两种差别很大的油压，前者是低压（释放）而后者则为高压（锁止）。

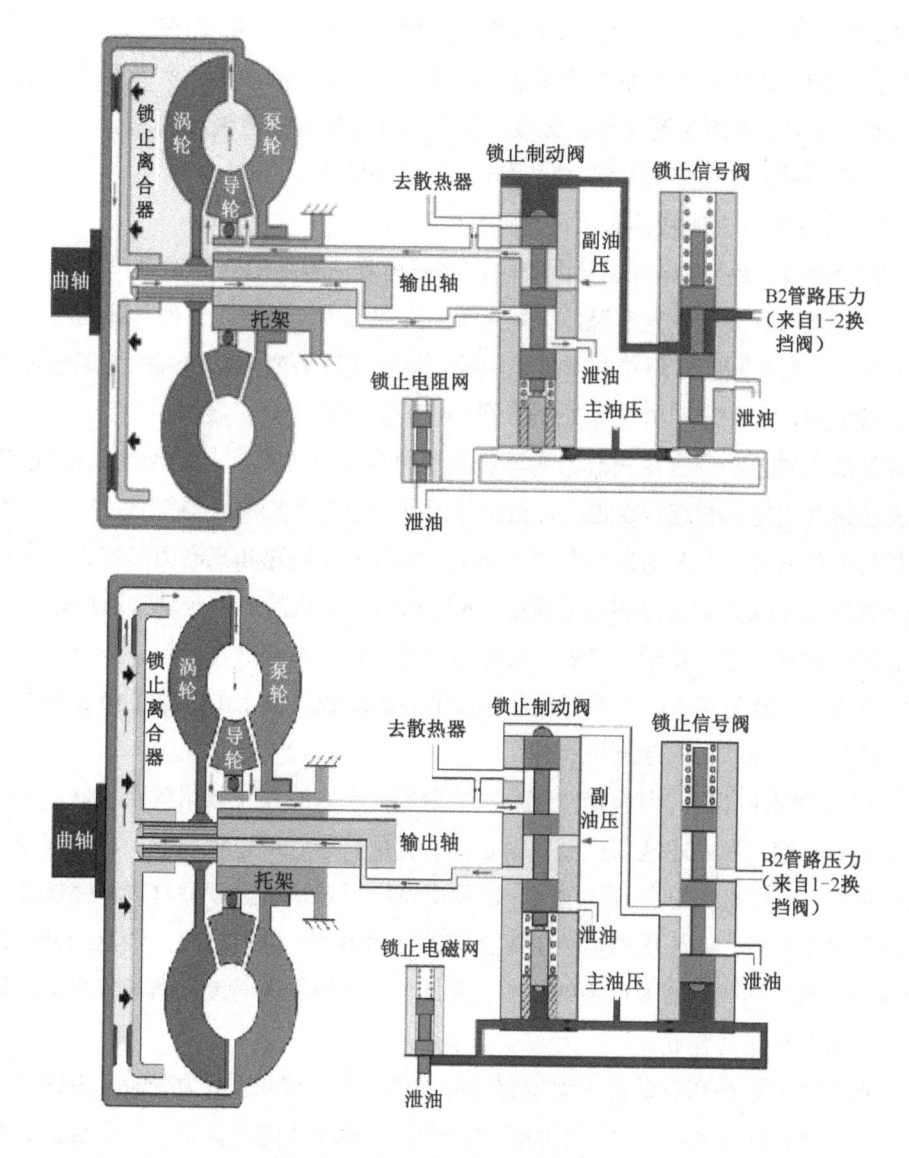

图 2-3-2　锁止离合器工作原理图

在自动变速器工作的实际控制过程中，电子控制单元将会根据发动机的相关状态数据，例如转速、车速、挡位状态、节气门开度（载荷）、变速器油温、控制模式选择（动力/经济/雪地）、操纵手柄位置等综合因素，设定锁止控制程序中筛选出的最佳锁止点、锁止时机和锁止压力值，然后向锁止控制电磁阀发出控制指令，通过锁止制动阀，改变锁止离合器压盘两侧的油压平衡，进而控制锁止离合器的工作状态。

2.3.3 带锁止离合器的液力变矩器的工作条件

目前，带有锁止离合器的液力变矩器普遍配置在国内外的各类轿车上。带锁止离合器的液力变矩器的刚性连接使传递扭矩的效率得以提高，消除了液力耦合所产生的部分滑转，成为直接的机械连接；而刚性连接不会像液力耦合那样使变矩器的油温快速上升。为了防止液力变矩器在液力耦合过程中的升温，可采取以下两种措施：

① 液力变矩器内部的液体必须进行体外循环流动；

② 液力变矩器液体在体外循环回路中，必须设置油液冷却器装置。

为了保证液力变矩器中充满液体，并具备一定的压力，通常在体外循环回路中设置了单向阀。如果体外循环回路出现单向阀堵塞故障，将会使液力变矩器内部的油温迅速上升，严重影响正常使用，因此定期清洗体外循环回路中的污垢是十分必要的。

早期的液控式自动变速器的液力变矩器配置的是离心式的锁止离合器。该锁止离合器组件的内孔花键和涡轮轴相连，锁止离合器组件的外边缘有若干离合器蹄铁，每块蹄铁表面都带有摩擦材料的衬片。在发动机动力的传递下，随着涡轮转速和离心力的增大，离合器蹄铁向外甩动并与变矩器壳体的内圆表面接触。此时来自发动机的一部分动力通过外壳→摩擦蹄铁→离合器组件传递给涡轮轴。当涡轮转速很高时，锁止离合器完全锁止，液力耦合此时不起作用，液力变矩器为直接的机械传动状态。早期的离心式锁止离合器工作过程表明锁止离合器应该在汽车高速状态时起到锁止作用。

离心式离合器工作时，当涡轮转速愈高的时候，产生的锁止效果就会愈好，锁止效果完全取决于涡轮转速。而上述液力控制式锁止离合器的出现，可以彻底解决此类问题。在车轮制动器作用时，发动机扭矩会骤然增大，这种现象将会导致压盘摩擦材料和壳体内端面严重打滑。频繁发生打滑，将严重影响锁止离合器的使用寿命；同时出现的油温上升，磨粒的增加现象也会影响自动变速器液压油的使用。因此，当车辆的车轮制动器在作用时，处于锁止状态的离合器必须迅速释放。

锁止离合器的工作和发动机水温也有着密切的关系。首先，液力变矩器内的油液需要体外循环，并且要经过设置在散热器上的油液冷却器，而油液的热量很大部分要依靠散热器中的循环水带走，因此液力变矩器中的油温直接和发动机水温相关联；其次，当液力变矩器锁止离合器作用时，液力耦合作用就会失效，叶轮间的介质"剪切"不存在，油温迅速下降，从而会导致发动机水温下降，而过低的水温将会影响到发动机的正常使用，因此锁止离合器作用前，控制发动机的水温是非常必要的。

上述液力变矩器锁止离合器的作用条件是，只有在电控的自动变速器上，通过电子传感器的控制方式才能够实现。虽然锁止离合器的作用条件在各种轿车上有所不同，但是以下几点基本相同：

① 车辆处于高速（50 km/h）或者位于三挡以上的挡位；
② 汽车的车轮制动器处于非作用状态；
③ 发动机的水温不低于规定值，通常为50～60℃；
④ 发动机的节气门开度不处于怠速状态，节气门位置传感器必须有最小的电压输出。

带锁止离合器的液力变矩器除了具备普通液力变矩器的所有功能之外，还具有实现锁止后可进行机械传动的特点。当液力变矩器中涡轮转速在零至耦合点范围内时，液力变矩器工作在液力增矩区域，其增矩变矩能力与泵轮和涡轮之间的转速差成正比，工作特性与液力变矩器相同；当涡轮转速接近和达到耦合点之后，则按液力耦合器的特性工作。

因此，带锁止离合器的液力变矩器不仅具有液力变矩器在涡轮转速较低时的增矩特性，而且又有液力耦合器在涡轮转速较高时的高速传动特性。在锁止离合器锁止之后，又可实现机械直接传动，其传动效率几乎达到100%，还能减少液力变矩器中液压油因液体内摩擦而产生的热量，从而有利于降低液压油温度。

液力变矩器内部设置了锁止离合器后，在扩大了功能的同时，故障率也会相应增加，提高了维修费用。液力变矩器是不可拆装的总成，通常采用总成更换的方法也必须予以改进。目前在国外已开展对液力变矩器维修采用切割焊缝→维修保养→重新焊接→动平衡的维修方法，这样可以降低用户的维修费用。由于车型繁多，设计理念差异和锁止控制方式的区别，在具体分析和处理因液力变矩器锁止控制引发的换挡冲击、锁止颤抖、耸车等故障现象时，必须因车而异，要根据实际车型提供的技术资料加以分析，才能真正找出故障原因，避免判断失误。

【实训项目】 液力变矩器的结构认识

1. 液力变矩器的发展过程

汽车自动变速器上配备的液力变矩器经历了液力耦合器、液力变矩器、带锁止离合器的液力变矩器三个发展历程，目前普遍使用的是带锁止离合器的液力变矩器。

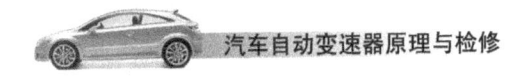

2. 液力变矩器的作用

液力变矩器在自动变速器中的作用是传递并改变发动机传递的动力,然后将力矩传递给自动变速器的输入轴,到达行星齿轮机构进行变速。

3. 液力变矩器的结构

液力变矩器的结构如图 2-3-3 所示。

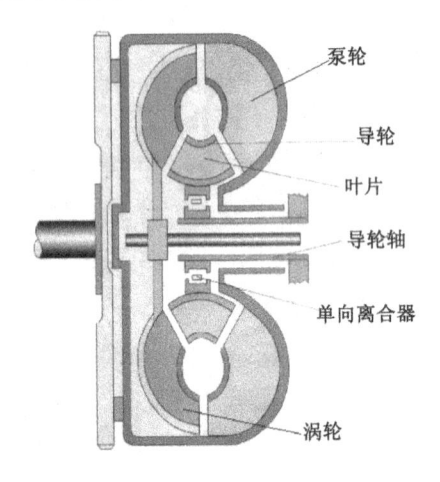

图 2-3-3 液力变矩器结构

4. 带锁止离合器的液力变矩器

带锁止离合器的液力变矩器在锁止离合器处于分离状态时,液力变矩器处于增矩状态,泵轮和涡轮具有转速差;当锁止离合器处于锁止状态时,液力变矩器的泵轮和涡轮被锁止为一体,两轮转速相同,此时液力变矩器的传动比为 1。锁止离合器的工作过程如图 2-3-4 所示。

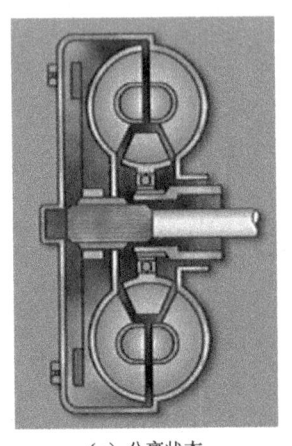

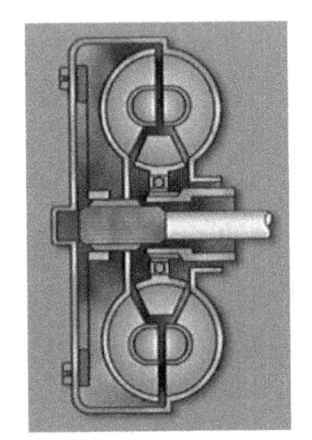

(a) 分离状态 (b) 锁止状态

图 2-3-4 锁止离合器的工作过程

【故障案例】 液力变矩器的常见故障

自动变速器由液力变矩器、行星齿轮机构和控制系统组成，液力变矩器和控制阀体是自动变速器中成本最高的两个组成部分，在日常维修中，由于对液力变矩器出现故障无法用检测仪器进行查找，在此介绍针对液力变矩器常见的故障的诊断思路及维修方法。

1. 液力变矩器内支撑导轮的单向离合器打滑

故障现象：

当车辆出现在 30~50km/h 以下加速不良，车速上升缓慢，过了低速区后加速良好的故障时，很可能是液力变矩器内支撑导轮的单向离合器打滑。

故障诊断方法：

发动机热机后，将 4 个车轮用三角木或砖头塞住，拉紧驻车制动器，踩住脚制动踏板，用眼睛盯住发动机转速表，将油门完全踩到底，如发动机的失速转速明显低于规定值，说明液力变矩器内支撑导轮的单向离合器打滑。

故障分析：

液力变矩器低速增扭，靠的是导轮改变液流方向，变矩器内支撑导轮的单向离合器打滑后，导轮没有了单向离合器的支撑，在增扭工况时无法改变液流的方向。这样经导轮返回的液流流向和泵轮旋转方向相反，发动机需克服反向液流带来的附加载荷，于是液力变矩器变成了液力耦合器，低速增扭变成了低速降扭，所以汽车在低速区加速不良。

维修方法：

更换液力变矩器总成或用车床剖开液力变矩器，然后更换导轮和单向离合器即可排除故障。

2. 液力变矩器内支撑导轮的单向离合器卡滞

故障现象：

汽车起动和中低速行驶正常，但没有高速，温和踩油门最高车速只有 80~90km/h 左右；加大节气门开度，最高车速也只有 110~120km/h 左右。

故障诊断方法：

支撑导轮的单向离合器卡滞时，在感觉上有一点像发动机排气不畅，但发动机排气不畅时冷车起动困难。打开空气滤清器上盖，拆下滤芯，发动机急加速时此处能看见废气返流，而支撑导轮的单向离合器卡滞，不会导致废气返流。

从油液颜色看一切正常,用故障诊断仪也找不到故障,发动机失速转速正常。

故障分析:

液力变矩器低速增扭,靠的是导轮改变液流方向,高速状态时导轮自由旋转。变矩器内支撑导轮的单向离合器卡滞后,导轮收到单向离合器的作用,继续改变液流的方向。这样经导轮返回的液流流向和泵轮旋转方向相同,所以汽车在高速区加速不良。

维修方法:

更换液力变矩器总成或用车床剖开液力变矩器,然后更换导轮和单向离合器即可排除故障。

小　结

自动变速器工作时,液力变矩器的作用是将发动机动力传递给齿轮变速机构,同时驱动油泵转动,提供液压控制系统工作时需要的液压油。液力变矩器经过发展,目前普遍使用的是带锁止离合器的液力变矩器,在车辆处于低速时完成增矩作用,在车辆处于高速时锁止离合器工作,完成高效率的动力传输。

习　题

2-1　目前常用的液力变矩器由_____、_____、_____、_____组成。

2-2　带锁止离合器的液力变矩器通常存在两种工作状态,当车辆低速时,由导轮作用实现_____;车辆高速时,锁止离合器工作,传递效率为_____。

2-3　液力变矩器中锁止离合器工作时,传动比 i 为_____。

2-4　简述液力变矩器工作特性曲线的含义。

2-5　简述锁止离合器的工作过程。

第 3 章

齿轮变速机构

知识目标

1. 掌握行星齿轮机构的结构及工作原理。
2. 掌握常用执行器的结构及工作原理。
3. 掌握标准型辛普森齿轮变速机构的结构及工作原理,并能够熟练拆装。
4. 掌握改进型辛普森齿轮变速机构的结构及工作原理,并能够熟练拆装。
5. 掌握拉维娜齿轮变速机构的结构及工作原理,并能够熟练拆装。

自动变速器由液力变矩器、齿轮变速机构和液压控制系统组成,液力变矩器将发动机的动力传递给齿轮变速机构,齿轮变速机构工作中的离合器、制动器、单向离合器通过控制行星齿轮机构完成对应挡位,液压控制系统中的液压油泵提供工作过程中的液压油。

液力变矩器能在一定范围内改变转矩比和转速比,但是只有当输入输出转速接近时才能达到最大值,增矩作用只有 2~4 倍,不能很好地满足汽车行驶阻力变化的需求。因此,除了液力变矩器之外,齿轮变速器也必不可少,齿轮变速器通常采用行星齿轮变速器。行星齿轮变速器由行星齿轮机构和换挡执行机构组成,行星齿轮机构负责提供不同的传动比,而换挡执行机构的作用则是完成挡位的变换。

3.1 行星齿轮机构

行星齿轮机构的核心元件是齿轮,而齿轮的啮合关系分为两种:外啮合和内啮合。两齿轮外啮合时转动方向相反,两个齿轮内啮合时转动方向相同。当小齿轮带动大齿轮旋转时,此时所实现的传动关系是减速增扭;当大齿轮带动小齿轮旋转时,所实现的传动关系是增速减扭;而两齿轮大小相等时,转速扭矩不变化。

3.1.1 行星齿轮机构的组成

简单行星齿轮机构又称为单排行星齿轮机构,是自动变速器变速机构的基础,常用的自动变速器变速机构都由两排或两排以上行星齿轮机构组成。单排的行星齿轮机构包括一个太阳轮、若干个行星齿轮和一个齿轮圈,其中行星齿轮中心轴固定在行星架上,并允许行星齿轮在支承轴上转动。行星齿轮和太阳轮、齿圈总是处于常啮合状态,通常都采用斜齿轮以提高工作的平稳性。

行星齿轮机构由 4 个基本元件组成:太阳轮、行星(齿轮)架、行星齿轮和齿圈,如图 3-1-1 所示。行星齿轮机构中位于中心的是太阳轮,太阳轮与外侧的行星齿轮常啮合,两个齿轮外啮合因此旋转方向相反。由于太阳轮的位置处于整个机构的中心,就像太阳位于太阳系的中心一样,太阳轮因此而得名。行星齿轮可以绕行星架支承轴旋转,同时也可在行星架的带动下,围绕太阳轮的中心轴线旋转,就像地球既自转运动又绕着太阳的公转运动一样。行星齿轮外侧与齿圈常啮合。太阳轮、齿圈、行星架三者轴线重合。

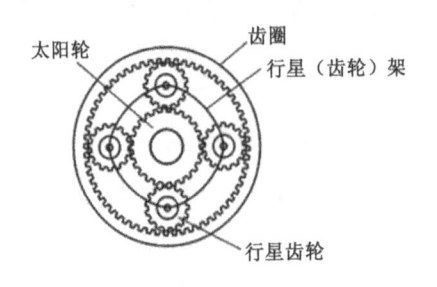

图 3-1-1 行星齿轮机构组成

在行星齿轮机构中,如果行星齿轮自转,而行星架固定,这种传动方式与平行轴式的传动方式类似,通常被称为定轴传动。齿圈是内齿轮结构,与行星齿轮常啮合,由于是内啮合关系,两者的旋转方向相同。行星齿轮的个数由变速器的设计载荷决定,通常有 3~4 个,均匀或对称布置,齿轮个数越多则承担的载荷越大。

3.1.2 行星齿轮机构的传动原理

图 3-1-2 所示为行星齿轮机构的结构简图,由图可知:
作用于太阳轮上的力矩是 $M_1 = F_1 r_1$
作用于齿圈上的力矩是 $M_2 = F_2 r_2$
作用于行星架上的力矩是 $M_3 = F_3 r_3$

假设齿圈和太阳轮的齿数比为 α，则

$$\alpha = \frac{r_2}{r_1} = \frac{z_2}{z_1}$$

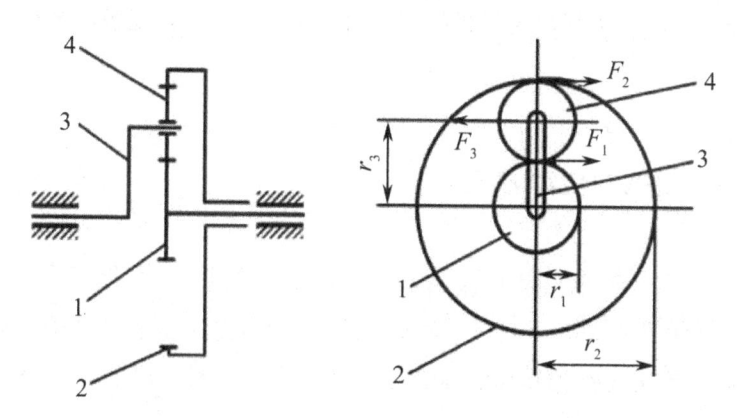

1-太阳轮；2-齿圈；3-行星架；4-行星齿轮

图 3-1-2　行星齿轮机构的结构简图

因此
$$r_2 = \alpha r_1$$

则
$$r_3 = \frac{r_1 + r_2}{2} = \frac{\alpha + 1}{2} r_1$$

式中，r_1 为太阳轮的分度圆半径；r_2 为齿圈的分度圆半径；r_3 为行星齿轮和太阳轮的中心距；z_1 为太阳轮的齿数；z_2 为齿圈的齿数。

从行星齿轮的受力平衡条件可得

$$F_1 = F_2$$
$$F_3 = -(F_1 + F_2)$$

由以上可得出，太阳轮、齿圈、行星架上的力矩分别是

$$\begin{cases} M_1 = F_1 r_1 \\ M_2 = \alpha F_1 r_1 \\ M_3 = -(\alpha + 1) F_1 r_1 \end{cases} \quad (3\text{-}1\text{-}1)$$

根据能力守恒定律，太阳轮、行星架、齿圈输入与输出功率的代数和应该等于零，即

$$M_1 n_1 + M_2 n_2 + M_3 n_3 = 0 \quad (3\text{-}1\text{-}2)$$

式中，n_1 为太阳轮的转速；n_2 为齿圈的转速；n_3 为行星架的转速。

将式（3-1-1）代入式（3-1-2）可得

$$F_1 r_1 n_1 + \alpha F_1 r_1 n_2 - (\alpha + 1) F_1 r_1 n_3 = 0$$

由于 $F_1 r_1 \neq 0$，可得

$$n_1 + \alpha n_2 - (\alpha + 1) n_3 = 0 \quad (3\text{-}1\text{-}3)$$

式（3-1-3）为单排行星齿轮的一般运动规律方程。单排行星齿轮机构具有两个自由度，行星齿轮机构工作时可以在太阳轮、齿圈和行星架三个元件中任选一元件作为输入元件，使它与输入轴连接，同时选取另一元件作为输出元件与输出轴连接，再将剩下的第三个元件固定，不让其运动，此时整个行星齿轮机构就只有一个自由度，行星齿轮机构就以一定的传动比传递动力。

3.1.3　行星齿轮机构的传动方案

单排行星齿轮机构通常有太阳轮、行星架和齿圈三个元件。如果要确定这三个元件相互间的运动关系，通常需要固定其中的一个元件，然后确定输入元件，并确定输入元件的转速和旋转方向，此时输出元件的转速、旋转方向就确定了。根据以上分析分别讨论以下三种情况。

（1）如图 3-1-3（a）所示，齿圈固定，太阳轮为输入元件并且顺时针转动，此时行星架为输出元件。太阳轮顺时针转动，则行星齿轮为逆时针转动，由于齿圈固定，因此行星齿轮要完成逆时针转动，只有行星架同时顺时针转动方可实现，结果行星齿轮不仅存在逆时针方向的自转，同时在行星架的带动下，绕太阳轮中心轴线顺时针公转。此时行星齿轮机构的传动方式是输出元件行星架的旋转方向与输入元件太阳轮的旋转方向相同，输入元件太阳轮是小齿轮，输出元件行星架的当量齿数等于太阳轮和齿圈齿数之和，因此太阳轮带动行星架转动属于小齿轮带动最大的齿轮，是一种减速增扭的运动，同时输出最大的传动比。

（2）如图 3-1-3（b）所示，太阳轮固定，行星架为输入元件并且顺时针转动，齿圈为输出元件。当行星架顺时转动，行星齿轮势必会顺时针转动，此时行星齿轮将会带动齿圈顺时针转动。此时行星齿轮机构的传动方式是输入元件行星架的旋转方向和输出元件齿圈相同。由于行星架是一个当量齿数最大的齿轮，因此最大齿轮带齿圈运动是增速减扭的运动，两者之间传动比小于 1。

（3）如图 3-1-3（c）所示，行星架固定，太阳轮为输入元件且顺时针转动，而齿圈则作为输出元件。由于行星架被固定，此时行星齿轮机构就属于定轴传动，太阳轮顺时针转动，行星齿轮则逆时针转动，同时带动齿圈逆时针方向转动，导致齿圈的旋转方向和太阳轮方向相反。在定轴传动中，行星齿轮作为过渡轮使用，改变了输出元件齿圈的旋转方向。

当齿圈为输出元件时，由于太阳轮的齿数小于齿圈的齿数，此时的传动属于小齿轮带动大齿轮的传动关系，因此齿圈显然是减速状态，此时两者之间的传动比大于 1。需要注意的是，由于行星齿轮是过渡轮，此时传动比的大小与行星齿轮的齿数无关。

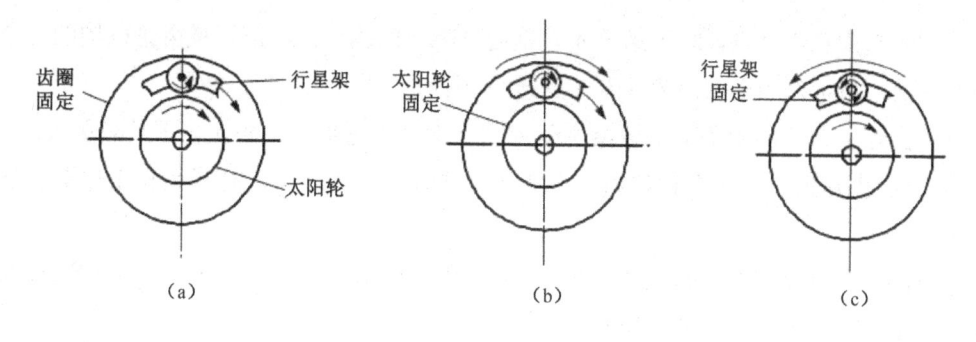

图 3-1-3　行星齿轮机构运动关系

通过以上三种传动关系的分析，可以把单排行星齿轮机构的运动特征归纳为下列几点：
① 两个齿轮为外啮合关系时，其转动方向相反；
② 外齿轮与内齿轮相啮合时，其转动方向相同；
③ 小齿轮带动大齿轮旋转时，输出扭矩增大而输出转速降低；
④ 大齿轮带动小齿轮旋转时，输出扭矩减小而输出转速提高；
⑤ 当行星架作为输出元件时，它的旋转方向和主动件同向；
⑥ 当行星架作为输入元件时，被动件的旋转方向和它同向；
⑦ 在单排行星齿轮机构中，太阳轮的齿数最少，行星架的当量齿数（注：行星架的当量齿数=太阳轮齿数+齿圈齿数）最多，而齿圈齿数则介于两者之间；
⑧ 若行星齿轮机构中的任意两个元件同速同向旋转时，则第三元件的转速和方向必然与前两者相同，此时机构锁止，成为直接挡。

表 3-1-1 为单排行星齿轮机构的三元件经组合后 8 种不同的工作状况，其中包括速度状态、旋转方向以及传动比。

表 3-1-1　单排行星齿轮机构的 8 种工作状况

序　号	太 阳 轮	行星齿轮架	齿　圈	传动规律	挡位说明
1	输入	输出	固定	同向减速	前进挡
2	固定	输出	输入	同向减速	前进挡
3	固定	输入	输出	同向加速	前进挡
4	输出	输入	固定	同向加速	/
5	输入	固定	输出	反向减速	倒挡
6	输出	固定	输入	反向加速	/
7	三元件中任意两元件同向同速，第三元件与前两个转速相同，即同向同速			同向同速	直接传动挡
8	所有元件都不受约束			自由转动	失去传动作用

单排行星齿轮机构目前普遍使用，通常将三元件中其中一个固定，再确定另外两个元件的输入、输出关系，此时就可得到固定传动比的传动关系，在特殊情况时也可以允许其中两

个元件同时作为输入元件，此时第三元件就会有唯一的输出，这是行星齿轮机构的一个十分重要的特征，目前在自动变速器上被广泛地应用。

行星齿轮机构不同于手动变速器所配置的外啮合齿轮机构，相比之下具有更大的优势：

① 行星齿轮机构中所有行星齿轮均参与工作，都承受载荷，行星齿轮工作更安静，强度更大；

② 行星齿轮机构工作时，齿轮间产生的作用力由齿轮系统内部承受，不传递到变速器壳体，变速器可以设计得更薄、更轻；

③ 行星齿轮机构采用内啮合与外啮合相接合的方式，与单一的外啮合相比，减小了变速器尺寸；

④ 行星齿轮系统的齿轮处于常啮合状态，不存在挂挡时的齿轮冲击，工作平稳，寿命长。

【实训项目】行星齿轮机构的结构认识

1. 行星齿轮机构的组成

行星齿轮机构的组成如图 3-1-4 所示。

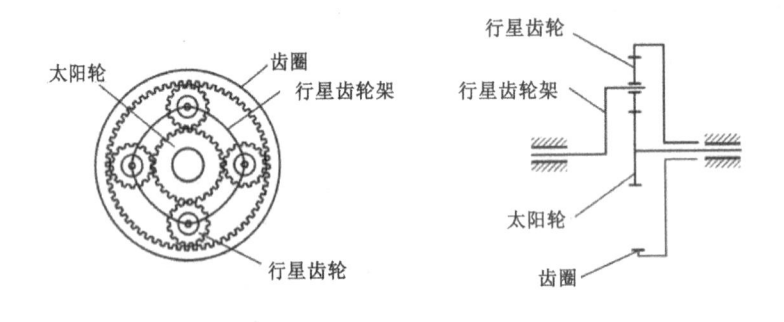

图 3-1-4 行星齿轮机构的组成

2. 行星齿轮机构的运动规律方程

$$n_1 + \alpha n_2 - (\alpha+1)n_3 = 0$$

式中，n_1 为太阳轮的转速；n_2 为齿圈的转速；n_3 为行星架的转速；α 为齿数比，即齿圈齿数 z_2/太阳轮齿数 z_1。

3. 行星齿轮机构的运动规律方程

单排行星齿轮机构由太阳轮、行星架、齿圈组成；按照齿数数量，最大件为行星架；最小件为太阳轮。

当太阳轮做输入元件时，输出传动规律为减速；当行星架做输入元件时，输出传动规律为加速。

倒挡实现的条件是：太阳轮输入、行星架固定、齿圈输出。

直接挡实现的条件是：太阳轮、行星架、齿圈三元件中任意两元件做输入，则实现三元件同速同向运动。

空挡实现的条件是：太阳轮、行星架、齿圈三元件均不受约束。

【故障案例】单排行星齿轮机构的常见损伤

自动变速器在实现自动换挡时依靠齿轮变速机构，而齿轮是齿轮变速机构内部中最关键的元件，如果齿轮运动出现故障，则会影响变速器的正常工作。

自动变速器在车辆行驶时出现异响，空挡时没有异响，则为行星齿轮机构异响。自动变速器的齿轮经常受到不断变化的转速及负荷作用，齿轮齿面受到冲击载荷的冲击，致使齿轮（特别是齿面）产生损伤，常见的损伤有如下。

（1）齿轮磨损：变速器齿轮在正常工作条件下，齿面呈现出均匀的磨损，要求沿齿长方向磨损不应超过原齿长的30%；齿厚不应超过0.40mm；齿轮啮合面积不低于齿面的2/3；运转齿轮啮合间隙一般应为0.15～0.26mm，使用限度为0.80mm；接合齿轮啮合间隙应为0.10～0.15mm，使用限度为0.60mm。可用百分表或软金属倾轧法测量，如果超过间隙，应成对更换。

（2）齿轮轮齿破碎：轮齿破碎，主要是由于齿轮啮合间隙不符合要求，轮齿啮合部位不当或工作中受到较大的冲击载荷所致。若轮齿边缘有不大于2mm的微小破碎，可用油石修磨后继续使用；若超过这个范围或有3处以上微小破碎，则应成对更换。

（3）常啮合齿轮端面磨损：常啮合的斜齿端面应有0.10～0.30mm的轴向间隙，以保证齿轮良好运转，若齿端磨损起槽，可磨削修复，但磨削量应不超过0.50mm。

（4）常啮合齿轮轴颈、滚针轴承及座孔磨损：常啮合齿轮座孔与滚针轴承及轴颈三者配合间隙应为0.01～0.08mm，否则应予更换。

3.2 执行器

行星齿轮机构若要实现传动比的改变以及输出轴旋转方向的变化,通常采用的措施是改变输入、输出元件的关系,而另外一个措施就是改变其组合方式,通过不同的组合方式获得不同的传动比和旋转方向,如表 3-1-1 所示。

行星齿轮机构中的所有齿轮都处于常啮合状态,挡位变换必须通过不同方式对行星齿轮机构的基本元件进行约束(即固定或连接某些基本元件)来实现。能对这些基本元件实施约束的机构,就是行星齿轮变速器的换挡执行机构。

换挡执行机构主要由离合器、制动器和单向离合器三种执行元件组成,离合器和制动器是以液压方式控制行星齿轮机构元件的旋转,而单向离合器则是以机械方式(摩擦力)对行星齿轮机构的元件进行锁止。

换挡执行元件是自动变速器实现动力传递及自动换挡的关键控制部件,在自动变速器的控制过程中,起到至关重要的作用。掌握了换挡执行元件的工作原理,对正确分析自动变速器动力传递路线和故障诊断提供很大的帮助。

换挡执行元件的作用就是依靠液压控制系统油压和控制过程,对行星齿轮机构中某个元件的运动状态进行连接、锁止或限制,从而改变动力传输的方向和途径。自动变速器是通过换挡执行元件控制行星齿轮机构,使行星齿轮机构中的基本元件被连接、固定或锁止,最终获得不同的传动比,从而实现挡位的变换。

3.2.1 离合器

自动变速器的动力输入来自于液力变矩器涡轮轴,在实现挡位的过程中,必须要将输入动力传递到行星齿轮机构的某一输入元件上,例如把动力传递给行星架,但是在实现另一挡位又必须把同一输入动力传递给太阳轮。离合器的作用就是将输入轴和行星齿轮机构中某一元件或某两个元件连接,实现动力传递,同时也可将动力断开。

1. 离合器的组成

自动变速器中所用的离合器为湿式多片式离合器。图 3-2-1 为多片式离合器组件,它由离合器鼓、离合器活塞、回位弹簧组、波形板、钢片、摩擦片组、衬板及卡环、离合器毂等组成。摩擦片和钢片交替地安装在离合器鼓内,摩擦片的工作表面上有粗糙的摩擦材料,而钢片表面光滑,没有摩擦材料。

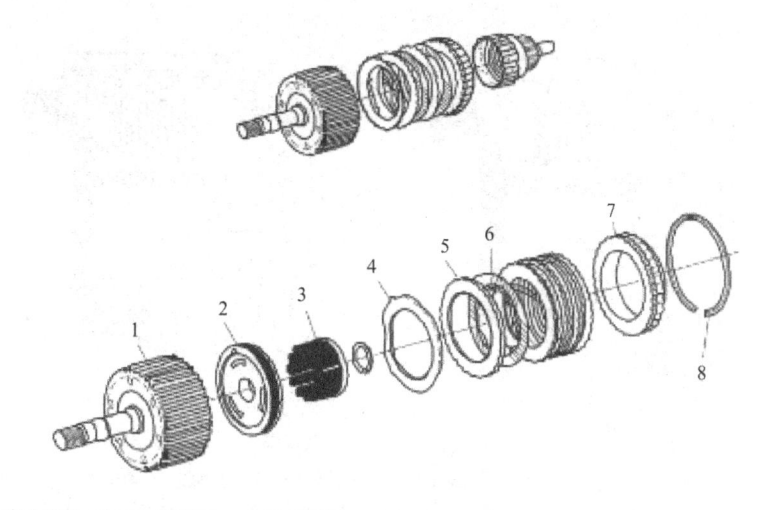

1-离合器鼓；2-离合器活塞；3-回位弹簧组；4-波形板；5-钢片；6-摩擦片组；7-衬板；8-卡环

图 3-2-1　多片式离合器组件

2. 离合器的工作原理

　　液压控制系统的油压通过离合器鼓内的活塞作用，将摩擦片和钢片压紧，使之成为一个整体，保证离合器处于接合状态。如果液压系统将油压作用取消，在回位弹簧的作用下活塞回位，导致离合器处于分离状态。通常钢片的外缘有外花键，与主动的离合器鼓的内花键相配合；摩擦片的内缘则有内花键，与从动轴或者离合器毂的外花键相配合。当离合器处于接合状态时，主动件通过多片离合器将动力传递给被动件。当油压作用在活塞上时每一组钢片和摩擦片受到的正压力都是相等的，钢片摩擦片的数目越多，油压越高，此时离合器可传递载荷的能力也就越大。

　　多片离合器中的回位弹簧通常为一个或多个，同时还有回位弹簧座、油封、压盘和挡圈。不同型号的自动变速器对离合器分离状态时的摩擦片和钢片的间隙标准不尽相同，通常在 1.8~2.2 mm。离合器在接合过程中存在片间滑转，因此会导致间隙变大。当片间间隙超过设定的极限间隙后，会导致换挡时间延长，严重时将会引起发动机"飞车"或"掉速"现象，产生换挡冲击。过量的片间滑转，会导致钢片表面的高温烧蚀，烧蚀后的钢片会变形和表面硬度退化，既加速了磨损又影响力矩正常传递。载荷过大，活塞作用的油压相对过小，不足以把钢片和摩擦片压紧（锁止）是钢片烧蚀产生的重要原因。

　　当多片式离合器分离时，液压控制系统将停止向活塞供给油压，并将其排泄。此时活塞在回位弹簧的作用下回到初始位置，使钢片、摩擦片之间出现间隙，从而使主、从动件分离。当离合器处于分离状态时，活塞上会存在残留油压，此时单向快速回油阀通过离心力会使单向阀打开，使部分残留油压迅速地从该阀体泄出，防止离合器片间的拖滞现象发生。当离合器活塞有油压作用时，单向阀自行关闭，建立一定压力使多片式离合器接合，如图 3-2-2 所示。

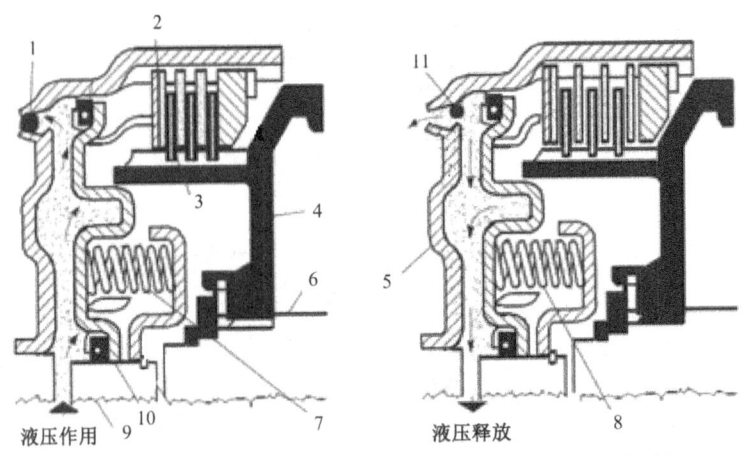

1-封闭的单向阀；2-钢片；3-摩擦片；4-离合器毂；5-离合器鼓；6-输出轴；
7-压缩的回位弹簧；8-伸展的回位弹簧；9-输入轴；10-活塞；11-打开的单向阀

图 3-2-2　多片式离合器的液压作用和液压释放

离合器中活塞的回位弹簧通常有三种类型：中央弹簧式、周布弹簧式、蝶形弹簧式，目前普遍使用的是周布弹簧式。回位弹簧在工作中的作用是让活塞回位，但并不是弹簧力越大越好。当活塞受到油压作用时，油压其中一部分作用力要抵消在弹簧的预紧力上，弹簧的预紧力越大，活塞作用油压要抵消的力也就越大，导致作用于离合器片间的正压力减小，影响力矩传递。因此经常看到一些周布弹簧式的弹簧座上缺少几个弹簧。在变速器出厂时，活塞回位弹簧力已进行测试，测试过的弹簧力既可保证活塞正常回位，同时也可避免弹簧回位力过大。

3. 离合器的检修

以检修丰田佳美轿车自动变速器 U240E 前进挡离合器为例，说明离合器的检修。

（1）离合器的分解

① 拆下卡环，如图 3-2-3 所示。

② 取出前进挡离合器鼓内的钢片和摩擦片组，如图 3-2-4 所示。

图 3-2-3　步骤 1 　　　　　　　　　图 3-2-4　步骤 2

③ 将离合器组件放到压力器工作台上，压缩回位弹簧，如图 3-2-5 所示。

④ 用卡簧钳拆下卡环，如图 3-2-6 所示。

图 3-2-5　步骤 3 　　　　　　　　　图 3-2-6　步骤 4

⑤ 拆下前进挡离合器活塞回位弹簧，如图 3-2-7 所示。

⑥ 用压缩空气吹入油孔，取出活塞，如图 3-2-8 所示。

图 3-2-7　步骤 5 　　　　　　　　　图 3-2-8　步骤 6

⑦ 拆下前进挡离合器活塞，如图 3-2-9 所示。

（2）离合器的检测

① 检查离合器的摩擦片，如有烧焦、表面粉末冶金脱落或翘曲变形，应更换。许多型号的自动变速器的摩擦片表面印有符号，若这些符号已被磨去，说明摩擦片已磨损至极限，应更换。也可以测量摩擦片的厚度，若小于极限厚度，则应更换。

② 检查钢片，如磨损严重，应更换。

③ 检查离合器的活塞，其表面应无损伤或拉毛，否则更换。

④ 检查离合器活塞上的单向阀，其阀球应能在阀座内自由活动。

⑤ 测量活塞回位弹簧的自由长度（如图 3-2-10 所示），并与标准值比较，若弹簧的自由长度小于规定值或有变形、弹力不足等应更换。

（3）离合器的装配

在装配离合器之前应将所有零件用清洁的煤油或工业汽油洗吹干。油道、单向阀孔等处要用压缩空气吹净，防止被脏物堵塞。装配离合器时应按照与分解相反的顺序装配，并应注意以下事项。

图 3-2-9　步骤 7

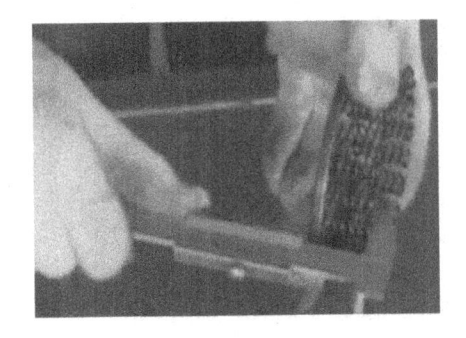

图 3-2-10　测量活塞回位弹簧自由长度

① 装配前应在所有配合零件表面涂上少许自动变速器油。
② 更换摩擦片时，应将新的摩擦片放在清洁的自动变速器油内浸泡 15 分钟后再安装。
③ 活塞回位弹簧座圈的卡环安装要到位，确认卡环落入环槽内才可进行下一步的安装，如图 3-2-11 所示。
④ 离合器装配完后，应用塞尺或百分表测量离合器的自由间隙，间隙过大会使换挡滞后、离合器打滑；间隙过小会使得离合器分离不彻底。图 3-2-12 所示是用塞尺测量离合器的自由间隙。

图 3-2-11　用卡钳安装卡环

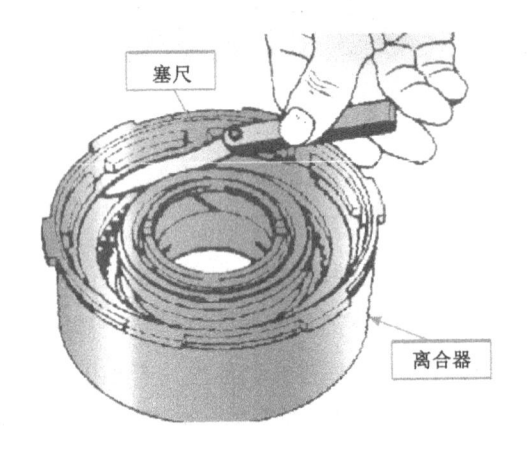

图 3-2-12　用塞尺测量离合器的自由间隙

3.2.2　制动器

行星齿轮机构中的三个构件，在实现挡位过程中，作为输入元件的就需要与输入轴连接，作为输出元件的就需要与输出轴连接,完成这个功能的执行元件是离合器;而第三元件则需要固定不动,实现该功能的则是制动器。制动器的作用是固定行星齿轮机构中的某一元件,阻止其旋转。制动器又分为多片式制动器和带式制动器。

1. 多片式制动器

多片式制动器由制动器鼓、制动器活塞、回位弹簧、钢片、摩擦片及制动器毂等组成。多片式制动器的工作原理与多片离合器基本相同,只是制动器的钢片通过外花键齿固定在制动器毂上,或者通过外花键齿安装在变速器壳体的内花键齿圈上,也就意味着制动器毂以及钢片是不可转动的,摩擦片则需要和被固定的行星齿轮机构的某个元件连接。

多片式制动器和离合器的差异仅在于所起的作用不同。多片离合器负责行星齿轮机构中各元件间的连接和动力传递,而多片式制动器工作时,由于钢片直接固定在变速器壳体上不能运动,可将与制动器毂连接的行星齿轮机构中某个元件固定,使其不能运动,从而起到控制元件运动状态、终止元件动力传递的作用。

当制动器不工作时,钢片和摩擦片之间没有压力,制动器毂可以自由旋转。当制动器工作时,来自控制阀的液压油进入制动器鼓内的液压缸中,油压作用在制动器活塞上,推动活塞将制动器摩擦片和钢片紧压在一起,与行星排某一基本元件连接的制动器毂就被固定住而不能旋转。

多片式制动器的优点是工作平顺性好,优于带式制动器,其可通过变化摩擦片的数量来满足不同排量发动机的要求,近年来在自动变速器中普遍使用。

2. 带式制动器

带式制动器主要由制动鼓、制动带、液压伺服机构等组成,如图 3-2-13 所示。

制动带缠于制动鼓的外缘,是可收拢的制动组件。制动带是一种简单挠性金属带,带内部衬有半金属或有机摩擦材料。带式制动器的制动鼓与行星齿轮机构的某一元件连成整体,锁止制动鼓就是固定行星齿轮机构的一个构件。当液压伺服机构给制动带作用力时,制动带箍紧制动鼓,行星齿轮机构中的某个元件的旋转也就随之被固定。

伺服油缸是对制动带施力的装置,当液压控制系统的液压作用在伺服活塞上时,活塞压缩回位弹簧,带动机械的联动装置作用在制动带上,产生制动效果。在取消制动效果时,作用在伺服活塞上的液压油通过液压控制系统的控制阀改变油液的流动方向,并和回油通道相通。伺服活塞在回位弹簧力的作用下回到初始位置,达到释放制动带的效果,如图 3-2-14 所示。

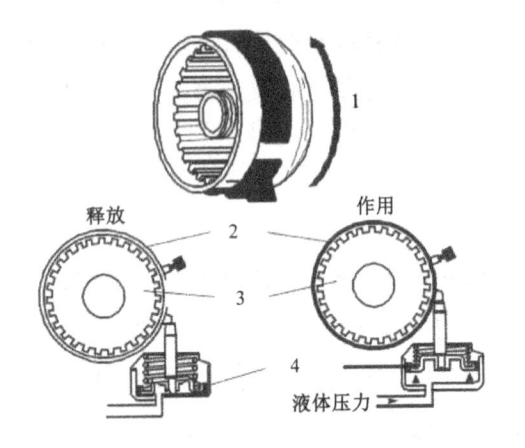

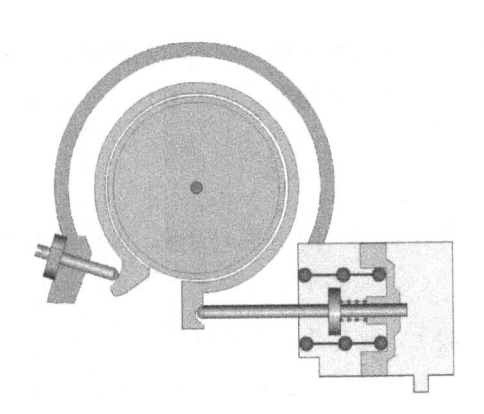

1-制动鼓旋转；2-制动带；3-轮毂；4-伺服油缸

图 3-2-13　带式制动器

图 3-2-14　带式制动器工作原理图

制动带在制动过程中的收拢作用力方向，可以设计成与制动鼓转向相同，也可以设置成与制动鼓转向相反。如果作用力方向与制动鼓旋转方向相同，则制动鼓的旋转会导致制动带锁止力增大，类似于车轮制动器中的"领蹄"，而使伺服油缸作用油压减小。如果作用力方向和制动鼓旋转方向相反，则制动鼓的旋转会导致制动带锁止力减弱，类似于"从蹄"，而使伺服油缸的作用力需要增大。

目前轿车上自动变速器所配置的制动带有单层式和双层式两种类型，如图 3-2-15 所示。单层制动带表面展开是一完整带状形金属板材的制动带，目前普遍使用这种结构。双层制动带表面被分割成几个环圈，并且用搭切口使各环圈联动。由于双层制动带更易变形，更易贴近制动鼓形状特点，使制动鼓锁止过程更加平稳柔和，在同样作用力下，可提供更大的锁紧力矩。

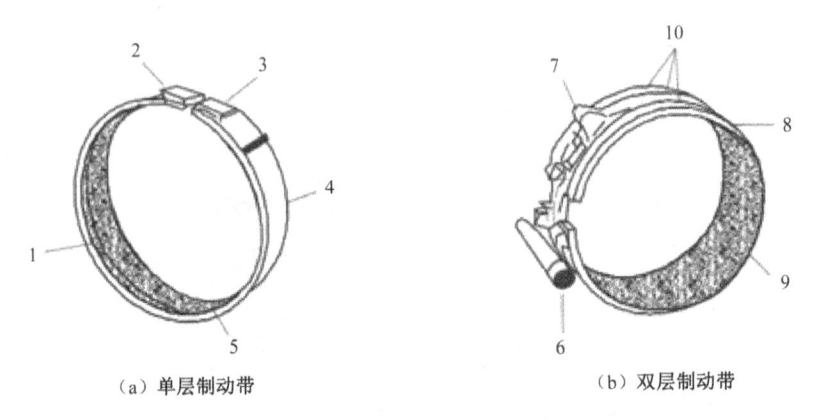

（a）单层制动带　　　　　（b）双层制动带

1-排液沟；2-伺服作用力凸耳；3-制动带固定凸耳；4、8-钢带；5、9-摩擦材料；
6-制动带固定销；7-伺服作用力凸耳；10-制动带环节

图 3-2-15　两种类型的制动带

由于制动器在制动过程中制动带和制动鼓总是存在滑转，因此两者之间的磨损是不可避免的。早期自动变速器的制动带都需要定期调整螺栓，保证间隙大小正常。如果间隙调整过小，制动带和制动鼓距离接近，即使制动带没有作用力，也会导致严重的拖滞现象，而过量滑转会引起制动带和制动鼓的表面烧蚀。目前自动变速器所配置的制动带不需要调整，当间隙过大时，只需要更换相关零件就可以恢复原有的间隙。

伺服油缸是制动器产生制动带作用力的重要装置，油缸作用面积越大，产生的油压就越高，当然产生的作用力越大。如图 3-2-13 所示油缸中仅有一个活塞，而且油压仅作用在活塞的一侧，称为单向作用伺服油缸，目前广泛使用。

图 3-2-16 为双向作用的伺服油缸，该伺服油缸中仅有一个活塞，但是活塞两侧都有油压作用，而且活塞左侧的作用面积小于右侧，属于差动油缸，又称为双向作用伺服油缸。当活塞左侧油压升高时，此时右侧油液通过回油通道流出，左侧油压推动活塞和推杆右移，导致制动带收紧，产生制动效果。当活塞右侧油压升高时，左侧油压仍在保持，由于活塞两侧存在面积差，活塞重新左移，恢复初始位置，使制动带释放。

如图 3-2-17 所示为复合式活塞的伺服油缸。该伺服油缸有两个活塞，活塞的作用面积有三个，都存在面积差值，同时具有两个作用口，一个释放口。在正常工作时，压力油首先进入活塞面积最小的作用口，使活塞推杆推出，制动带此时收紧。当压力油到达释放口时，第一作用口的压力继续保持，由于释放口中的活塞作用面积大于第一作用口的活塞作用面积，此时推杆收回，制动带释放。当压力油进入第二作用口时，第一作用口和释放口中的压力仍继续保持，由于第二作用口中活塞的作用面积，叠加上已经在作用的第一作用口活塞面积，远大于释放口的活塞作用面积，因此推杆再次伸出并使制动带收紧，如此完成制动带的收紧和释放。

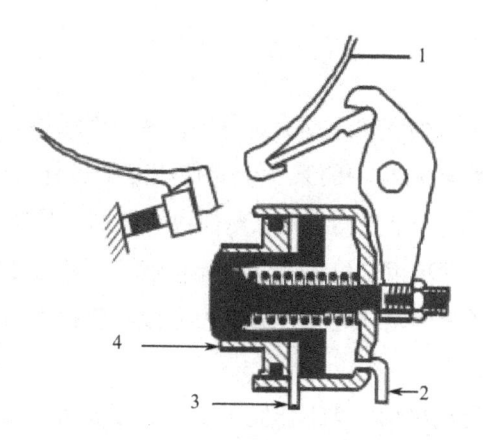

1-前制动带；2-释放口；3-作用口；4-前伺服油缸

图 3-2-16 双向作用的伺服油缸

(a) 作用状态 (b) 释放状态

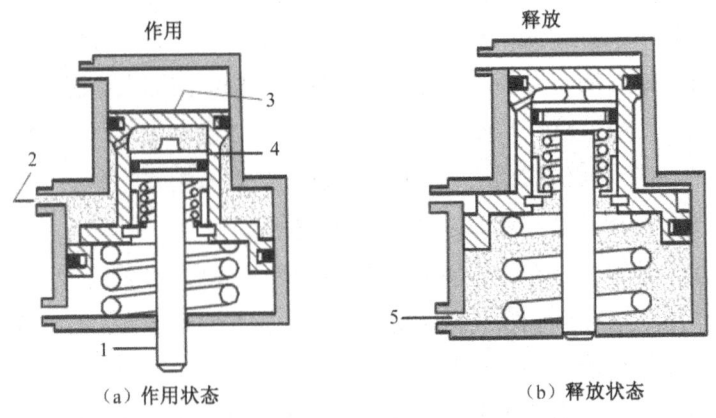

1-活塞杆；2-作用口；3-主活塞；4-小活塞；5-释放口

图 3-2-17　复合式活塞伺服油缸

3. 制动器的检修

片式制动器的检修方法与湿式多片式离合器相同，检修时可参照湿式多片式离合器进行。针对带式制动器检修应注意以下两个方面。

（1）对制动带进行检查时，注意制动带不应有裂纹、烧蚀、脱落等现象，否则应更换。

（2）装配后的带式制动器应进行自由间隙调整。

制动带自由间隙一般是用一定力矩将调整螺钉调紧后，再按要求返回一定的圈数，大多数自动变速器在自由间隙调整好后，看不到制动带被固定元件之间明显间隙，需凭经验检查自由间隙调整得是否合适，可晃动被固定的元件，应无松动感，而制动鼓可自由转动。

3.2.3　单向离合器

自动变速器中行星齿轮机构在传递动力过程中，某一个元件只能够单方向旋转。单向离合器的作用就是阻止行星齿轮机构中的某一个元件相对于另外一个元件发生某一方向的运动，即一个方向自由转动，另一个方向锁止。单向离合器的内外圈中有一侧是直接和变速器壳体固定的，而另外一侧和行星齿轮机构的某一元件连接。当与之相连接的元件受力方向与锁止方向相同时，该元件即被固定或连接；当受力方向与锁止方向相反时，该元件即被释放或脱离连接。

单向超越离合器无须控制机构，其工作完全由与之相连接的元件的受力方向来控制。它能随着行星齿轮变速器挡位的变换，在与之相连接的基本元件受力方向发生变化的瞬间即产生接合或脱离。可保证换挡平顺无冲击（想想自行车的单向超越离合器是不是很平顺），同时还能大大简化液压控制系统。

单向超越离合器有多种形式，目前最常见的是滚柱斜槽式和楔块式，如图3-2-18所示。

(a) 楔块式　　　　　　　(b) 滚柱斜槽式

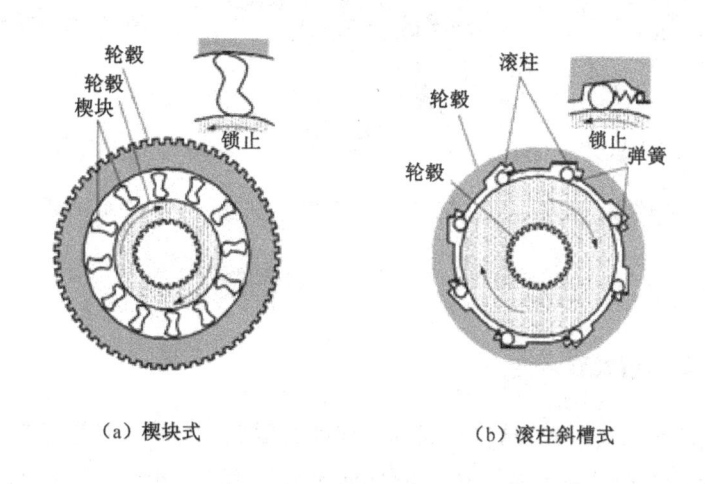

图 3-2-18　常用的单向离合器

1．楔块式单向离合器

楔块式单向离合器包括内、外座圈和介于座圈间的8字形金属楔块等组成，如图3-2-19所示。

工作时其中一个座圈固定，而另一座圈往某一方向旋转时，导致8字形楔块竖起，楔紧内外座圈表面，则意图旋转座圈将会被锁止。当运动座圈以相反方向旋转时，楔块倒下，此时没有楔紧内外座表面的趋势，该座圈就可以自由转动，如图3-2-20所示。

图 3-2-19　楔块式单向离合器的组成

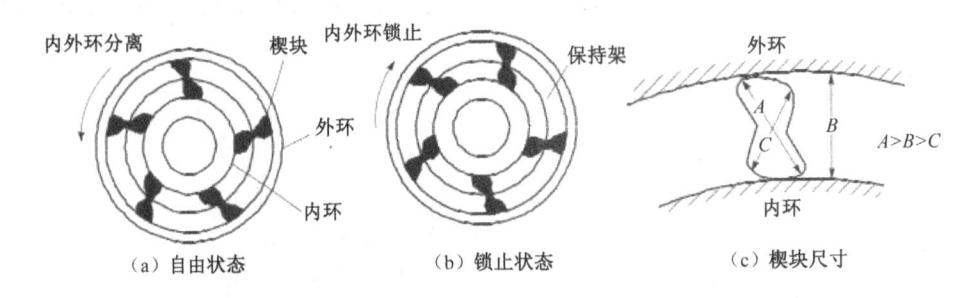

(a) 自由状态　　　(b) 锁止状态　　　(c) 楔块尺寸

图 3-2-20　楔块式单向离合器

2. 楔块式单向超越式离合器

楔块式单向超越式离合器的结构形式和单向离合器完全相同，但是它的作用方式和单向离合器有较大区别。超越式离合器的内外圈分别和运动的元件相连，它的"锁止"或"超越"状态不仅取决于内外圈的旋转方向，同时还取决于内外圈的相对速度。超越式离合器通常安装于输入动力和行星齿轮机构某个构件之间，其功能相当于多片式离合器，多片式离合器的接合与释放依靠的是活塞上的油压，而超越式离合器是纯机械控制。

如图 3-2-21 所示为超越式离合器在内外座圈不同速度下离合器的锁止和超越状态，当内座圈转速大于外座圈转速时，则离合器超越，即内外座圈各自按原有转速旋转，相互间没有干扰。当内座圈转速小于外座圈转速时，则离合器锁止。如 8 字楔块倒向另外一个方向（离合器旋转 180°），则上述的结果正好相反。

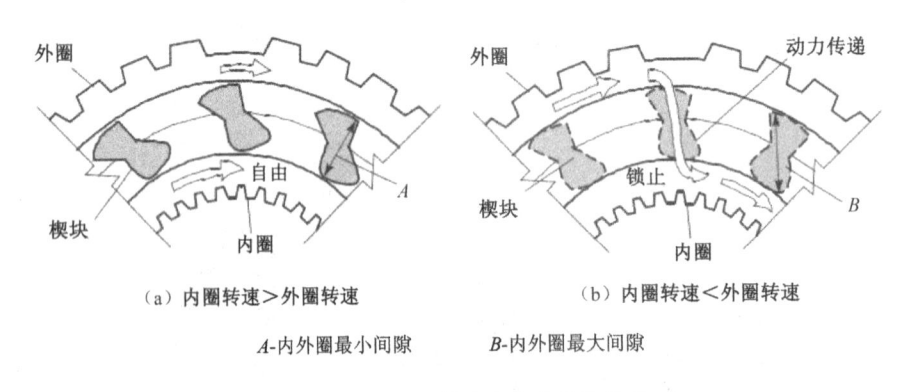

(a) 内圈转速>外圈转速　　　(b) 内圈转速<外圈转速

A-内外圈最小间隙　　　B-内外圈最大间隙

图 3-2-21　内外圈转速和离合器的关系

3. 滚柱斜槽式单向离合器

滚柱斜槽式单向离合器有滚柱、弹簧和内外圈组成，利用弹簧把滚柱固定在内外座圈之间适当的位置。外座圈的内表面分布着若干个凸轮状缺口，滚柱在弹簧力作用下，使其处于内座圈和缺口表面之间。如外圈固定内圈顺时针旋转，摩擦力将会推动滚柱向槽深的一侧运动,此时滚柱不影响内圈运动;如果外圈固定内圈逆时针旋转,摩擦力将会使滚柱向槽浅的一侧运动,使内外圈卡在一起,内圈不能转动,如图 3-2-22 所示。

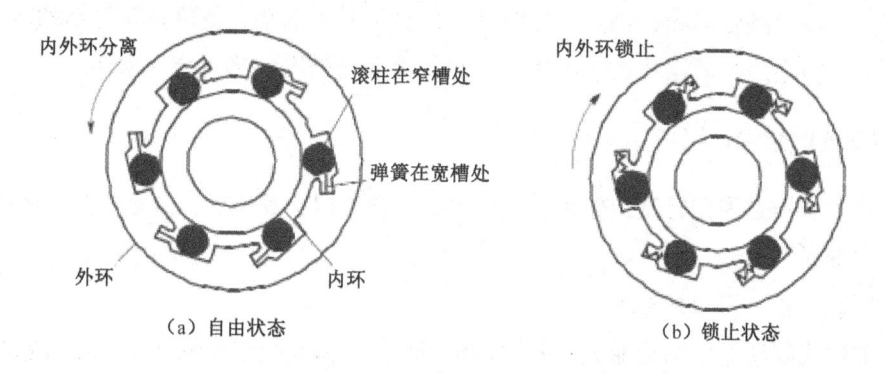

图 3-2-22　滚柱斜槽式单向离合器

【实训项目】离合器、制动器、单向离合器的结构认识

1. 离合器的结构认识

离合器的作用就是将输入轴和行星齿轮机构中某一元件或某两个元件连接,实现动力传递。

(1) 拆装工具:平口螺丝刀。

(2) 离合器由离合器鼓、钢片、摩擦片、活塞、回位弹簧、离合器毂等组成,如图 3-2-23 所示。

图 3-2-23　离合器的结构

离合器的拆装步骤如下：
步骤一：用平口螺丝刀拆下离合器钢片外侧的卡环。
步骤二：取出离合器毂、钢片、摩擦片，此时可看到活塞、复位弹簧等结构。
步骤三：将钢片、摩擦片按照间隔方式装入离合器鼓内，然后装入卡环。

2. 制动器的结构认识

制动器的作用是固定行星齿轮机构中的某一元件，阻止其旋转。常见的制动器分为多片式制动器和带式制动器。

（1）拆装工具：平口螺丝刀。

（2）多片式制动器由制动器鼓、钢片、摩擦片、活塞及回位弹簧等组成。拆装时先将制动器鼓从自动变速器壳体上拆下，然后拆下卡环、钢片、摩擦片，此时就看到活塞和回位弹簧，如图 3-2-24 所示。

图 3-2-24　多片式制动器的结构

（3）带式制动器由制动器鼓、制动带等组成。拆装时将制动带拆下，然后将制动毂拆下即可。

3. 单向离合器的结构认识

单向离合器的作用就是阻止行星齿轮机构中的某一个元件相对于另外一个元件发生某一方向的运动，即一个方向自由转动，另一个方向锁止。常用的单向离合器有楔块式和滚柱斜槽式两种。

（1）楔块式单向离合器由前后端盖、保持架、楔块组成，如图 3-2-25 所示。拆装时先将固定单向离合器的卡环拆下，拆下前后端盖，就可看到保持架和楔块。

图 3-2-25　楔块式单向离合器的结构

（2）滚柱斜槽式单向离合器由外圈、内圈、滚柱、弹簧组成，如图 3-2-26 所示。将滚柱斜槽式的单向离合器从自动变速器壳体上拆下，就可看到滚柱、弹簧及斜槽等结构。

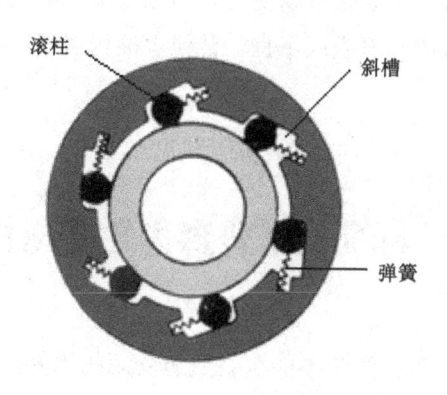

图 3-2-26　滚柱斜槽式单向离合器的结构

【故障案例】 执行器的常见故障

自动变速器中的执行元件出现故障，则会导致换挡问题，严重影响动力的输出，因此需要关注执行元件的故障问题。打滑是自动变速器中最常见的故障之一，打滑的结果将导致自动变速器内部离合器片或制动带烧毁，严重时会烧坏钢片或离合器鼓。如果自动变速器存在以下现象，说明内部存在打滑的故障：

① 起步时踩下加速踏板，发动机转速很快升高，但车辆行驶缓慢；
② 车辆行驶过程中，发动机转速很高，但车速缓慢；
③ 车辆在上坡或急加速时，发动机转速很快升高，但车辆行驶缓慢；
④ 当车辆行驶过程中换入某个挡位时，发动机转速突然升高，但车速提高缓慢。

造成自动变速器打滑的根本原因在于换挡执行元件（离合器、制动器或单向离合器）有过量滑动，有过量的滑动就会迅速产生大量的摩擦热，使执行元件很快烧损。所以，当自动变速器出现打滑故障时，要立即停车，不能再继续行驶，以免故障扩大。

自动变速器内部打滑的故障原因可以从执行元件本身和控制油压两方面分析：

（1）离合器、制动器或单向离合器本身严重磨损，产生打滑。如果是新大修的自动变速器，要考虑离合器片组间隙是否正确或制动带间隙调整是否正确。

（2）添加或更换了非指定用油。从某种意义讲，自动变速器是先基于某种油液设计的，在一定的片数、摩擦面积和特定的压力下，所能传递的力矩是确定的。如果更换了不同型号的油液，导致摩擦系数变大，就会出现换挡冲击；若导致摩擦系数变小，就会出现打滑。某些劣质油液还可能造成变速器内部密封件的老化、膨胀或失效，造成打滑。

（3）主油过低造成的打滑。如果自动变速器液面过低、滤清器堵塞、油泵严重磨损、主油路泄露、主调压阀或压力控制电磁阀不良，会使主油压过低，主油压过低可造成多个执行元件的打滑、烧损。

3.3　标准型辛普森齿轮变速机构

单排行星齿轮机构在汽车行驶中不能满足变速变矩的需要。在自动变速器中，采用两排或多排行星齿轮机构，用以满足汽车行驶需要的多种传动比。了解不同类型的行星齿轮机构所组成的变速器的结构及工作原理，是掌握各种车型变速器工作原理的关键。

辛普森式行星齿轮机构以其设计者霍华德·辛普森（H.W. Simpson）工程师的名字命名，能够提供3～4个前进挡和一个倒挡，从20世纪40年代至今广泛应用于世界各国的汽车自动变速器中。

3.3.1　标准型三挡辛普森行星齿轮机构

1. 标准型三挡辛普森行星齿轮机构的组成

标准型三挡辛普森行星齿轮机构由两组单排行星齿轮机构组成，如图3-3-1所示。该机构的特点是：前后两个行星排的太阳轮连成一体，成为前后太阳轮组件；前排行星架和后排齿圈连接在一起，形成前行星架后齿圈组件，并与输出轴连接；因此该机构具有4个组件，分别是前后太阳轮、前行星架后齿圈、前齿圈、后行星架，可实现三个前进挡和一个倒挡。

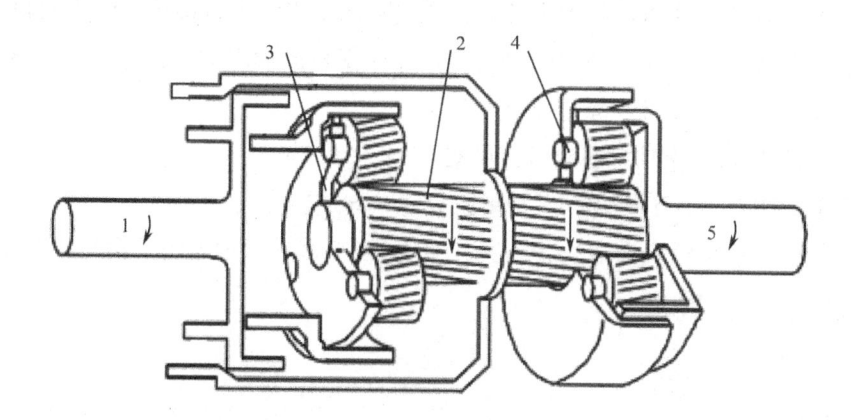

1-输入；2-前后太阳轮；3-前行星架；4-后行星架；5-输出

图 3-3-1 标准型三挡辛普森行星齿轮机构

如图 3-3-2 所示为标准型辛普森三挡行星齿轮系统的实物图。其中齿轮变速机构中包括两个单排行星齿轮机构，与其配合工作的执行器有直接挡离合器、前进离合器、单向离合器、二挡制动器和低挡、倒挡制动器。

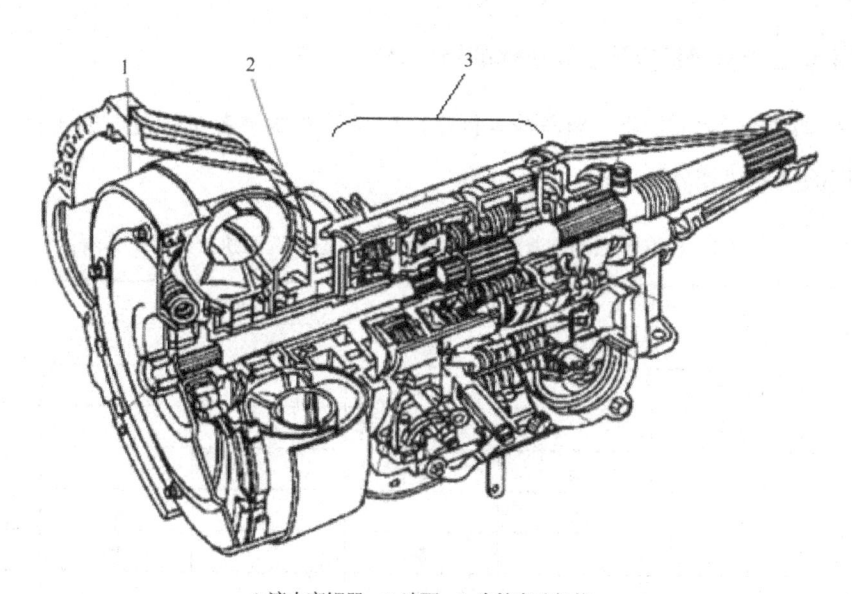

1-液力变矩器；2-油泵；3-齿轮变速机构

图 3-3-2 标准型辛普森三挡行星齿轮系统

三挡辛普森行星齿轮机构共设置了 5 个执行元件，分别是离合器 C_1 实现直接挡和倒挡、离合器 C_2 实现前进挡、制动器 B_1 实现二挡、制动器 B_2 实现倒挡、单向离合器 F_1，如图 3-3-3 所示为结构示意图。该机构中 5 个变速执行元件的作用如下：

（1）当离合器 C_1 工作时，将液力变矩器中涡轮的输出动力直接传递给太阳轮。

（2）当离合器 C_2 工作时，将来自液力变矩器中涡轮的输出动力传递给前齿圈。

（3）当制动器 B_1 工作时，固定前后太阳轮。

（4）当制动器 B_2 工作时，固定后行星架。

（5）当单向离合器 F_1 工作时，后行星架只能单向旋转。

三挡辛普森行星齿轮机构中的制动器 B_1 和 B_2 属于多片式制动器，在某些自动变速器中该制动器则采用带式制动器。

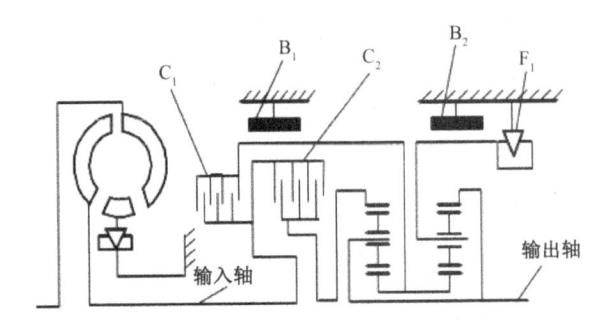

图 3-3-3　三挡辛普森行星齿轮机构

2. 标准型三挡辛普森行星齿轮机构的挡位分析

如表 3-1-1 所示为标准型三挡辛普森行星齿轮机构在实现各个挡位时的工作规律，下面进行各挡位的动力传递分析。

表 3-3-1　标准型三挡辛普森行星齿轮机构变速器变速执行元件工作规律

预选杆位置	挡　位	变速执行元件				
		C_1	C_2	B_1	B_2	F_1
D	一挡		●			●
	二挡		●	●		
	三挡	●	●			
R	倒挡	●			●	
S，L 或 2，1	一挡		●		●	
	二挡		●	●		
●表示接合、制动或锁止						

(1) 一挡挡位分析（D_1 挡）

汽车行驶中，当排挡杆置于 D 位置时，离合器 C_2 持续工作，将液力变矩器中涡轮输出的动力传给前齿圈，单向离合器 F_1 作用，保持后行星架单向旋转。三挡辛普森工作在一挡时，涡轮输入动力经离合器 C_2 传给前齿圈，使其顺时针旋转，前齿圈带动前行星轮顺时针转动。由于前行星轮既与前行星架连接又与前后太阳轮连接，因此前齿圈的转速通过前行星轮被分解成 2 条传动路线，前行星轮可带动前行星架顺时针转动（输出轴的转动），又可带动太阳轮逆时针转动，此时前行星架和太阳轮的转动方向比较明确，但是两者的转速如何分配？

由于后行星架被 F_1 单向离合器作用，因此后排行星齿轮机构具有确定的传动比，且是减速状态。后排行星齿轮机构通过后齿圈输出，因为前行星架和后齿圈为同一构件，因此它的输出转速和转动方向应该和前行星架保持一致。

根据以上条件，就可以确定前行星架和太阳轮之间的转速分配，太阳轮的转速比前行星架要快得多。

那么此时太阳轮逆时针的旋转带动后行星轮顺时针旋转，后行星轮再带动后齿圈顺时针旋转。由于后齿圈顺时针转动时，会给后行星架施加一个逆时针方向的力矩，此时就利用单向离合器 F_1 将后行星架逆时针方向的转动抑制住。在这种情况下，后排行星齿轮机构的传动比是后齿圈和太阳轮齿数之比，为传动比大于 1 的减速运动。

三挡辛普森机构的一挡具有汽车滑行功能。当驱动轮的转速超过发动机的转速后，来自驱动轮的逆向动力通过后齿圈和前行星架输入行星齿轮机构内部，导致后行星架顺时针旋转，此时单向离合器 F_1 的锁止作用消失，实现了汽车的滑行状态。当驱动轮转速低于发动机转速时，单向离合器 F_1 重新锁止，自动变速器恢复驱动状态。

如果在一挡要实现发动机制动效果，则需要把排挡杆置于 L 或 1 位置，此时后行星架在制动器 B_2 的作用下固定不动，驱动轮逆向传入的动力通过变速器机构将发动机转速提高，从而消耗动力导致驱动轮转速迅速下降，实现发动机制动效果。

(2) 二挡挡位分析（D_2 挡）

车辆行驶过程中，辛普森实现二挡时需要离合器 C_2 和制动器 B_1 同时作用。此时涡轮输出动力经离合器 C_2 后传递给前齿圈，此时前后太阳轮组件被制动器 B_1 后固定。

涡轮输入的动力经离合器 C_2 传递给前齿圈，使之顺时针旋转。由于此时太阳轮被制动器 B_1 固定，因此前行星齿轮在前齿圈带动下，顺时针方向自转，同时前行星架为顺时针公转，此时行星齿轮和行星架都是顺时针转动，最终前行星架带动输出轴顺时针旋转。二挡传动比取决于前行星架当量齿数和前齿圈齿数之比，此时为传动比大于 1 的减速运动。二挡的传动比仅仅与前排行星齿轮机构有关。

当输出轴转动时，会带动后齿圈顺时针转动，后太阳轮此时已被制动器 B_1 固定，后行星齿轮和后行星架都处于顺时针方向的空转状态，单向离合器 F_1 处于释放状态。

在上述行星齿轮机构的二挡工作状态下（排挡杆置于 D 位置），由于制动器 B_1 的作用，来自驱动轮的逆向动力传入变速机构，可以直接传至发动机，实现发动机制动效果。

（3）三挡挡位分析（D_3 挡）

辛普森变速器在实现三挡时，要求离合器 C_1 和离合器 C_2 同时作用。离合器 C_1 接合将输入动力直接传至太阳轮，离合器 C_2 的接合将输入动力直接传至前齿圈。根据单排行星齿轮机构特征：行星齿轮机构三元件中任意两元件同速同方向旋转即为直接挡，则机构锁止成一整体。在辛普森三挡状态时，由于离合器 C_1 和 C_2 的同时作用，前齿圈和太阳轮具有相同旋转方向和速度，即可以实现直接挡。也可从相互作用分析，离合器 C_2 的动力传至前齿圈，再由前齿圈带动太阳轮逆时针转动，而来自离合器 C_1 的动力直接传给太阳轮，使之顺时针转动，太阳轮不可能同时出现两个转动方向，此时只能相互间锁止成一个整体。当前排齿轮机构整体顺时针转动时，单向离合器 F_1 和后行星架均处于释放状态。三挡是直接挡，其传动比为 1。

（4）倒挡挡位分析（R 挡）

三挡辛普森在实现倒挡时需要离合器 C_1 和制动器 B_2 同时作用。离合器 C_1 的接合将输入动力传给太阳轮，制动器 B_2 的作用使后行星架固定不动。此时涡轮输入动力经输入轴传给了太阳轮并使其顺时针转动，因后行星架被固定，后行星齿轮成为过渡轮，后行星轮是逆时针转动，导致后齿圈逆时针转动，最终后齿圈带动输出轴逆时针旋转。倒挡的传动比等于后齿圈齿数和太阳轮齿数之比，是传动比大于 1 的减速运动。由分析可知，倒挡的传动比仅仅和后排行星齿轮机构相关。

当输出轴逆时针转动时，前行星架同时也逆时针转动，此时前排太阳轮顺时针转动，前行星架和太阳轮两个相反方向的旋转，导致前齿圈产生逆时针方向的空转。

3.3.2　标准型四挡辛普森行星齿轮机构

早期的轿车自动变速器大多采用实现三挡的行星齿轮机构，最高挡三挡被称为直接挡，其传动比为 1。随着汽车技术的发展和发达国家对汽车燃油经济性的要求日趋严格，三挡的行星齿轮变速器逐渐被四挡行星齿轮变速器代替，成为自动变速器配置的主流类型。

标准型辛普森四挡变速器的最高挡四挡是传动比小于 1 的超速挡。此类自动变速器的优点是既能降低汽车燃油消耗，还可以使发动机经常处于较低转速的运转工况，减小运转噪声，延长发动机的使用寿命。

1. 标准型四挡辛普森行星齿轮机构的组成

标准型四挡辛普森行星齿轮变速器是在辛普森三挡变速器的基础上发展起来的，通常有两种类型：第一种是在原有的辛普森三挡变速器的双排行星齿轮机构的基础上再额外增加一组单排行星齿轮机构，用三个行星排组成四个前进挡的行星齿轮变速器；第二种是对原有辛普森式双排行星齿轮机构进行改进，通过改变前后行星排各基本元件的组合方式同时增加换挡执行元件，使之成为带有超速挡的四挡行星齿轮变速器。

下面介绍第一种即三个行星排组成的辛普森式四挡行星齿轮变速器的结构与工作原理。

原有辛普森三挡齿轮变速器由双排行星齿轮机构完成挡位变换，辛普森四挡变速器在实现挡位时并没有改变原三挡的主要结构和换挡执行元件，只是在原有的结构上增加了一个单排行星齿轮机构和相应的换挡执行元件，加入此部分的目的是实现超速挡，因此这个单排行星齿轮机构称为超速行星排，安装于行星齿轮变速器的最前端，如图3-3-4所示。

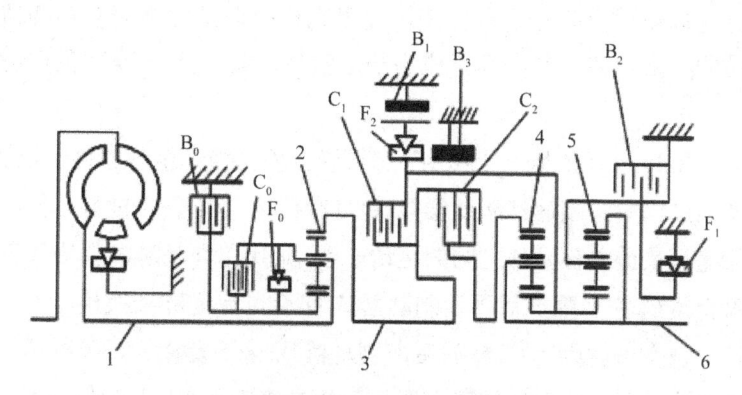

1-输入轴；2-超速行星排；3-中间轴；4-前行星排；5-后行星排；6-输出轴

图3-3-4　辛普森式四挡行星齿轮变速器

在图3-3-4中，超速行星排的行星架是动力输入元件，与变速器输入轴连接；超速排的齿圈则作为该部分的输出元件，与后面的双排行星齿轮机构连接。超速行星排的工作由离合器C_0和制动器B_0来控制，离合器C_0用于将超速行星排中的太阳轮和行星架连接，制动器B_0用于固定超速行星排的太阳轮。根据单排行星齿轮机构的变速原理，当制动器B_0释放、离合器C_0接合时，输入动力经超速排行星架到达太阳轮，此时行星架与太阳轮同速同向旋转，则齿圈同样同速同向旋转，此时超速行星排处于直接传动状态，传动比为1。当制动器B_0制动、离合器C_0释放时，此时太阳轮受B_0作用，输入动力直接经行星架传递给齿圈输出，超速行星排处于增速传动状态，传动比小于1。

2. 标准型四挡辛普森行星齿轮机构的挡位分析

当四挡辛普森行星齿轮变速器的挡位处于一挡、二挡、三挡或倒挡时，超速行星排将处于直接挡状态，即制动器B_0释放，离合器C_0接合，超速行星排传动比为1，而此时超速排之后的双排行星齿轮机构各换挡执行元件的工作状态和原辛普森式三挡行星齿轮变速器一挡、二挡、三挡及倒挡的工作完全相同。来自液力变矩器的发动机动力经超速行星排直接传给后半部的双排行星齿轮机构,此时整个行星齿轮变速器机构的传动比完全由后半部的双排行星齿轮机构及相应的换挡执行元件来决定。而当四挡辛普森行星齿轮变速器实现超速挡时,超速行星排中制动器B_0产生制动,离合器C_0释放,使超速行星排处于增速状态,传动比小于1,此时后半部的双排行星齿轮机构必须保持在三挡的工作状态,相当于传动轴的作用,此时整个变速机构输出为增速状态。

由于超速排中离合器C_0在自动变速器处于超速挡之外的任意挡位(包括停车挡、空挡和倒挡)都处于接合状态,因此当发动机刚起动但是油泵尚未建立起正常的油压时,离合器C_0就已经处于半接合状态,这种情况容易使C_0的摩擦片因打滑而加剧磨损。为了防止这种磨损的出现,在离合器C_0并列的位置上安装一个单向超越离合器F_0,保证超速行星排的行星架在逆时针方向上对太阳轮进行锁止。在发动机刚起动并带着自动变速器输入轴转动时,超速行星排的太阳轮和行星架锁止成为一个整体,防止离合器C_0的摩擦片在半接合状态下打滑。

单向超越离合器F_0还具备另一个作用,其可以改善三挡升至超速挡的换挡平顺性。在三挡升至超速挡换挡过程中,超速挡制动器B_0和直接挡离合器C_0可能存在同时接合的时刻,该情况可造成超速行星排中各元件之间的运动干涉,采用单向超越离合器F_0限制太阳轮的转动,就可以在离合器C_0完全释放后再让制动器B_0接合,保证顺利换挡。

当然在换挡时也有可能因为C_0释放后,制动器B_0来不及接合,使行星齿轮变速器出现打滑现象。在这种情况下,单向超越离合器F_0可以在离合器C_0已释放,而制动器B_0尚未完全接合时,代替离合器C_0工作,将超速星排的太阳轮和行星架锁止在一起,防止超速行星排出现打滑现象,同时在制动器B_0接合后又能及时脱离锁止,让超速行星排顺利进入超速挡工作状态。

由三组行星排组成的辛普森式四挡行星齿轮变速器各换挡执行元件在不同挡位的工作情况见表 3-3-2。辛普森式四挡行星齿轮变速器利用了原辛普森式三挡行星齿轮变速器的大部分零部件,四挡的自动变速器通常都采用此种结构,有些车型将超速排安装在原辛普森式三挡行星齿轮变速器的后端,但是工作原理是完全相同的。

如图 3-3-4 所示的辛普森式四挡变速器机构,在原辛普森式三挡的机构的基础上新增了一个制动器B_1和一个单向离合器F_2,对原辛普森式三挡结构的改进主要考虑以下两点:

① 从二挡升至三挡时存在运动干涉;
② 辛普森机构二挡需具有汽车滑行和发动机制动两种工作状态。

原辛普森式三挡行星齿轮变速器由二挡升至三挡时,制动器B_1需要释放,同时离合器C_1需要接合,执行元件的工作状态由液压控制系统进行控制,执行元件工作交替必须要求及时准确,太快或太慢都会影响换挡质量和变速器的使用寿命。如果二挡的制动器B_1释放后,倒挡及高挡离合器C_1来不及接合,就会导致行星齿轮变速器出现打滑现象,使发动机出现空转,并出现换挡冲击;如果二挡的制动器B_1未完全释放,倒挡及高挡离合器C_1过早接合,则行星齿轮机构各独立元件之间将会产生运动干涉,迫使换挡执行元件打滑,加剧摩擦片或制动元件的磨损。

表 3-3-2　辛普森式四挡行星齿轮机构变速器变速执行元件工作规律

预选杆位置	挡 位	变速执行元件									
		C_1	C_2	B_1	B_2	B_3	F_1	F_2	C_0	B_0	F_0
D	一挡		○				○		○		○
	二挡		○	○				○	○		○
	三挡	○	○	●					○		○
	超速挡	○	○	●						○	
R	倒挡	○			○				○		○
S, L 或 2, 1	一挡		○		○				○		○
	二挡		○	●		○			○		○
	三挡	○	○						○		○

○表示接合、制动或锁止
●表示接合或制动,但不传递动力

　　为了改善二挡升至三挡的换挡平顺性,避免出现以上情况,可在前后太阳轮和制动器 B_1 之间串联安装一个单向超越离合器 F_2,称为二挡单向超越离合器,该单向离合器内圈和前后太阳轮连接,外圈和制动器 B_1 连接,在逆时针方向对前后太阳轮组件具有锁止作用。

　　当行星齿轮变速器处于二挡时,离合器 C_2 和制动器 B_1 持续工作。汽车加速时,前齿圈输入顺时针转动,前行星齿轮顺时针转动,前后太阳轮的运动方向为逆时针方向,由于此时 B_1 工作,单向超越离合器 F_2 的外圈被制动器 B_1 固定,因此前后太阳轮朝逆时针方向的运动趋势被制动器 B_1 及单向超越离合器 F_2 锁止,二挡得以实现。

　　当行星齿轮变速器由二挡升至三挡时,即使离合器 C_1 在制动器 B_1 释放之前就已经接合,但由于离合器 C_1 接合之后,前后太阳轮的运动方向改变为顺时针方向,而单向超越离合器 F_2 在顺时针方向上对前后太阳轮没有锁止作用,前后太阳轮组件此时仍可以向顺时针方向旋转,因此使换挡可以顺利进行。

　　行星齿轮变速器增加了单向超越离合器 F_2 后,若汽车在行星齿轮变速器处于二挡时松开油门踏板减速或下坡行驶时,在汽车惯性的作用下,驱动轮将通过变速器输出轴逆向带动行星齿轮机构的前行星架和后齿圈组件以较高的转速旋转。由于此时发动机处于怠速运转状态,和输入轴相连接的前齿圈转速较低,前行星架此时转速较高,前行星齿轮在前行星架的带动下顺时针方向做公转运动,带动前太阳轮顺时针方向旋转,此时单向超越离合器 F_2 对前后太阳轮组件没有锁止作用,即使制动器 B_1 处于制动状态,前后太阳轮组件还是可以顺时针自由旋转。

　　此时辛普森式行星齿轮机构的 4 个独立元件中有两个处于自由状态,导致该行星齿轮机构失去传递动力的能力,驱动轮和发动机脱离连接关系,不能实现发动机的制动效果。为了使辛普森行星齿轮机构二挡具有发动机制动作用,就必须在前后太阳轮组件和变速器壳体之间安装一个制动器B_3。制动器B_3在二挡时是否工作,是由排挡杆手柄的位置决定的。当操作手柄位于前进挡（D）时,制动器B_3不工作;当操纵手柄位于前进低挡位S或2时,制动器B_3工作,此时不论汽车加速或减速,前后太阳轮都被制动器B_3固定,在汽车松开油门踏板、减速或下坡时能够产生发动机制动作用。目前大多数轿车自动变速器均采用这种结构。

目前辛普森行星齿轮机构在自动变速器中被广泛使用,日本丰田系列的自动变速器几乎都采用这种结构,如Toyota A140E、A240E、A241E、A340和A350等型号的自动变速器。近年来汽车市场也出现了具有更多挡位的变速器,其内部基本的组件与传统辛普森三挡、四挡相同。

【实训项目】标准型四挡辛普森行星齿轮机构的拆装

标准型四挡辛普森变速器是目前普遍使用的一款变速器,在实践检修过程中,需要对其进行拆装,下面就以丰田A43D变速器为例,介绍标准型四挡辛普森变速器的拆装方法。

1. 标准型四挡辛普森行星齿轮机构的特点

特点一：前后太阳轮公用。
特点二：前行星架后齿圈固定做输出。

2. 标准型四挡辛普森行星齿轮机构的组成

组件一：前后太阳轮。
组件二：前行星架后齿圈。
组件三：前齿圈。
组件四：后行星架。
输入：超速排的行星架。
输出：前行星架后齿圈。

3. 标准型四挡辛普森变速器拆装工具

丁字杆（8mm、10mm、12mm、14mm、17mm）；平口螺丝刀；橡胶榔头；吸力棒。

4. 标准型四挡辛普森变速器拆装步骤

步骤一：将固定油泵和喇叭形外壳的螺栓拆下,取下油泵,取下变速器喇叭形外壳,使用的工具是丁字杆。

步骤二：拆下超速行星排及壳体，包括离合器C_0、制动器B_0、单向离合器F_0。

步骤三：拆下离合器C_1、离合器C_2。

步骤四：拆下制动器B_1、制动器B_3，单向离合器F_2。在拆下制动器B_1、B_3前先将固定制动器的螺栓拆下，螺栓位置在油底壳阀板下方。

步骤五：拆下制动器B_2，该制动器固定在变速器壳体上，用平口螺丝刀拆下卡环后，将变速器轴抽出即可取下制动器，同时可以拆下双排行星齿轮机构，这组器件包括制动器B_2、单向离合器F_1、前后排行星齿轮机构。

步骤六：装配自动变速器时根据拆卸的先后次序安装，安装制动器时需注意油底壳处的螺栓安装，安装油泵时必须利用油泵两个进油口之间的螺栓孔限位，否则变速器壳体将无法正确安装。

5. 标准型四挡辛普森变速器挡位分析

如图3-3-5所示为标准型四挡辛普森变速器的传动原理简图，利用该图分析挡位。

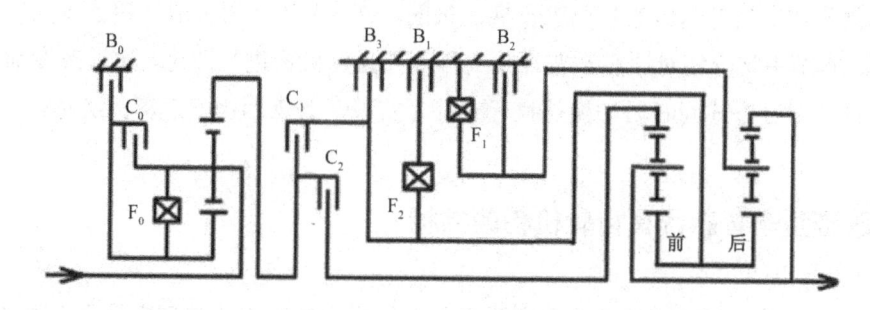

图3-3-5 标准型四挡辛普森变速器的传动原理简图

倒挡（R挡）：超速行星排中C_0F_0工作，输入动力经离合器C_1作用在前后太阳轮上，制动器B_2固定后行星架，此时前后太阳轮输入，后齿圈输出，实现减速增扭状态，R挡工作元件为$C_0F_0C_1B_2$。

前进挡1挡（D_1挡）：超速行星排中C_0F_0工作，输入动力经离合器C_2作用在前齿圈上，单向离合器F_1保证后行星架不能逆时针旋转，此时前齿圈输入，前行星架后齿圈输出，实现减速增扭状态。D_1挡工作元件为$C_0F_0C_2F_1$。

前进挡2挡（D_2挡）：超速行星排中C_0F_0工作，输入动力经离合器C_2作用在前齿圈上，制动器B_1与单向离合器F_2保证太阳轮不能逆时针旋转，此时前齿圈输入，前行星架输出，实现减速增扭状态，同时具有汽车滑行作用。D_2挡工作元件为$C_0F_0C_2B_1F_2$。

前进挡3挡（D_3挡）：超速行星排中C_0F_0工作，离合器C_1、离合器C_2同时工作，前后太阳轮及前齿圈同速同向转动，此时前行星架也同速同向转动，实现直接挡。D_3挡工作元件为$C_0F_0C_1C_2$。

前进挡 4 挡（D_4 挡）：超速行星排中 B_0 工作，超速排输出增速减扭的动力，后半部分行星齿轮机构实现直接挡，将超速排的动力直接输出。D_4 挡工作元件为 $B_0C_1C_2$。

低速 1 挡（L 或 1 挡）：超速行星排中 C_0F_0 工作，输入动力经离合器 C_2 作用在前齿圈上，制动器 B_2 固定后行星架，此时前齿圈输入，前行星架输出，实现减速增扭状态，同时实现发动机制动作用。L 或 1 挡工作元件为 $C_0F_0C_2B_2$。

低速 2 挡（S 或 2 挡）：超速行星排中 C_0F_0 工作，输入动力经离合器 C_2 作用在前齿圈上，制动器 B_3 固定前后太阳轮，此时前齿圈输入，前行星架输出，实现减速增扭状态，同时实现发动机制动作用。S 或 2 挡工作元件为 $C_0F_0C_2B_3$。

3.4 改进型辛普森齿轮变速机构

早期配置在汽车上的辛普森三挡变速器在使用过程中逐渐被四挡变速器所代替，辛普森四挡变速器是在三挡变速器的基础上发展起来的，在 3.3 节介绍了增加超速排实现四挡的第一种类型，本节中将介绍对原有辛普森式双排行星齿轮机构进行改进，通过改变前后行星排各基本元件的组合方式同时增加换挡执行元件来实现辛普森四挡变速器的类型。

3.4.1 改进型辛普森行星齿轮机构的结构

改进型的辛普森行星齿轮机构是在原辛普森行星齿轮机构的基础上进行改进的，对原有的行星齿轮机构的连接关系进行了重新组合，同时增加了换挡执行元件的数量，同样是采用两排行星齿轮，却可以获得包括超速挡在内的 4 个前进挡。改进型辛普森行星齿轮机构具有结构紧凑的优势，因此在车辆上的使用非常广泛。

图 3-4-1 所示为改进型辛普森行星齿轮机构，采用双排行星齿轮，其中前齿圈与后行星架连接并作为输出元件，与前面所介绍的标准型辛普森输出元件的连接关系类似，因此仍然将其称为辛普森行星齿轮机构。但是由于该结构中双排行星齿轮的两个太阳轮相互独立，因此将其称为改进型辛普森行星齿轮机构。

改进型辛普森行星齿轮机构共设置了 6 个执行元件，分别是离合器 C_1 实现倒挡、离合器 C_2 和离合器 C_3 实现前进挡、制动器 B_1、制动器 B_2、单向离合器 F_1。该机构中 6 个变速执行机构的作用如下。

（1）当离合器 C_1 工作时，将液力变矩器中涡轮的输出动力直接传递给前太阳轮。

（2）当离合器 C_2 工作时，将来自液力变矩器中涡轮的输出动力传递给前行星架。

（3）当离合器 C_3 工作时，将后齿圈和前行星架连接到一起，此时制动器 B_2、单向离合器F_1可作用于后齿圈及前行星架。

（4）当制动器B_1工作时，固定前太阳轮。

（5）当制动器B_2工作时，固定前行星架。

（6）当单向离合器F_1工作时，后齿圈及前行星架只能单向旋转。

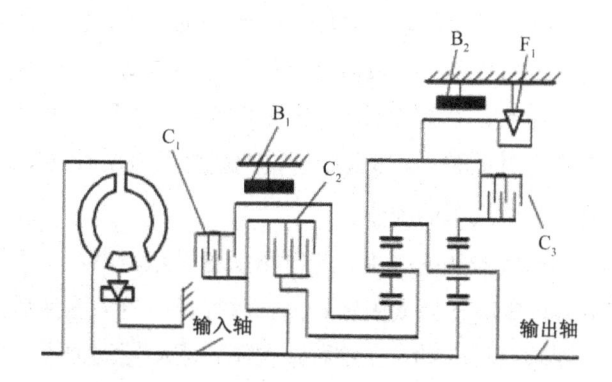

图3-4-1 改进型辛普森行星齿轮机构

改进型辛普森行星齿轮机构中的制动器B_1采用的是带式制动器，而制动器B_2则属于多片式制动器。

3.4.2 改进型辛普森行星齿轮机构的挡位分析

表3-4-1所示为改进型辛普森行星齿轮机构在实现各个挡位时的工作规律，下面进行各挡位的动力传递分析。

表3-4-1 改进型辛普森行星齿轮机构变速器变速执行元件工作规律

预选杆位置	挡 位	变速执行元件					
		C_1	C_2	C_3	B_1	B_2	F_1
D	一挡			●			●
	二挡			●	●		
	三挡		●	●			
	超速挡		●				
R	倒挡	●				●	
S，L或2，1	一挡			●		●	
	二挡			●	●		
●表示接合、制动或锁止							

1. 一挡挡位分析（D_1挡）

汽车行驶中，当排挡杆置于 D 位置时，离合器C_3、单向离合器F_1同时作用。液力变矩器中涡轮输出的动力经输入轴直接传递给后排太阳轮，后太阳轮顺时针转动导致后行星架上的行星齿轮逆时针旋转，后行星架此时具有顺时针转动的趋势，但是此时汽车并未起步，驱动轮及输出轴受到较大的阻力作用，导致后行星架不能够转动。后行星架上的行星齿轮此时力图使后齿圈逆时针方向转动，在离合器C_3以及单向离合器F_1的作用下，后齿圈收到单向离合器F_1的作用无法完成逆时针转动，那么后行星架就必须顺时针转动，输出轴顺时针转动，此时在克服阻力的作用下完成汽车的起步。

在汽车行驶过程中如果放松加速踏板，此时驱动轮转速较高，变速器的输出轴转速高于输入轴转速，即后行星架转速高于后太阳轮转速，后行星齿轮力图使后齿圈顺时针转动，而单向离合器F_1允许后齿圈顺时针转动，在这种情况下，驱动轮动力无法传递至发动机，汽车具有滑行功能，而不具有发动机制动效果。

如果需要在一挡实现发动机制动效果，则需要把排挡杆置于 L 或 1 位置，此时后齿圈在制动器B_2的作用下固定不动，驱动轮逆向传入的动力经后行星架直接传递给后太阳轮，将发动机转速提高，从而消耗动力导致驱动轮转速迅速下降，实现发动机制动效果。

2. 二挡挡位分析（D_2挡）

车辆行驶过程中，改进型辛普森要实现二挡时需要离合器C_3和制动器B_1同时作用。液力变矩器中涡轮的输出动力经输入轴直接传递给后排太阳轮，后太阳轮顺时针旋转，带动后行星架顺时针转动。由于带式制动器B_1工作，前太阳轮固定不动，前齿圈和后行星架此时顺时针转动力图带动前行星架顺时针转动，而此时离合器C_3和单向离合器F_1工作，前行星架将带动后齿圈顺时针转动。由此可以分析得到，二挡时动力输出由后太阳轮和后齿圈两部分共同作用传给输出轴。

车辆行驶过程中放松加速踏板时，后太阳轮的转速为发动机怠速转速，后行星架为驱动轮转速，并且为顺时针转动。由于后行星架速度高，因此后行星齿轮在绕后太阳轮转动的同时，绕自身轴线顺时针转动，带动后齿圈顺时针转动。后齿圈通过离合器C_3与前行星架连接，前齿圈与驱动轮连接在一起，前太阳轮受制动器B_1作用固定不动，即驱动轮与前行星架具有固定的传动比，也即后齿圈与驱动轮有固定的传动比，传递的动力可以由驱动轮传给发动机，此时具有发动机制动效果。

3. 三挡挡位分析（D_3挡）

改进型辛普森变速器在实现三挡时，要求离合器C_2和离合器C_3同时作用。发动机动力经输入轴直接传递给后太阳轮，同时通过离合器C_2传给前行星架，接着再由离合器C_3将动力传递给后齿圈，此时动力同时传给了后太阳轮和后齿圈，后排行星齿轮机构中两元件同速同向转，则后行星架则同样同速同向转动，实现传动比为1的直接挡。

汽车行驶中放松加速踏板时，后太阳轮和前行星架为发动机怠速转速，后行星架为驱动轮转速，由于后行星架转速较高，后行星架上的行星齿轮在绕后太阳轮旋转的同时，自身会自传并且是顺时针方向，同时力图带动后齿圈顺时针转动，此时单向离合器F_1不起作用，因此驱动轮动力不能通过前行星架或者后太阳轮传递至发动机，此时不具有发动机制动效果。

4. 四挡挡位分析（D_4挡）

改进型辛普森变速器在实现四挡时，需要离合器C_2和制动器B_1同时作用。液力变矩器涡轮输出动力经离合器C_2作用在前行星架上，由于制动器B_1工作，前排太阳轮固定不动。此时发动机动力经前行星架，直接传递给前齿圈，最终传给驱动轮。该传递过程中主动齿轮（前行星架）齿数大于从动齿轮（前齿圈）齿数，传动比小于1，实现超速挡传动。

当在行驶过程中放松加速踏板时，由于只有前排行星齿轮机构工作，并且有固定的传动比，驱动轮动力可以传递至发动机，具有发动机制动效果。

5. 倒挡挡位分析（R挡）

排挡杆置于R位时，需要离合器C_1和制动器B_2同时作用。发动机动力经离合器C_1传给前太阳轮，由于制动器B_2工作固定了前行星架，此时前太阳轮通过前行星齿轮驱动前齿圈逆时针转动将动力传递给输出轴，输入元件前太阳轮顺时针转动，输出元件前齿圈逆时针转动，转动方向相反，因此此时实现的是倒车挡。

当输出轴转速高于输入轴转速时，由于制动器B_2固定了前行星架，动力可由驱动轮传至发动机，实现发动机制动效果。

【实训项目】改进型四挡辛普森行星齿轮机构的拆装

改进型四挡辛普森变速器是目前普遍使用的一款前驱型变速器，在实践检修过程中，需要对其进行拆装，以下介绍改进型四挡辛普森变速器的拆装方法。

1. 改进型四挡辛普森行星齿轮机构的特点

特点一：前后太阳轮独立。
特点二：前齿圈与后行星架固定做输出。
特点三：前行星架与后齿圈在离合器的作用下可连为一体。

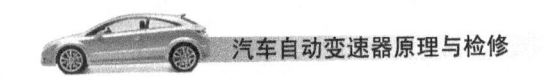

2．改进型四挡辛普森行星齿轮机构的组成

组件一：前太阳轮。

组件二：后太阳轮。

组件三：前齿圈与后行星架。

组件四：前行星架。

组件五：后齿圈。

输入：前太阳轮。

输出：前齿圈后行星架。

3．改进型四挡辛普森变速器拆装工具

丁字杆（8mm、10mm、12mm、14mm、17mm）；平口螺丝刀；橡胶榔头；吸力棒。

4．改进型四挡辛普森变速器拆装步骤

步骤一：将喇叭形外壳的螺栓拆下，拆下油泵和变速器喇叭形外壳，使用的工具是丁字杆。

步骤二：拆下制动器B_1、离合器C_1、离合器C_2。

步骤三：拆下行星齿轮机构，该组元件包括制动器B_2、单向离合器F_1、离合器C_3、前后行星齿轮机构。

步骤四：装配自动变速器时根据拆卸的先后次序安装，安装制动器的时需注意制动带的安装位置。

5．改进型四挡辛普森变速器挡位分析

如图3-4-2所示为改进型四挡辛普森变速器的传动原理图，利用该图分析挡位。

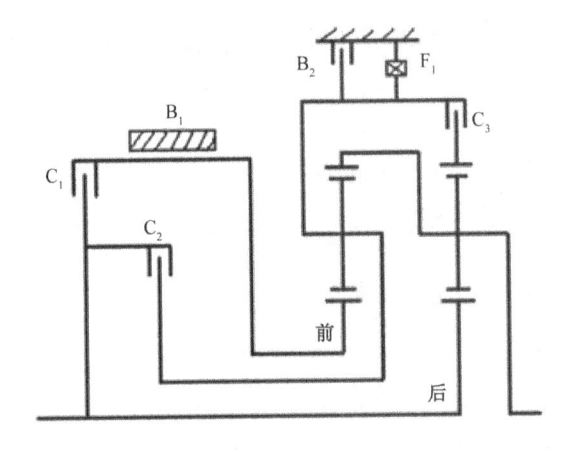

图3-4-2 改进型四挡辛普森变速器的传动原理图

倒挡（R 挡）：输入动力经离合器 C_1 作用在前太阳轮上，制动器 B_2 固定前行星架，此时前太阳轮输入，前齿圈输出，实现减速增扭状态。R 挡工作元件为 C_1B_2。

前进挡 1 挡（D_1 挡）：输入动力直接作用在后太阳轮上，导致后行星齿轮逆时针转动，离合器 C_3 工作时，单向离合器 F_1 保证后齿圈不能逆时针旋转，此时后太阳轮输入，后行星架输出，实现减速增扭状态，同时具有汽车滑行作用。D_1 挡工作元件为 C_3F_1。

前进挡 2 挡（D_2 挡）：输入动力直接作用在后太阳轮上，导致后行星齿轮逆时针转动，离合器 C_3 工作时，制动器 B_1 保证前太阳轮固定不动，此时后太阳轮输入，后行星架输出，实现减速增扭状态，同时具有发动机制动效果。D_2 挡工作元件为 C_3B_1。

前进挡 3 挡（D_3 挡）：离合器 C_2、离合器 C_3 同时工作，后太阳轮直接与输入轴连接得到动力，后齿圈由离合器 C_2、离合器 C_3 共同作用得到输入动力，此时后排太阳轮、齿圈同时输入，则后行星架与齿圈、太阳轮一起同速同向转动，实现直接挡。D_3 挡工作元件为 C_2C_3。

前进挡 4 挡（D_4 挡）：输入动力经离合器 C_2 传递给前行星架，制动器 B_1 固定前太阳轮，此时前行星架输入，前齿圈输出，实现增速减扭状态。D_4 挡工作元件为 C_2B_1。

低速 1 挡（L 或 1 挡）：输入动力直接作用在后太阳轮上，导致后行星齿轮逆时针转动，离合器 C_3 工作时，制动器 B_2 保证后齿圈固定不动，此时后太阳轮输入，后行星架输出，实现减速增扭状态，同时实现发动机制动作用。L 或 1 挡工作元件为 C_3B_2。

3.5 拉维娜齿轮变速机构

拉维娜（Ravigneaux）行星齿轮机构是一种常见的典型行星齿轮机构，其执行元件可灵活配置，在不改变结构的前提下，可通过执行元件的多种组合，实现 3~4 个挡位，并且因为其结构紧凑广泛应用于自动变速器。

3.5.1 拉维娜行星齿轮机构的组成

图 3-5-1 所示为拉维娜行星齿轮机构的结构图。拉维娜行星齿轮机构由双排行星齿轮机构组成，具有大、小两个太阳轮、两组行星齿轮共用同一行星架，两组行星齿轮分别是三个长行星齿轮和三个短行星齿轮，齿圈做输出元件与输出轴连接。拉维娜行星齿轮机构可以实现三个前进挡和一个倒挡。

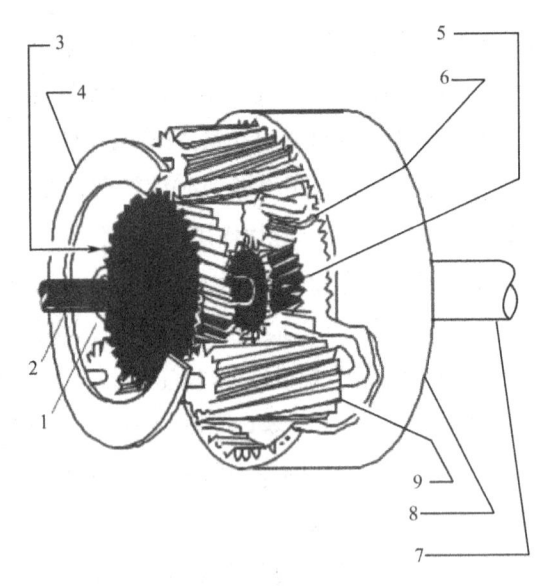

1-大太阳轮输入轴；2-小太阳轮输入轴；3-大太阳轮；4-行星架；
5-小太阳轮；6-短行星轮；7-输出轴；8-齿圈；9-长行星轮

图 3-5-1　拉维娜行星齿轮机构的结构图

图 3-5-2 所示为拉维娜行星齿轮机构的传动示意图。拉维娜行星齿轮变速的执行元件有：离合器 C_1、离合器 C_2、制动器 B_1、制动器 B_2、单向离合器 F_1。当执行元件离合器、制动器和单向离合器组合使用时具有以下效果：

（1）离合器 C_1 工作时，将来自液力变矩器涡轮的输入动力传递给小太阳轮。

（2）离合器 C_2 工作时，将来自液力变矩器涡轮的输入动力传递给大太阳轮。

（3）制动器 B_1 工作时，固定大太阳轮，结果长行星齿轮围绕大太阳轮外缘转动。

（4）制动器 B_2 工作时，固定行星架，此时长、短行星齿轮仅作为过渡轮绕自己轴线自传。

（5）单向离合器 F_1 作用，行星架收到单向离合器作用，在逆时针方向锁止。

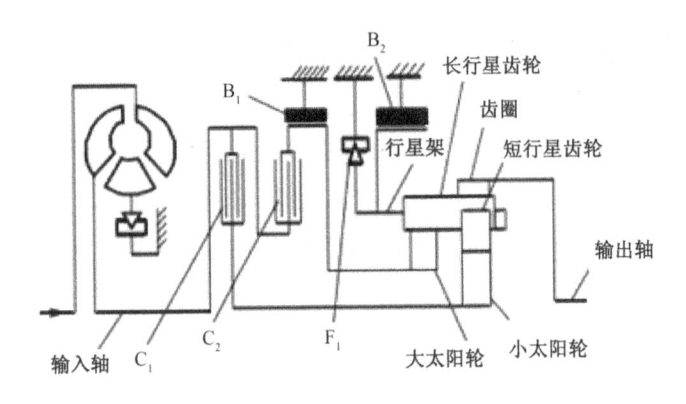

图 3-5-2　拉维娜行星齿轮机构的传动示意图

3.5.2　拉维娜行星齿轮机构的挡位分析

拉维娜行星齿轮机构各挡的传动比是如何实现的，动力的传递是如何通过齿轮机构实现的，下面进行各挡位的挡位分析。表 3-5-1 列出了拉维娜行星齿轮变速执行元件状态和各挡位之间的关系，即拉维娜行星齿轮机构变速器执行元件工作规律。

表 3-5-1　拉维娜行星齿轮机构变速执行元件工作规律

预选杆位置	挡　位	变速执行元件				
		C_1	C_2	B_1	B_2	F_1
D	一挡	●				●
	二挡	●		●		
	三挡	●	●			
R	倒挡		●		●	
S, L 或 2, 1	一挡	●			●	
	二挡	●		●		

注：●表示接合、制动或锁止。

1. 一挡挡位分析（D_1 挡）

当排挡杆手柄位于 D 位置时，离合器 C_1 工作，将液力变矩器的动力传递给小太阳轮。单向离合器 F_1 作用将行星架逆时针方向的转动抑制住。此时变速机构的动力传递路线为：小太阳轮→短行星齿轮→长行星齿轮→齿圈→输出轴。

在整个动力传递过程中，长、短行星齿轮只是起到过渡轮的作用，目的是改变输入动力的旋转方向，对变速机构的传动比并没有影响。因为在传递过程中多了一个过渡轮，则可以保证发动机和输出轴的旋转方向相同。一挡的传动比由齿圈和小太阳轮齿数之比决定。

当小太阳轮顺时针方向转动时，短行星齿轮逆时针旋转，长行星齿轮带动齿圈顺时针方向转动，长、短行星齿轮的转动导致行星架产生逆时针转动的趋势。由于单向离合器 F_1 的作用保证行星架逆时针转动被锁止，使行星架固定。

当汽车行驶出现滑行状态时，驱动轮速度较高，其逆向输入的动力带动齿圈顺时针高速旋转，通过长行星齿轮对行星架产生顺时针转动的作用力矩。而同时，小太阳轮仍由发动机的怠速动力作用，带动其顺时针低速旋转。此时行星架将会脱离单向离合器的锁止，顺时针自由空转，这个过程就是汽车在一挡滑行时的情况。当驱动轮的转速低于某一特定值时，行星架又重新被单向离合器 F_1 锁止，汽车滑行状态结束，重新恢复到驱动状态。

如果需要在一挡传动比状态下实现发动机制动，可将排挡杆置于低速挡（L 或 1）位置，此时离合器 C_1 和制动器 B_2 同时作用，离合器 C_1 将输入动力传递给小太阳轮，制动器 B_2 将行星架固定。在这种情况下的动力传递过程和排挡杆置于 D 位置是完全相同的，但是当汽车在下坡时，高速运动的驱动轮可以通过行星齿轮机构反向带动发动机，利用发动机怠速运转阻力实现发动机制动效果。

2. 二挡挡位分析（D_2挡）

当排挡杆手柄位于D位置需要实现二挡时，离合器C_1和制动器B_1同时作用，小太阳轮仍然是输入元件，制动器B_1固定大太阳轮。液力变矩器的输入动力经小太阳轮传到短行星齿轮，然后传到长行星齿轮，由于大太阳轮被固定，长行星齿轮只能在行星架顺时针转动的基础上实现顺时针自转，最终带动齿圈旋转，齿圈带动输出轴转动，此时输出轴的转动方向和发动机方向一致为减速运动。

实现二挡时，其输出轴转速比一挡转速要高，原因是齿圈的转动同时由长行星齿轮的自转运动和行星架的公转运动共同带动。因为涉及两组行星机构的齿轮齿数，二挡传动比的计算较一挡复杂，但是二挡的传动比仍然大于1，输出轴依旧是减速运动。

由于该款拉维娜行星齿轮机构的结构原因，汽车处于二挡时，驱动轮逆向传入的动力，始终和与发动机是相连的，不管排挡杆置于D挡位或2挡位置，只能实现发动机制动效果，而不存在汽车滑行状态。

3. 三挡挡位分析（D_3挡）

当排挡杆手柄位于D位置需要实现三挡时，离合器C_1和离合器C_2同时作用，离合器C_1将输入动力传递给小太阳轮，离合器C_2同时将输入动力传递给大太阳轮。小太阳轮顺时针旋转，短行星齿轮逆时针旋转，长行星齿轮顺时针旋转；同时大太阳轮顺时针旋转，长行星齿轮将逆时针旋转，由于长行星齿轮不可能产生相反方向的旋转，那么此时整个机构锁止，形成一整体，因此就出现了直接挡，传动比为1。根据直接挡的定义：行星齿轮机构任意两元件同速同方向旋转，则就产生直接挡。在这里是利用小太阳轮和大太阳轮同速同方向旋转，产生直接挡效果。

4. 倒挡挡位分析（R挡）

当排挡杆手柄位于R位置需要实现倒挡时，离合器C_2和制动器B_2同时作用，离合器C_2将输入动力传递给大太阳轮，行星架被制动器B_2固定。液力变矩器涡轮的输入动力经离合器C_2传给大太阳轮导致其顺时针转动，长行星齿轮逆时针转动，由于行星架固定，长行星齿轮只能逆时针自转，同时带动齿圈逆时针转动。在这种情况下输出轴的转动方向与发动机相反，提供倒挡。倒挡的传动比是齿圈和大太阳轮齿数之比，传动比大于1，输出轴是一种减速运动。

3.5.3 四挡拉维娜行星齿轮机构

上面所介绍的拉维娜行星齿轮机构只能实现三个前进挡和一个倒挡，而且只有一挡存在汽车滑行。目前的自动变速器至少具有 4 个前进挡，在实现多挡位的改进时通常会在拉维娜机构的原型上增加一排行星齿轮机构或者增加执行元件，来实现四个前进挡，并且可以使二挡存在汽车滑行和发动机制动两种状态。

如图 3-5-3 所示，如果要实现拉维娜行星齿轮机构的四挡，可在行星架与输入轴之间加入执行元件离合器 C_3，由于离合器 C_3 与输入轴直接连接，因此当离合器 C_3 作用时，液力变矩器输入动力直接传递给行星架，行星架作为输入元件顺时针转动，此时只需要制动器 B_1 作用，固定大太阳轮，行星架将带动长行星齿轮顺时针转动，导致齿圈顺时针旋转，输出轴顺时针旋转，输出轴转动方向和行星架方向相同。在这种情况下，传动比为行星架的当量齿数与齿圈齿数之比，传动比小于 1，输出为加速运动。

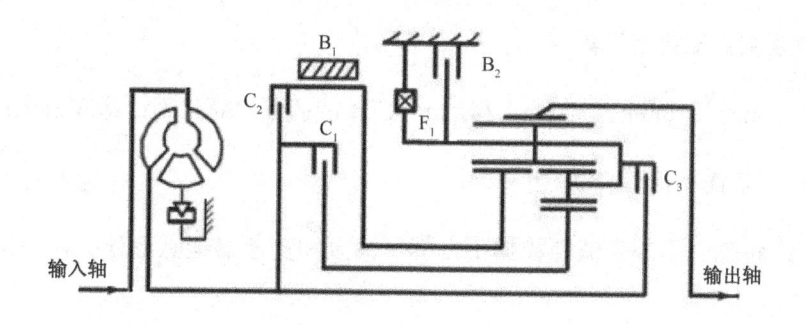

图 3-5-3 四挡拉维娜行星齿轮机构传动示意图

如果拉维娜行星齿轮机构在二挡时要实现汽车滑行和发动机制动两种状态，可在制动器 B_1 旁边设置单向离合器 F_2，两者都作用于大太阳轮，当单向离合器 F_2 作用时实现汽车滑行，二挡制动器 B_1 作用时，实现发动机制动。

【实训项目】拉维娜自动变速器的拆装

拉维娜变速器是目前普遍使用的变速器，在实践检修过程中，需要对其进行拆装，如图 3-5-3 所示，以四挡拉维娜行星齿轮结构为例介绍拆装方法。

1. 拉维娜行星齿轮机构的特点

特点一：长、短行星齿轮共用一个行星架。
特点二：长行星齿轮和齿圈、短行星齿轮、大太阳轮啮合。
特点三：短行星齿轮和长行星齿轮、小太阳轮啮合。
特点四：齿圈输出。

2. 拉维娜行星齿轮机构的组成

组件一：行星架。
组件二：大太阳轮。
组件三：小太阳轮。
组件四：齿圈。
输入：行星架、大太阳轮、小太阳轮。
输出：齿圈。

3. 拉维娜变速器拆装工具

丁字杆（8mm、10mm、12mm、14mm、17mm）；平口螺丝刀；橡胶榔头；吸力棒。

4. 拉维娜变速器拆装步骤

步骤一：将喇叭形外壳的螺栓拆下，拆下油泵和变速器喇叭形外壳，使用的工具是丁字杆。
步骤二：拆下制动器 B_1、离合器 C_1、离合器 C_2。
步骤三：拆下行星齿轮机构，这组元件包括制动器 B_2、单向离合器 F_1、前后排行星齿轮机构。
步骤四：拆下变速器后端盖，取下离合器 C_3。
步骤五：装配自动变速器时根据拆卸的先后次序安装，安装制动器时需注意制动带的安装位置。

5. 拉维娜变速器挡位分析

图 3-5-4 所示为四挡拉维娜变速器的传动原理图，利用该图分析挡位。

倒挡（R 挡）：输入动力经离合器 C_2 作用在大太阳轮上，制动器 B_2 固定行星架，此时大太阳轮输入，齿圈输出，实现减速增扭状态。R 挡工作元件为 C_2B_2。

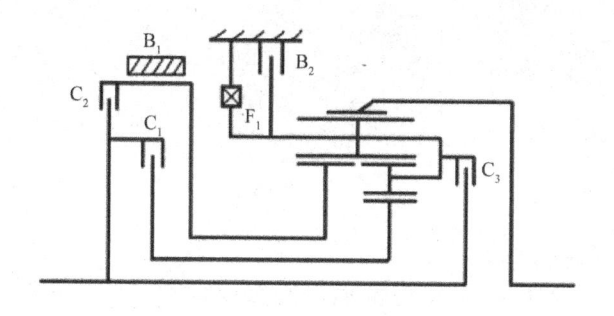

图 3-5-4　拉维娜变速器的传动原理图

前进挡 1 挡（D_1 挡）：输入动力经离合器 C_1 作用在小太阳轮上，单向离合器 F_1 保证行星架不能逆时针旋转，此时小太阳轮输入，齿圈输出，实现减速增扭状态，同时具有汽车滑行作用。D_1 挡工作元件为 C_1F_1。

前进挡 2 挡（D_2 挡）：输入动力经离合器 C_1 作用在小太阳轮上，制动器 B_1 固定大太阳轮，此时小太阳轮输入，齿圈输出，实现减速增扭状态，同时具有发动机制动效果。D_2 挡工作元件为 C_1B_1。

前进挡 3 挡（D_3 挡）：离合器 C_1、离合器 C_3 同时工作，大太阳轮及小太阳轮同时做输入，导致长行星齿轮锁止，整个机构锁止，此时齿圈与两个太阳轮一起同速同向转动，实现直接挡。D_3 挡工作元件为 C_1C_3。

前进挡 4 挡（D_4 挡）：输入动力经离合器 C_3 传递给行星架，制动器 B_1 固定大太阳轮，此时行星架输入，齿圈输出，实现增速减扭状态。D_4 挡工作元件为 C_3B_1。

低速 1 挡（L 或 1 挡）：输入动力经离合器 C_1 作用在小太阳轮上，制动器 B_2 固定行星架，此时小太阳轮输入，齿圈输出，实现减速增扭状态，同时实现发动机制动作用。L 或 1 挡工作元件为 C_1B_2。

小　结

自动变速器工作时，液力变矩器将发动机动力传递给变速器，而变速器内部的行星齿轮机构以及换挡执行元件完成挡位的变换。根据行星齿轮机构的组合方式和执行元件的数目变化可组成多种行星齿轮变速机构，完成 4 个前进挡和一个倒挡，目前最常用的变速器类型有辛普森齿轮变速机构和拉维娜齿轮变速机构。

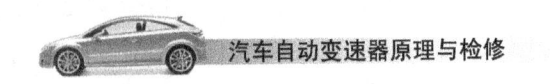

习 题

3-1 行星齿轮机构由_____、_____、_____、_____组成。

3-2 在行星齿轮机构中，要实现倒挡，则需要_____输入，_____固定，_____输出。

3-3 标准型辛普森齿轮变速机构的特点是前后太阳轮_____。

3-4 标准型辛普森四挡变速器是在三挡变速器的基础上增加_____实现的。

3-5 拉维娜行星齿轮机构具有_____个太阳轮，_____个行星架，_____个齿圈。

3-6 行星齿轮机构工作时，直接挡如何实现，空挡如何实现？

3-7 离合器的作用是什么？

3-8 制动器有几种类型，其作用是什么？

3-9 单向离合器有几种类型，其作用是什么？

第 4 章

新型自动变速器

知识目标

1. 掌握平行轴式自动变速器的工作原理。
2. 理解双离合自动变速器的工作原理。
3. 理解手自一体变速器的工作原理。
4. 掌握无级变速器的结构及工作原理。

4.1 本田雅阁平行轴式自动变速器

平行轴式自动变速器由日本本田公司发明,属于本田公司的专利技术。本田公司的自动变速器通常有三种形式:两轴式、两轴+辅助轴式和三轴式。

我国常见的三平行轴式自动变速器(广州本田生产的车型全部采用这种自动变速器)主要有 MAXA、B7XA、MPOA 平行轴式自动变速器等。

4.1.1 平行轴式变速器的结构特点

平行轴式自动变速器主要由平行轴、各挡齿轮和湿式多片离合器等组成。平行轴为三轴结构时,有主轴、中间轴和副轴;当平行轴为两轴结构时,则有输入、输出两个轴。

本田车采用平行轴式自动变速器,其变速机构的工作原理与手动变速器基本相同,不同点只在于其由液压离合器来控制不同挡位齿轮的啮合。在本田自动变速器中,只设置有离合器,而没有制动器。

4.1.2 MAXA 自动变速器

如图 4-1-1 所示为本田轿车 MAXA 自动变速器示意图，该变速器为三轴结构。

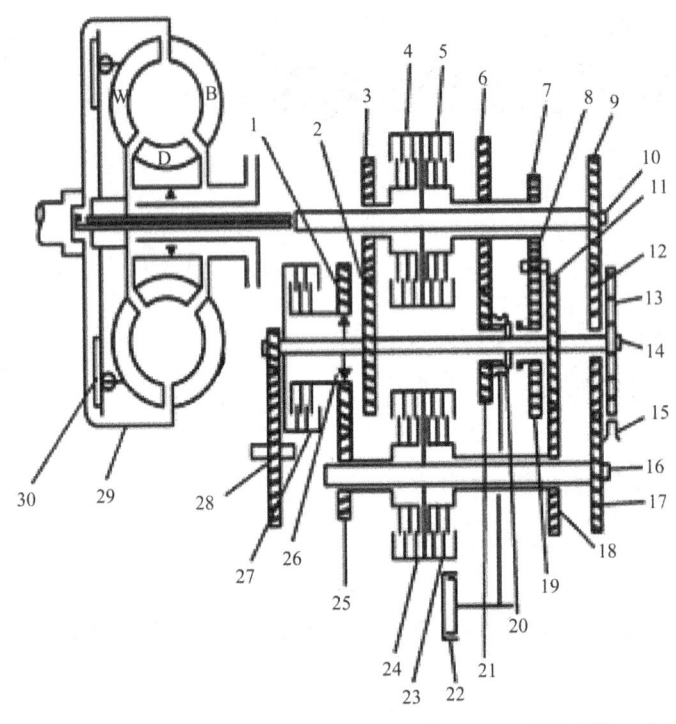

1-副轴 1 挡齿轮；2-副轴 3 挡齿轮；3-主轴 3 挡齿轮；4-3 挡离合器；5-4 挡离合器；6-主轴 4 挡齿轮；7-主轴倒挡齿轮；8-倒挡惰轮；9-主轴惰轮；10-主轴；11-副轴 2 挡齿轮；12-副轴惰轮；13-驻车挡齿轮；14-副轴齿轮；15-驻车锁销；16-辅助轴；17-辅助轴惰轮；18-副轴 2 挡齿轮；19-副轴倒挡齿轮；20-倒挡滑套；21-副轴 4 挡齿轮；22-伺服阀；23-2 挡离合器；24-1 挡离合器；25-辅助轴 1 挡齿轮；26-单向离合器；27-1 挡固定离合器；28-最终主动齿轮；29-液力变矩器；30-锁止离合器

图 4-1-1 本田轿车 MAXA 自动变速器示意图

如图 4-1-2 所示为 MAXA 自动变速器动力传递路线示意图，以下分别分析 MAXA 各挡位动力传递路线。

1. 前进 1 挡动力传递路线

前进 1 挡动力传递路线示意图如图 4-1-3 所示。

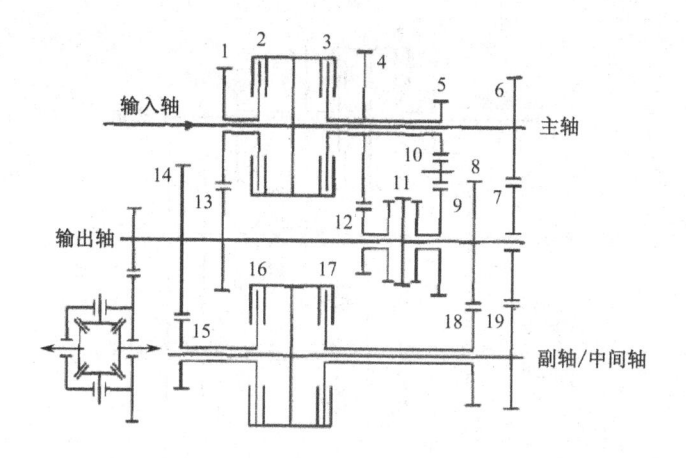

图 4-1-2　MAXA 自动变速器动力传递路线示意图

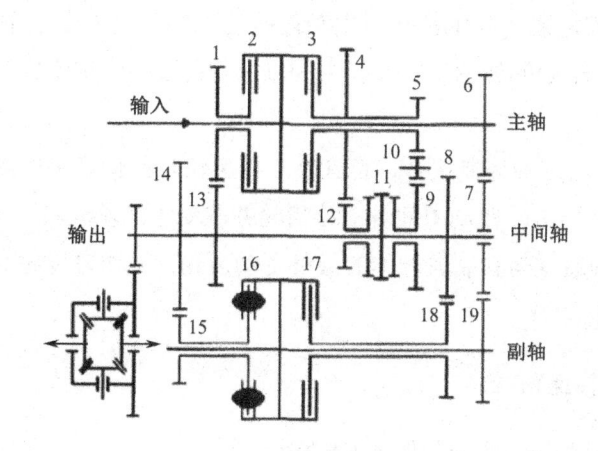

图 4-1-3　1 挡动力传递路线

（1）动力由液力变矩器传入主轴和与主轴连接的主轴惰轮，并通过中间轴惰轮和副轴惰轮使副轴转动。

（2）1 挡离合器受液压油控制接合，使副轴 1 挡齿轮与副轴连接而旋转。

（3）旋转的副轴带动 1 挡齿轮驱动中间轴 1 挡齿轮并驱动中间轴旋转。

（4）旋转的中间轴通过与其制成一体的最终主动齿轮，将动力传递给差速器的最终减速齿轮并将动力输出。

2. 前进 2 挡动力传递路线

前进 2 挡动力传递路线示意图如图 4-1-4 所示。

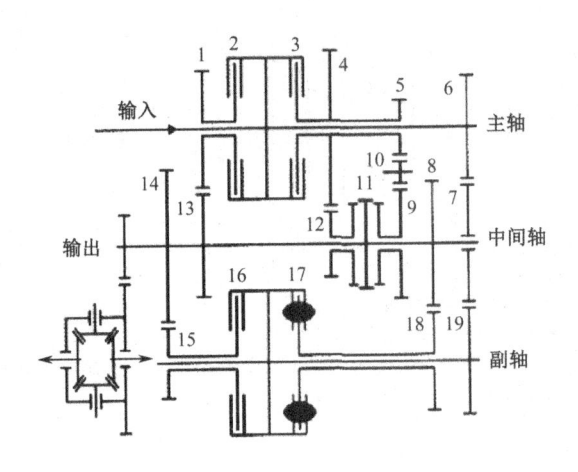

图 4-1-4 2 挡动力传递路线

（1）动力由液力变矩器传入主轴和与主轴连接的主轴惰轮并通过中间轴惰轮和副轴惰轮使副轴传动，此时由于中间轴惰轮空套在中间轴上，所以中间轴不旋转。副轴旋转方向与主轴相同。

（2）2 挡离合器受液压油控制接合，使副轴 2 挡齿轮与副轴连接而旋转。

（3）旋转的副轴 2 挡齿轮驱动中间轴 2 挡齿轮并驱动中间轴旋转。

（4）旋转的中间轴通过与其制成一体的最终主动齿轮，将动力传递给差速器的最终减速齿轮，然后将动力输出。

3. 前进 3 挡动力传递路线

前进 3 挡动力传递路线示意图如图 4-1-5 所示。

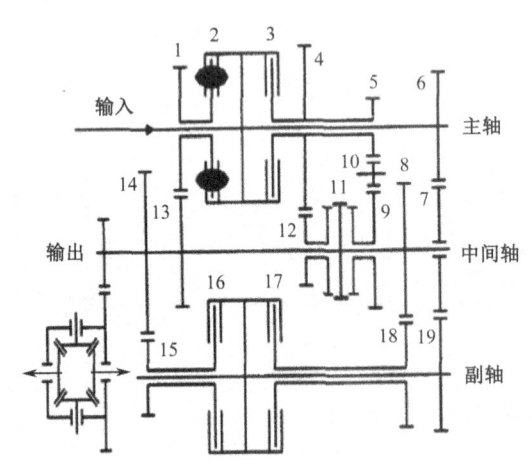

图 4-1-5 3 挡动力传递路线

（1）动力由液力变矩器传入主轴。

（2）3挡离合器受液压油控制接合，使主轴3挡齿轮与主轴连接而旋转。

（3）旋转的主轴3挡齿轮驱动中间轴3挡齿轮并驱动中间轴旋转。

（4）旋转的中间轴通过与其制成一体的最终主动齿轮，将动力传递给差速器的最终减速齿轮，然后将动力输出。

4．前进4挡动力传递路线

前进4挡动力传递路线示意图如图4-1-6所示。

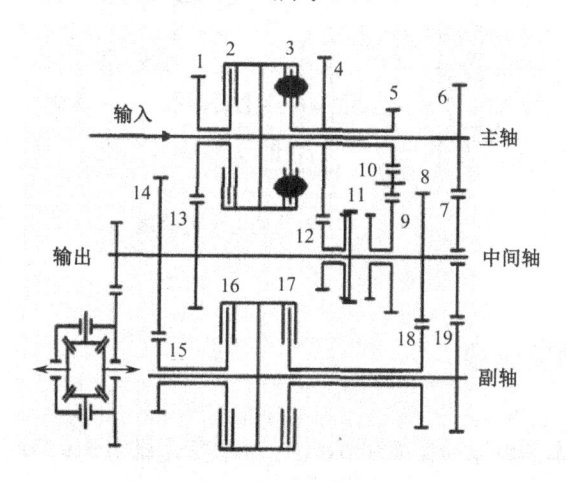

图4-1-6 4挡动力传递路线

（1）动力由液力变矩器传入主轴。

（2）4挡离合器受液压油作用，使主轴4挡齿轮与主轴连接并随主轴而旋转。伺服阀受液压油作用，使中间轴4挡齿轮通过倒挡接合套及其轴套与中间轴相连接。这样动力便由液力变矩器传入主轴、4挡离合器、主轴4挡齿轮、中间轴4挡齿轮、倒挡接合套、倒挡接合套轴套而传递给中间轴，并使中间轴旋转。

（3）旋转的中间轴通过与其制成一体的最终主动齿轮，将动力传递给差速器的最终减速齿轮，然后将动力输出。

5．R挡动力传递路线

R挡动力传递路线示意图如图4-1-7所示。

（1）动力由液力变矩器传入主轴。

（2）受伺服阀液压油作用，使中间轴倒挡齿轮通过倒挡接合套及其轴套与中间轴相连接。

（3）4挡离合器受液压油作用，使主轴倒挡齿轮与主轴连接并随主轴的旋转而旋转。旋转的主轴倒挡齿轮通过惰轮驱动中间轴倒挡齿轮，于是动力便由主轴倒挡齿轮传入倒挡惰轮、倒挡接合套和倒挡接合套轴套进而传递给中间轴。此时由于倒挡惰轮参与工作，改变了动力传递方向。

（4）旋转的中间轴通过与其制成一体的最终主动齿轮，将动力传递给差速器的最终减速齿轮，然后将动力输出。

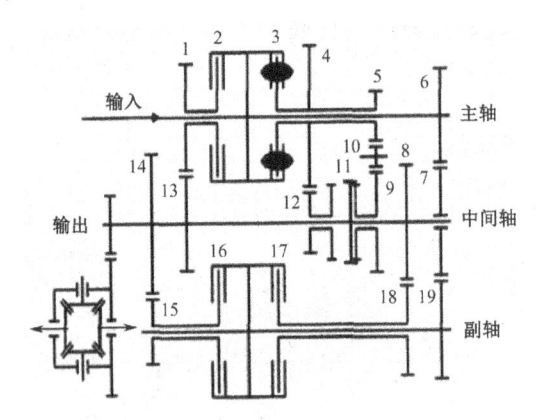

图 4-1-7　R 挡动力传递路线

4.1.3　MPOA 自动变速器

如图 4-1-8 所示，本田轿车所配置的 MPOA 自动变速器用于 97 款及以前的本田 ACCORD 轿车，在我国具有一定的保有量，其动力传递路线示意图如图 4-1-9 所示。与 MAXA 自动变速器相比，其 1 挡动力传递路线增加了两个部件，即 1 挡固定离合器和单向离合器，其他挡位动力传递路线与 MAXA 完全相同。在 D 位 1 挡，单向离合器锁止，因动力传递过程中使用了单向离合器，故没有发动机制动作用；在 1 位 1 挡，为获得发动机制动，1 挡固定离合器接合，它与单向离合器并联，1 挡单向锁止不再是动力传递的唯一条件，因此具有发动机制动作用。

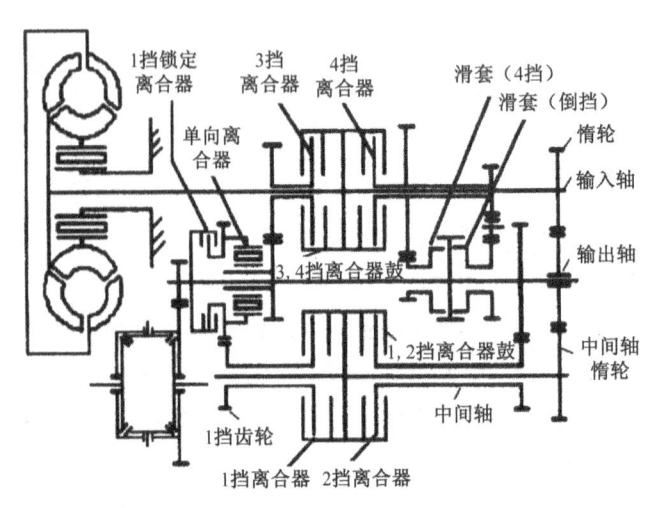

图 4-1-8　本田轿车 MPOA 自动变速器示意图

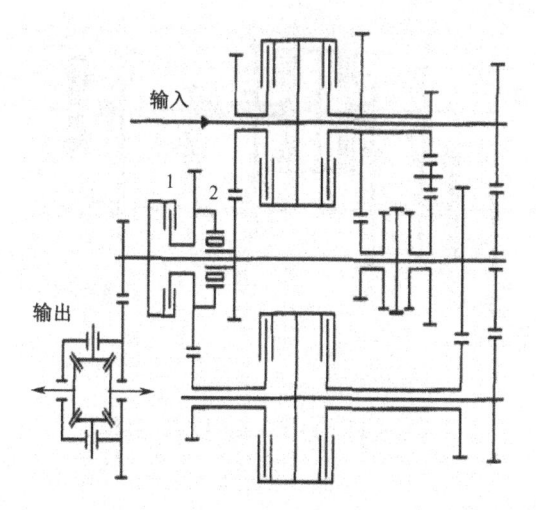

1—前进 1 挡固定离合器；2—单向离合器

图 4-1-9　MPOA 自动变速器动力传递路线示意图

4.1.4　平行轴式自动变速器（两轴式）

如图 4-1-10 所示为两轴式平行轴类型的自动变速器，可实现 4 个前进挡和 1 个倒挡。

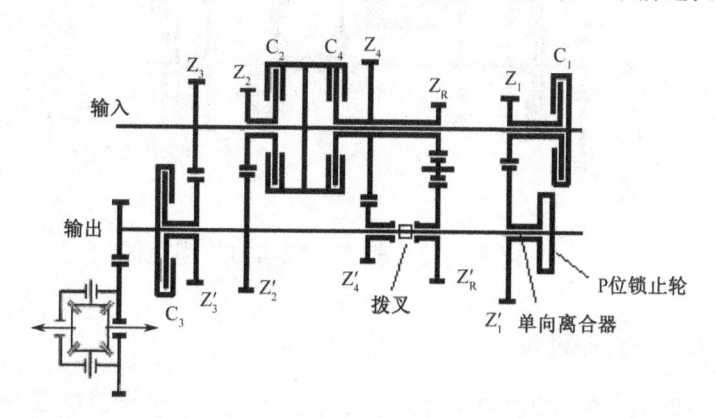

图 4-1-10　两轴式平行轴类型的自动变速器

1. 前进 1 挡动力传递路线

如图 4-1-11 所示，当离合器 C_1 工作，输入轴带动 1 挡输入齿轮 Z_1 转动，由于 1 挡输入齿轮 Z_1 和 1 挡输出齿轮 Z_1' 长啮合，此时 Z_1' 得到动力带动输出轴转动，完成动力传递。P 位锁止轮在车辆处于 P 挡时锁止输出轴，防止车辆滑移。

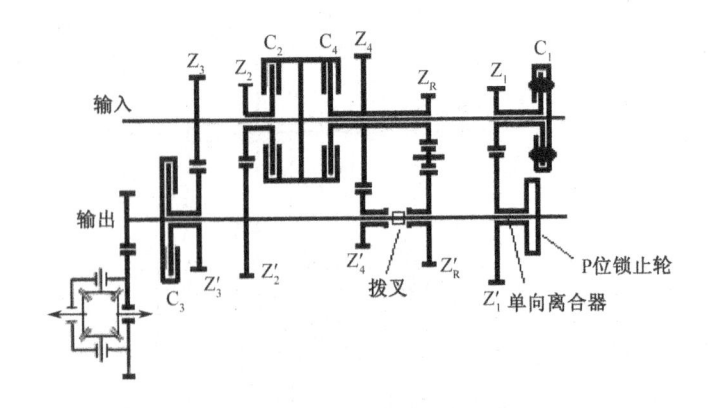

图 4-1-11　前进 1 挡动力传递路线

2. 前进 2 挡动力传递路线

如图 4-1-12 所示，当离合器 C_2 工作，输入轴带动 2 挡输入齿轮 Z_2 转动，由于 2 挡输入齿轮 Z_2 和 2 挡输出齿轮 Z_2' 长啮合，此时 Z_2' 得到动力带动输出轴转动，完成动力传递。

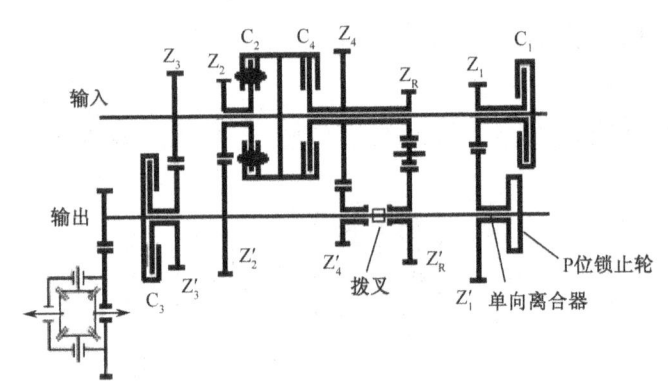

图 4-1-12　前进 2 挡动力传递路线

3. 前进 3 挡动力传递路线

如图 4-1-13 所示，输入轴带动 3 挡输入齿轮 Z_3 转动，当离合器 C_3 工作，由于 3 挡输入齿轮 Z_3 和 3 挡输出齿轮 Z_3' 长啮合，此时 Z_3' 得到动力带动输出轴转动，完成动力传递。

4. 前进 4 挡动力传递路线

如图 4-1-14 所示，当离合器 C_4 工作，输入轴同时带动输入齿轮 Z_4、Z_R 同时转动，输出轴上拨叉作用于输出齿轮 Z_4'，此时 4 挡工作，因此 Z_4' 得到动力带动输出轴转动，完成动力传递。

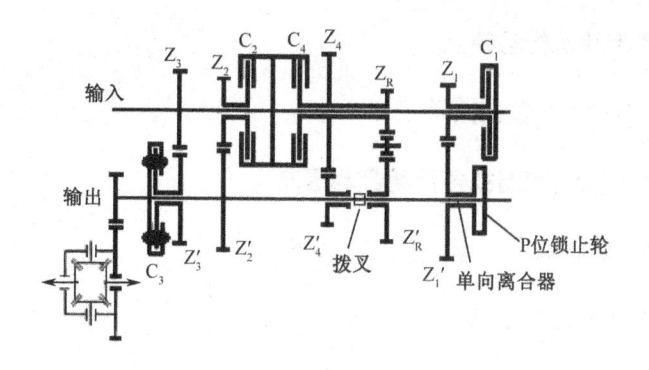

图 4-1-13 前进 3 挡动力传递路线

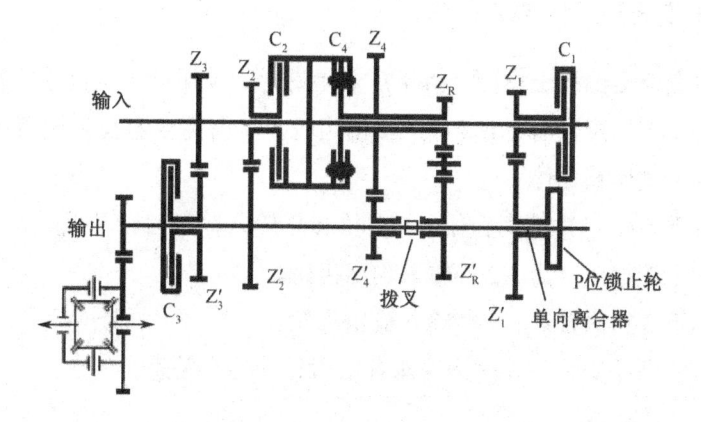

图 4-1-14 前进 4 挡动力传递路线

5. R 挡动力传递路线

如图 4-1-14 所示,当离合器 C_4 工作,输入轴同时带动输入齿轮 Z_4、Z_R 同时转动,输出轴上拨叉作用于输出齿轮 Z'_R,此时 R 挡工作,因此 Z'_R 得到动力带动输出轴转动,完成动力传递。

【实训项目】平行轴式(两轴式)自动变速器的拆装

平行轴变速器是目前使用在本田车系的一款变速器,在实践检修过程中,需要对其进行拆装,以下介绍平行轴变速器拆装方法。

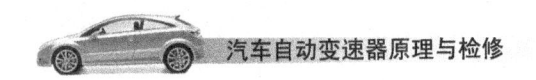

1. 平行轴行星齿轮机构的特点

特点：平行轴为输入、输出两轴。

2. 平行轴、各挡齿轮和湿式多片离合器组成

组成：平行轴、各挡齿轮、湿式多片离合器。

3. 平行轴式变速器拆装工具

丁字杆（8mm、10mm、12mm、14mm、17mm）；平口螺丝刀；橡胶榔头；吸力棒。

4. 平行轴式变速器拆装步骤

步骤一：将变速器倒扣于桌面，拆下后盖上螺丝，使用的工具是丁字杆。
步骤二：拆下1挡离合器、1挡输入输出齿轮、单向离合器及P位锁止轮。
步骤三：拆下变速箱壳体。
步骤四：拆下4挡和R挡离合器、4挡和R挡输入输出齿轮及拨叉。
步骤五：拆下2挡离合器、2挡输入输出齿轮。
步骤六：拆下3挡离合器、3挡输入输出齿轮。
步骤七：按照顺序安装，同时需注意各组齿轮的啮合关系。

5. 平行轴变速器挡位分析

如图4-1-15所示为平行轴（两轴式）变速器的传动原理图，利用下图分析挡位：

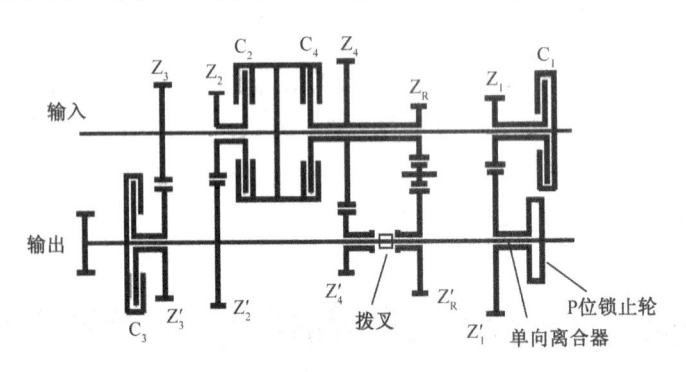

图4-1-15 平行轴变速器的传动原理图

前进挡1挡（D_1挡）：离合器C_1工作，输入动力经输入齿轮Z_1传递给输出齿轮Z_1'，实现减速增扭状态，D_1挡工作元件为C_1。

前进挡2挡（D_2挡）：离合器C_2工作，输入动力经输入齿轮Z_2传递给输出齿轮Z_2'，实现减速增扭状态，D_2挡工作元件为C_2。

前进挡 3 挡（D_3 挡）：离合器 C_3 工作，输入动力经输入齿轮 Z_3 传递给输出齿轮 Z_3'，实现直接传动，D_3 挡工作元件为 C_3。

前进挡 4 挡（D_4 挡）：离合器 C_4 工作，同时输出轴上的拨叉作用在输出齿轮 Z_4' 上，输入动力经输入齿轮 Z_4 传递给输出齿轮 Z_4'，实现加速减扭状态，D_4 挡工作元件为 C_4。

倒挡（R 挡）：离合器 C_4 工作，同时输出轴上的拨叉作用在输出齿轮 Z_R' 上，输入动力经输入齿轮 Z_R 传递给输出齿轮 Z_R'，实现反向减速状态，R 挡工作元件为 C_4。

4.2 双离合器式自动变速器

双离合变速器（Dual Clutch Transmission，DCT）是发展迅速的新型变速器，它以传统手动变速器为基础加入双离合器和电控组件，获得优异的性能表现和良好的燃油经济性。双离合变速器有别于一般的自动变速器系统，它基于手动变速器而不是自动变速器，可以理解为"手动箱，自动拨"，除了拥有手动变速器的灵活性及自动变速器的舒适性外，还能提供无间断的动力输出。而传统的手动变速器使用一台离合器，当换挡时，驾驶员必须踩下离合器踏板，使不同挡的齿轮做出啮合动作，而动力就在换挡期间出现间断，令输出表现有所断续。DCT 因其优秀的燃油经济性而在全球市场成为"新宠"。

4.2.1 双离合自动变速器的发展历程

1940 年，Darmstadt 大学教授 Rudolph Franke 第一个申请了双离合器变速器专利，该变速器曾经在卡车上试验过，但是并没有投入批量生产。随后保时捷也发明了专用于赛车的双离合变速器（Porsche Doppel Kupplungen，PDK），但是均未能成功将 DCT/PDK 技术投入批量生产。

1985 年，奥迪将双离合器技术应用于赛车上，当时被命名为"Audi Sport Quattro S1 赛车配合双离合器技术"。双离合器技术使奥迪赛车驰骋于当时的各大越野赛场，获得了多项赛事的胜利。

20 世纪 90 年代末期，大众公司和博格华纳携手合作生产第一个适用于大批量生产和应用于主流车型的 DualTronic（R）技术双离合变速器。博格华纳公司通过使用新的电子液压元件使 DCT 变成了实用性很强的变速器。

2002 年，DCT 应用在德国大众高尔夫 R32 和奥迪 TT V6 上。

2003 年，DCT 相继推广到高尔夫等其他车型上。

2004年，DCT在德国大众途安（Touran）车型上首次与TDI柴油发动机匹配，如图4-2-1所示为德国大众途安轿车所配备的双离合自动变速器。

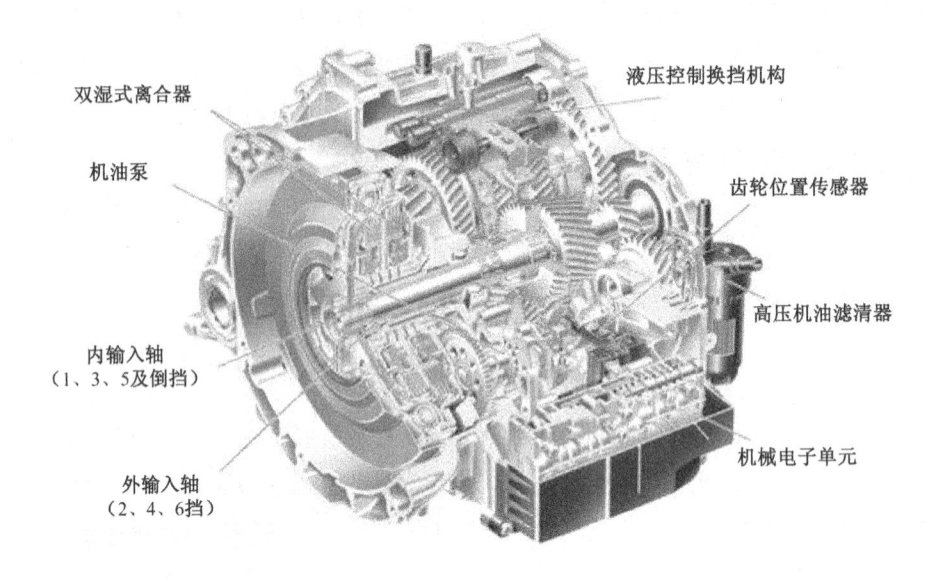

图4-2-1 德国大众途安双离合自动变速器

4.2.2 双离合自动变速器的工作原理

目前掌握双离合技术的厂家众多，各公司基于DCT技术的不同变速器有：大众DSG（Direct Shift Gearbox）、奥迪S Tronic、宝马M DKG（Doppel Kuppling Getriebe，M Double Clutch gearbox）或M-DCT（Dual Clutch Transmission）、福特、沃尔沃PowerShift、保时捷PDK（Porsche Doppel Kupplung）、三菱TC-SST（Twin Clutch-Super Sport Transmission）、日产GR6（Rear Gearbox 6 Speed）、比亚迪DCT（Dual Clutch Transmission）。

DSG（Direct Shift Gearbox）直接换挡变速器是大众公司的变速器技术，如图4-2-2所示为DSG的结构示意图，输入轴1是放于内里的一条实心传动轴，输入轴2则是处于外侧的一条空心传动轴；输入轴1与离合器1配合工作，输入轴2与离合器2配合工作；离合器1负责1、3、5和R挡，离合器2负责2、4、6挡。

如图4-2-2所示，当DSG变速器工作时，挂上奇数挡，离合器1接合，输入轴1工作，离合器2分离，输入轴2不工作；挂上偶数挡时则情况相反。即在DSG变速器的工作过程中总是有两个挡位是接合的，一个正在工作，另一个则为下一步做好准备。

当车辆以某一个挡位运行时，下一个即将进入运行的挡位可以始终处于啮合状态；当达到下一个挡位的换挡点时，只需将正处于接合状态的离合器分离，将处于分离状态的离合器接合，即切换两个离合器的工作状态，就可以完成换挡动作。由于在两个离合器的切换过程中，只会使发动机动力传递出现一个减弱的过程，而不需要完全切断动力传递。

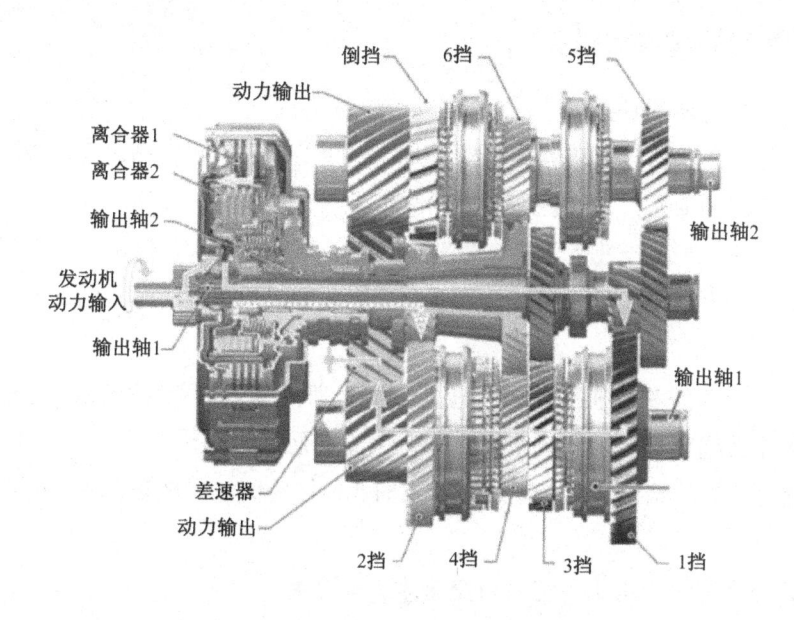

图 4-2-2 DSG 的结构示意图

双离合变速器分为湿式双离合变速器、干式双离合变速器两种。从工作原理和基本构造上，干式双离合与湿式双离合变速器并没有本质上的差别，不同之处在于双离合器摩擦片的冷却方式：湿式离合器的两组离合器片在一个密封的油槽中，通过浸泡着离合器片的变速器油吸收热量，而干式离合器的摩擦片则没有密封油槽，需要通过风冷散热。

4.2.3 双离合自动变速器的优缺点

1．双离合自动变速器的优点

双离合自动变速器的优点如下：

（1）换挡快。双离合变速器的换挡时间非常短，比手动变速箱的速度快一些。

（2）省油。双离合变速器因为消除了扭矩的中断，也就是让发动机的动力一直在利用，而且始终在最佳的工作，所以能够大量节省燃油。相比传统行星齿轮式自动变速器更利于提升燃油经济性，油耗大约能够降低 15%。

（3）舒适。因为换挡速度快，换挡都非常平顺，几乎感觉不到顿挫感。

（4）在换挡过程中，几乎没有扭矩损失。

（5）当高挡齿轮已处于预备状态时，升挡速度极快，达到令人惊讶的 8 毫秒。

（6）无论油门或者运转模式处于何种状况，换挡时间至少能达到 600 毫秒（从奇数挡降

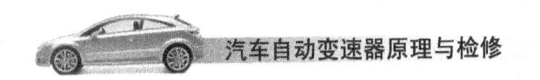

到奇数挡，或者从偶数挡降到偶数挡时，耗时约为 900 毫秒，例如从第 5 挡降到 3 挡）。

2. 双离合自动变速器的缺点

双离合自动变速器的缺点如下：

（1）成本问题。双离合变速器的结构复杂，制造工艺要求比较高，因此成本较高。所以配备双离合变速器的通常都是一些中高档的车型。

（2）扭矩问题。双离合变速器绝对能满足一般的车辆要求，但是对于激烈驾驶需求的使用还是不够。因为如果是干式的离合，则会产生太多的热量，而湿式的离合，摩擦力又会不够。

（3）由于电控系统和液压系统的存在，双离合器变速器的效率仍然不及传统手动变速器，特别是用于传递大扭矩的湿式双离合器变速器更是如此。

（4）当需要切换的挡位并未处于预备状态时，换挡时间相对较长，在某些情况下甚至超过 1 秒。

（5）双离合器变速器相比传统手动变速器质量更重。

（6）早期的双离合器变速器可靠性欠佳。

4.3 手自一体变速器

手自一体变速箱，顾名思义就是一种接合了手动变速与自动变速功能的变速装置。手动挡因为驾驶员可以自由调节挡位及转速，驾驶起来有种畅快的感觉，运动感十足，富有驾驶乐趣。目前，技术先进的手自一体式变速器越来越多地装备到国产车中，其中最具代表性的有：标致 307 的 Tiptronic、奥迪的 Multitronic、福特蒙迪欧的 Durashift5 等。

4.3.1 手自一体变速器的发展历程

手动/自动一体式变速系统最早由德国专业高性能跑车生产厂家保时捷在其 911 车型上推出，称之为 Tiptronic。作为保时捷的扛鼎之作，自问世 7 年以来，以其高稳定性及领先的科技，在世界范围内广受各方赞誉。它的出现使得高性能跑车不必受限于传统的自动挡的束缚。让驾驶者也能享受手动换挡的乐趣。

国产车型方面，东风 307 采用这套系统后，完全继承了原系统反应敏捷、换挡柔顺的特点。如图 4-3-1 所示，城市道路行驶状态下，把挡位放入 D 挡，使其处于自动挡的模式下，有效减少驾驶疲劳。而在郊区路段就可以使用手动模式，换挡杆推向"+"符号时完成加挡操作，推向"－"符号时则完成减挡操作。东风标致 307 将手动挡的驾驶乐趣和自动挡的方便融合在一起，给我们带来更多的方便和乐趣。但同时先进技术的应用往往意味着较高的维护成本及苛刻的使用要求。所以消费者在选购一款带有手自一体变速器的车型时，技术是否先进、系统是否稳定成熟就显得格外重要。

图 4-3-1　手自一体变速器的挡位设置

4.3.2　手自一体变速器的工作原理

在结构上，手自一体变速器主要由普通的齿轮箱（和手动变速器一样）、电子控制离合器、自动换挡操纵机构和电子控制部分等组成。电子控制离合器的作用是根据需要自动地使离合器分离、接合或者"吊"离合器，工作时由变速器 ECU 控制步进电机推动离合器拨叉，使离合器分离或接合。

自动换挡操纵机构的作用是根据需要自动地挂入相应的挡位，一般设置两个步进电机，都由变速器 ECU 来控制。其排挡杆的设置和普通自动变速器相似，没有离合器踏板。该变速器的工作实际上是利用自动控制部分来模拟人工的换挡工作，正常驾驶时和液压自动变速器没有什么区别，只是在停车时，离合器是分离的，所以如果停在坡道上时，一定要踩刹车，否则会溜车。如果使用手动模式，会觉得好像是在驾驶手排挡车一样，动力来得非常直接，还省去了踩离合器的动作，而且不需要一挡一挡地加减挡，可以跳跃加减挡。

手自一体变速器实际上就是一款电控的液压自动变速器，其硬件方面只是在排挡杆的操纵台下面增加了三个传感器，分别为加挡传感器、减挡传感器和手动模式传感器；软件方面，在控制系统里增加了一些手动控制的程序，利用传感器来感知变速器是否处于手动模式，接收加挡或减挡信号，控制系统根据加减挡信号去控制变速器的升挡或减挡。另外还增加了一些保护措施，例如当发动机转速超过 6000 转时，控制系统就会发出升挡的指令，使变速器自动升挡，当发动机转速和车速都比较低时，如果驾驶员加挡，则控制系统还是不会发出升挡的指令，相反，如果此时挡位较高，而驾驶员没有减挡，则控制系统就会发出降挡的指令，

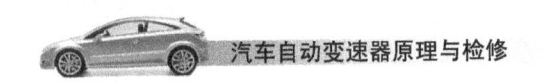

使变速器降入低挡位，所以其在本质上和自动变速器没有太大的区别。另外，在手自一体变速器的控制系统中多增加了三个传感器，如果其中有一个损坏的话，变速器也会被锁挡。

4.3.3 手自一体变速器的类型

1. 在自动变速器的基础上面加装电子和液压控制装置

这种类型的变速器即使处于手动模式，自动变速系统仍然随时处于控制状态，如果驾驶员忘记加挡系统会自动完成，如果驾驶员在车速很快时挂入低挡控制系统将不会执行；在起步时刻会自动地将挡位挂入 1 挡或 2 挡；当车辆打滑时会自动转到"恶劣性天气模式"防止车轮打滑。保时捷、奥迪所选装的 Tiptronic 系统、宝马 Steptronic 系统及阿尔法罗米欧选用的 Q 系统都属于此类型，区别在于保时捷、奥迪可以利用方向盘上的按键加减挡，也可用挡杆手动加减挡；宝马 Steptronic 和阿尔法罗米欧的 Q 系统则只能用换挡杆加减挡。

2. 由普通"H"型换挡方式的手动变速器和自动离合器相接合的变速系统

这种设计方法的目的只是使离合器自动化，而不改动普通手动变速器传统的换挡机构。雷诺的 Easy System、萨博的 Sensonic、菲亚特的 Seicento 城市自动系统以及奔驰 A 级车都采用了这种技术。这种变速系统结构简单，就是离合器踏板被一个电动机所取代，它会根据微处理器的命令来将液压系统加压，使离合器分离和接合。传感器会感应当时的挡位、车辆的速度、油门位置以及驾驶人是否要换挡，等等。起动的时候驾驶人只需要挂上挡等油门就行了，其换挡按普通的做法进行，在换挡时抬起油门，系统会自动地将离合器分离开。系统持续监测车辆的速度及发动机的转速，计算机可以阻止不合时宜的加挡或减挡，有必要的时候还会提醒驾驶员选择较低的挡位。在国产车型中，奥拓的"自动离合器"也采用了这种技术。

3. 以手动变速器为基础，把自动离合器和电子—液压顺序换挡接合到一起

宝马的 SMG 及雷诺的 BVR 都属于此种类型，法拉利的 F355 F1、阿尔法罗米欧的 156 "双火花"也有此系统，其工作原理和赛车上所用的一致，但是不同的地方是变速器和离合器总成在设计上不是顺序的，它们是传统的手动变速器与电子选挡机构的接合。

4.3.4 手自一体变速器与手动、自动变速器的比较

（1）自动变速器能够大大减少手动换挡对汽车传动系的冲击，从而延长汽车的使用寿命，提高乘坐舒适性。它能够根据路面状况选择适当的挡位，使发动机工作于最佳状况。对于经常穿梭于复杂路况的轿车，它可以使司机不必踏离合器进行频繁换挡，因此可以降低司机的

劳动强度。

（2）手动变速器因为没有自动变速器那样的液力偶合器，所以一般会比较省油（尤其是在城市道路，对同一辆车同样的驾驶方式也会有 1~2L/100 千米的差距），同时也使人不能充分感受驾驶的乐趣。

（3）手自一体变速器就是为了提高自动变速器的经济性和操控性而增加的设置，让原来电脑自动决定的换挡时机重新回到驾驶员手中。同时，如果在城市内堵车情况下，还是可以随时使用自动挡以便使自己轻松。

4.4 无级变速器

无级变速器（Continuously Variable Transmission，CVT）没有明确具体的挡位，操作上类似自动变速器，是通过改变双锥体上传动带或传动链半径的方法，实现主动锥盘和从动锥盘半径的增大和减小，实现低速挡与高速挡之间的过渡，从而完成动力传递。

装配有无级变速器的轿车具有良好的经济性、动力性和驾驶平顺性，而且降低了排放和成本，特别适宜 2L 以下的小排量轿车。目前，世界上各大汽车公司都在加紧研制开发无级变速器，有关 CVT 的专利急速增加，无级变速器的发展潜力极大，是汽车技术的重要发展领域之一。

4.4.1 无级变速器的发展历程

CVT 技术的发展，已经有了一百多年的历史。德国奔驰公司是在汽车上采用 CVT 技术的鼻祖，早在 1886 年就将 V 形橡胶带式 CVT 安装在该公司生产的汽油机汽车上。

1958 年，荷兰 DAF 公司的 H.Van Doorne 博士研制成功了名为 Variomatic 的双 V 形橡胶带式 CVT，并装备于 DAF 公司制造的 Daffodil 轿车上，其销量超过了 100 万辆。

进入 20 世纪 90 年代，汽车界对 CVT 技术的研究开发日益重视，1997 年上半年，日本日产公司开发了使用在 2.0L 汽车上的 CVT。在此基础上，日产公司在 1998 年开发了一种为中型轿车设计的包含一个手动换挡模式的 CVT。

1997 年 5 月，日本富士重工将它的 Vistro 微型车装配了全计算机控制式 E-CVT（含有六挡手动换挡模式的 CVT）。富士重工在 Pleo 微型车上采用一种有锁止式变矩器的电控式 CVT、通过小范围锁止可以使液力变矩器的滑动保持在最小值，行星齿轮用来切换前进挡/倒退挡。

1999 年上半年，美国的福特公司和德国 ZF 公司合作为福特公司的轿车和轻型载货车生产 CVT。ZF 公司设计的 CVT 是一种变矩器式变速器，使用为安装横向发动机前轮驱动汽车

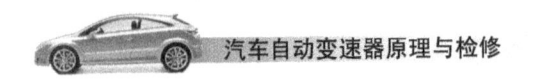

生产的钢带。

当前，全世界各大汽车厂商为了提高产品的竞争力，都大力进行 CVT 的研发工作。NISSAN、TOYOTA、FORD、GM、AUDI 等著名汽车品牌中，都有配备 CVT 变速器的轿车销售，全世界 CVT 轿车的年产量已达到近 50 万辆。

4.4.2 无级变速器的工作原理

目前常见的无级变速器是金属带式无级变速器，主要结构和工作原理如图 4-4-1 所示，在金属钢带式无级变速器上，使用钢带传递两个钢质带轮的动力。两个带轮的结构相同，主、从动带轮都是由两个盘组成，分为可动盘和静盘。可动盘与静盘都是锥面结构，两个盘对装起来就形成一个 V 形带轮结构。可动盘可以沿着它的固定旋转轴线轴向移动，从而改变两个带轮盘之间的轮槽宽度。可动盘的轴向移动靠液压缸中油压的大小来实现的。油压的大小由变速器控制单元根据驾驶员的操纵意图（挡位、车速、节气门开度等各个传感器的信号）来对变速器液压控制单元发出指令调节。通过钢带轮的带槽宽度变化，改变钢带和钢带轮的接触位置，从而改变了钢带轮的工作半径，如图 4-4-1 所示。

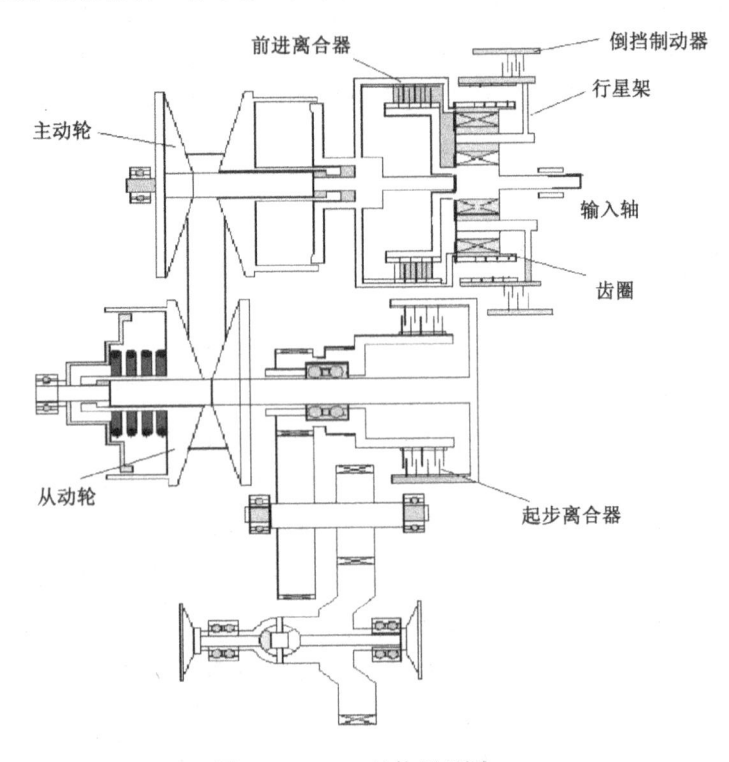

图 4-4-1 CVT 结构原理图

前进挡时的传动路线如下：发动机的动力经过飞轮减震装置→变速器的输入轴→太阳轮→前进离合器→主动链轮（带轮）→从动链轮（带轮）→前进挡离合器→主减速器→输出轴。

倒挡时的传动路线如下：变速器的输入轴→太阳轮→倒挡制动器（制动行星架）→齿圈→主动链轮（带轮）→从动链轮（带轮）→前进挡离合器→主减速器→输出轴，如图 4-4-2 所示。

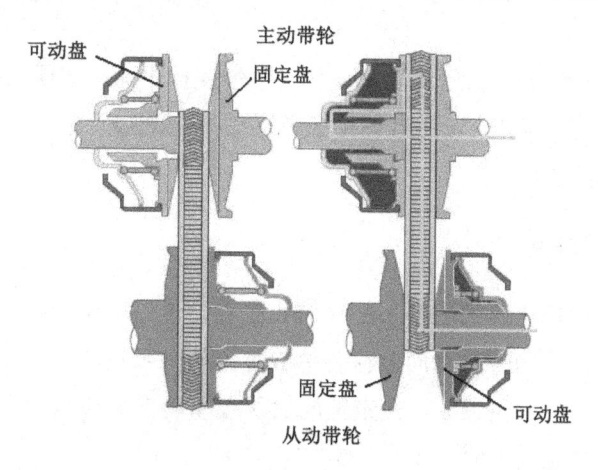

图 4-4-2　无级变速器工作原理示意图

钢带的结构如图 4-4-3 所示，由两组钢质环形带和无数个构件构成。每组钢质环形带由 12 层构成，构件则有 400 百个（依据其中心距的大小而不等）。钢带传递动力时，两个侧面起传动作用。由于钢带是一种选配件，所以钢制构件/连接件的实际数量可能会有所变化。钢带构件因主动带轮和从动带轮的运动载荷而被压缩在一起。由于压缩，这种钢带结构将产生相互挤压作用，而不像其他车用传动带那样产生拉伸作用，增加了钢带对带轮两侧面的摩擦力，从而减少了打滑。传动带磨损过度将引起打滑，并最终导致发动机高转速时的加速性不良或丧失。

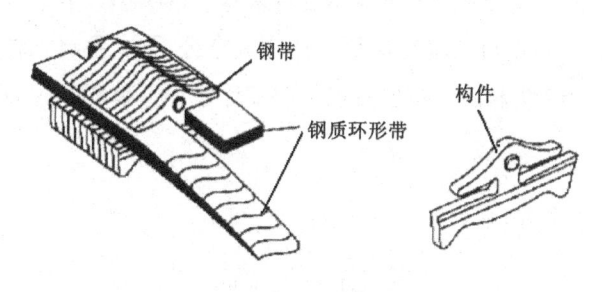

图 4-4-3　钢带结构图

4.4.3　CVT 的优缺点

1. 无级变速器的优点

（1）提高燃油经济性和排放性。无级变速器在相当宽的范围内实现无级变速，可以获得传动系统与发动机工况的最佳匹配，提高整车的燃油经济性，降低排放。

（2）提高动力性。无级变速器能获得较大的传动比，其动力性明显优于机械变速器和自动变速器。

（3）改善驾驶舒适性能。因速比连续变化，可使换挡平滑，实现了手动变速器的快速反应和自动变速器舒适的双优点；采用金属链条传递动力，解决了老式无级变速器"橡胶效应"和"离合器打滑"等问题。

2．无级变速器的缺点

（1）金属带结构形状和参数还要不断改进和完善，传递转矩的能力仍需要进一步提高。

（2）变速过程中，传动带的轴向偏移会造成主、从动带轮的中间平面不在同一平面上，会使金属带在运转过程中发生扭曲，在带轮的输入端和输出端造成冲击，使噪音增大、传动不平稳，传动带的寿命急剧下降。

（3）使用过程中还有不够理想的地方，例如起步和低速行驶时会有种无级变速器的滞涩、不圆滑的感觉，在紧急停车后再起步时，偶尔会发生低速无法起步的现象。

（4）控制系统存在的问题包括变速控制、传递带夹紧力控制和起步控制等。

小　结

自动变速器经历了一系列的发展，出现了越来越多的类型，本章介绍的平行轴式自动变速器（日本本田公司）、双离合自动变速器（德国大众公司）、手自一体变速器、无级变速器都是目前市场上的新型变速器，其各自特点均向驾驶舒适、节能环保方面发展，受到消费者的欢迎。

习　题

4-1 平行轴式自动变速器的优势是什么？

4-2 分析双离合式自动变速器的工作原理。

4-3 手自一体变速器在实现手动挡时使用了哪些传感器？

4-4 无级变速器有哪些优点？

第 5 章

自动变速器的控制系统

知识目标

1. 掌握液压油泵的结构及工作原理。
2. 理解液压控制系统主要元件的作用和工作原理。
3. 掌握液压控制系统进行油路分析的方法。
4. 掌握液压控制系统的检修方法。

液压控制系统主要由动力源、执行机构、控制机构三部分组成。

动力源是被液力变矩器泵轮驱动的液压泵，它除了向控制机构、执行机构供给压力油以实现换挡外，还给液力变矩器提供冷却补偿油，向行星齿轮变速器供应润滑油。

执行机构主要有离合器、制动器、单向离合器。

控制机构主要包括主油路调压装置、换挡信号装置、换挡阀组、安全缓冲装置、液力变矩器控制装置等。

自动变速器根据其换挡信号和换挡控制系统采用的是全液压控制还是电子与液压控制，可将自动变速器分为液控自动变速器和电子控制液压自动变速器（简称电控自动变速器）两种形式。

5.1 液压油泵

目前自动变速器通常使用液压控制，液压控制系统中油压的流量、压力和方向是液压控制系统的最重要的控制内容，液压油泵则是自动变速器中最重要的总成之一，是自动变速器液压控制系统的动力源。

油泵通常安装在变矩器的后方，由变矩器壳后端的轴套驱动。油泵的作用是将液压油送至液力变矩器，润滑行星齿轮机构，并为液压控制系统提供运作压力。

在自动变速器的液压系统中，常用的油泵有齿轮泵、转子泵和叶片泵。自动变速器的液压系统属于低压系统，工作油压小于等于2MPa，应用最广泛的是齿轮泵。

5.1.1 齿轮泵

齿轮泵又称为月牙泵，其中一个是内齿轮而另外一个是外齿轮，两齿轮的接合区域形成了月牙状的空腔，泵也由此得名，如图5-1-1所示。齿数少的外齿轮带动齿数多的内齿轮转动，内外齿轮部分啮合。当外齿轮转动时，内外齿轮不断地进入和脱离啮合。当轮齿脱离啮合时，在齿轮间产生低压，从而在月牙形油泵入口处形成真空，则油底壳的油液在大气压力的推动下，进入油泵的月牙状的容积腔内，完成进油过程。

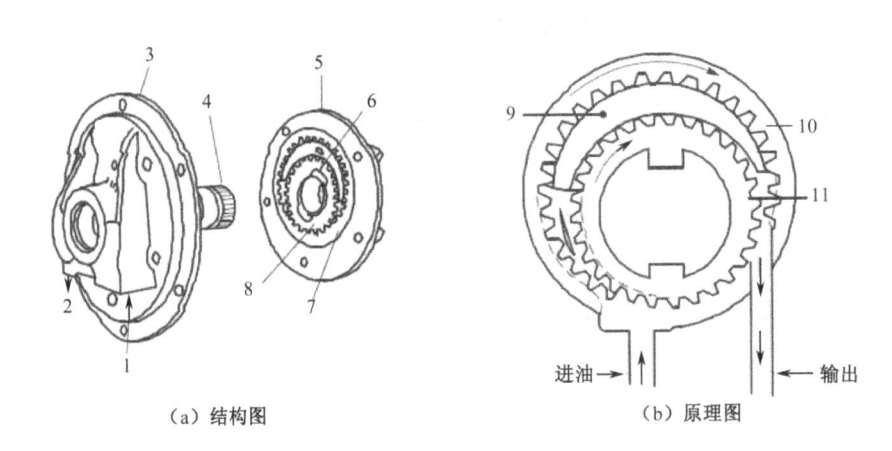

（a）结构图　　（b）原理图

1-油泵进油；2-油泵出油；3-前盖；4-导轮固定轴；5-泵体；6-驱动凸缘；
7、10-被动轮/外齿轮；8、11-主动轮/内齿轮；9-月牙形隔离块

图5-1-1　齿轮泵

齿轮转动时，在齿轮和月牙形腔内充满了油液，油液在齿轮的带动下，沿着壳体不断地向出口运送。当液体位于出口处时，由于在这个位置上两齿轮刚好进入啮合状态，轮齿之间的间隙逐渐变小，因此使油液的压力逐渐随之增高，迫使油液从出口处排出，不断流向变速器的液压回路，完成泵油过程。

通常在月牙形腔内还设置了一个月牙形的隔离块，它的作用是防止内外齿轮进入啮合状态时，由于油液在出口处产生的高压而引起外齿轮和内齿轮的啮合状态的变坏，从而影响液体高压的产生。因此在内外齿轮啮合区域的对面，设置月牙形的隔离块，防止外齿轮在高压作用下齿轮轴线的径向偏移。

月牙形油泵是一种定量泵,每转动一圈输出的排量是相同的,输出油液的流量随发动机的转速而变化。由于月牙形油泵具有轴向安装尺寸小、连接方便、结构简单等特点,因此在后轮驱动的自动变速器中广泛采用。

5.1.2 转子泵

转子泵是从齿轮泵变型而来的,是一种特殊的内啮合齿轮泵,主要由内转子、外转子、泵壳、泵盖组成,如图5-1-2所示。内转子为外齿轮,其齿廓曲线是外摆线。外转子为内齿轮,其齿廓曲线是圆弧曲线。内外转子的旋转中心不同,两者之间具有偏心距。一般内转子的齿数为10,外转子的齿数为11(比内转子多1个齿)。

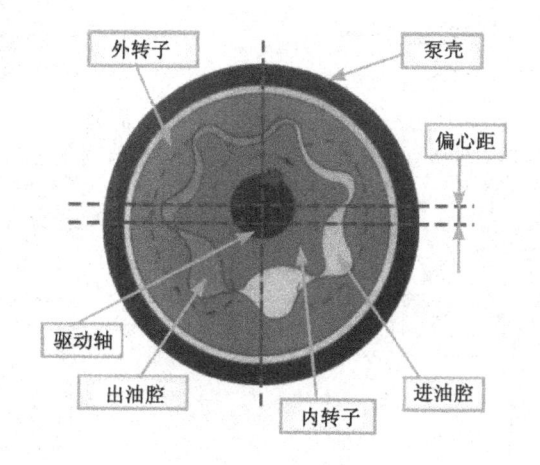

图 5-1-2 转子泵

发动机旋转时,变矩器驱动油泵转子朝相同的方向旋转。转子转动,工作腔的容积发生变化,容积由小变大,形成局部真空,将液压油从进油口吸入;容积由大变小,形成局部高压,将液压油从出油口排出。

5.1.3 叶片泵

如图5-1-3所示为叶片式的变量油泵,这种油泵的排量是可变的。当主回路油压较高时,油泵的排量相应减少。为了实现自动调节油泵的排量,把主回路的油压信号作用在背面,借助于滑座背面的液体压力克服紧贴滑座另一侧的弹簧力,从而改变滑座与叶片转子中心的偏心距,这样就控制了油泵的输出流量。

油泵的转子和叶片被装在滑座孔内,滑座可在销轴上回转摆动,其位置决定了油泵的输出，如图 5-1-4 所示。当滑座在弹簧力作用下处于完全伸开位置时（转子中心和滑座中心的偏心量最大），滑座和叶片处于最大的排量输出位置。当转子和叶片在滑座孔内转动时，由于工作腔的容积从大到小变化，从而形成的油压从低压到高压。从进油孔吸入叶片间的油液被运送到出油口。当滑座从完全伸开位置，朝中心摆动时（偏心量逐渐减小），大量的油液从出口侧流回入口侧。当滑座与转子同心时，油泵不能输出。

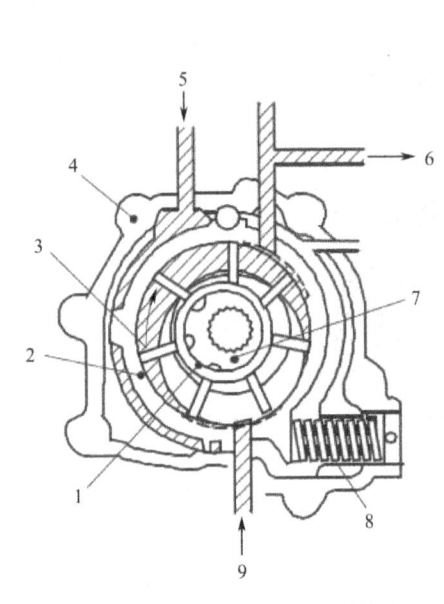

1-导向环；2-滑座；3-叶片；4-泵体；5-主回路信号油压；
6-出口；7-转子；8-主弹簧；9-进口

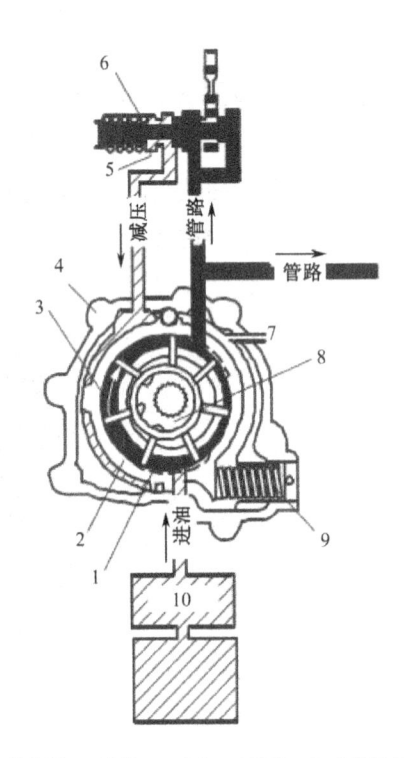

图 5-1-3　叶片泵

1-导向环；2-滑座；3-叶片；4-泵体；5、7-泄油口；
6-调压阀；8-转子；9-主弹簧；10-过滤器

图 5-1-4　叶片式变量泵和调压阀

因为滑座随着传给它的输出油信号而回转摆动，所以它能够处于任何可能的位置，包括空转或不输出的位置。变量泵的输出取决于自动变速器的需要，而不依据发动机的转速，因此它比定量泵节省能量。在油泵转速低，而又需要油液流量大时，变量泵能够大流量输出。反之，当油泵转速高，而需要的流量较小时，变量泵可以相应地减小输出。一旦达到满足变速器的需要，变量泵就仅输出保持调节油压所需要的流量。

5.1.4　油泵的驱动方式

油泵都是由发动机曲轴通过变矩器外壳驱动的。几乎所有的后轮驱动的自动变速器的油都由变矩器上油泵驱动壳带动。在驱动壳上加工有两个槽或平面，以连接油泵的主动如图 5-1-5 所示。当发动机带动变矩器外壳转动时，油泵被驱动壳直接带动。许多前轮泵件驱动的变速驱动桥，通过与变矩器中心的花键孔相配合的花键轴或六方轴驱动油泵，这种驱动方式称为内驱动，如图 5-1-6 所示。

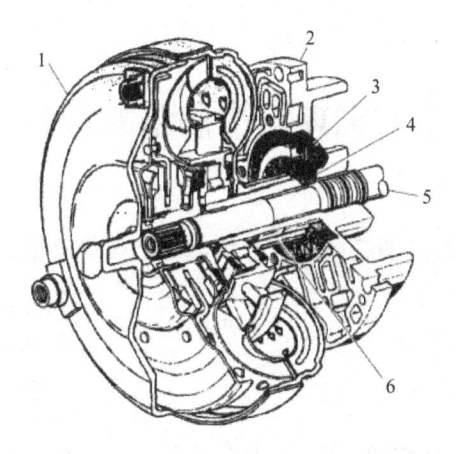

1-液力变矩器总成；2-油泵总成；3-油泵被动齿轮；
4-油泵主动齿轮；5-输出轴；6-变矩器壳

图 5-1-5　后轮驱动变速器油泵驱动方式

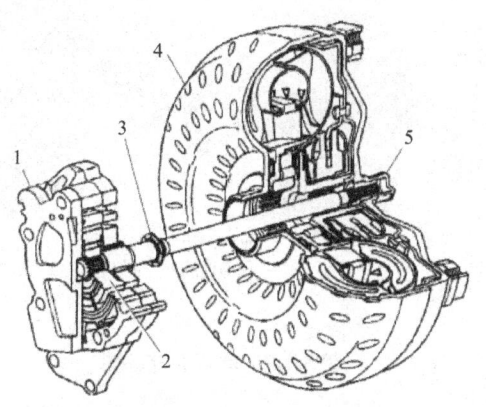

1-油泵总成；2-油泵转子；3-油泵驱动轴；4-变矩器总成；5-变矩器花键筒

图 5-1-6　前轮驱动变速器油泵驱动方式

以上两种油泵的驱动方式，均要求油泵主动件的中心线和变矩器在同一中心线上。大部分老式和少数新式变速器采用一个辅助油泵，安装在变速器壳体的后部，由变速器输出轴驱动。只要变速器输出轴转动，辅助油泵就会工作。这个设计的目的主要是为了满足发动机熄火后，汽车被拖动时，对变速器油泵进行强制润滑，以避免可能引起的磨损和高温烧蚀。对于没有辅助油泵的变速器，一旦发动机抛锚，汽车若被牵引，则要求驱动轮离开地面。若无法实施，则要求对牵引速度和牵引距离加以控制。

发动机处于工作状态时，油泵才能工作，因此油泵的输出取决于发动机的转速，因此油泵的输出是可变的。在某些转速时油泵的排量增大会使液压系统的油压高于变速器所需的油压，此时可通过调压阀限制液压系统的油压。在变量泵系统中，可以通过反馈的信号油压，使油泵减少排量。

【实训项目】油泵的检修

以丰田凯美瑞 U241E 自动变速器为例介绍油泵的检修方法。

一、油泵组成

图 5-1-7 所示为油泵的分解图。

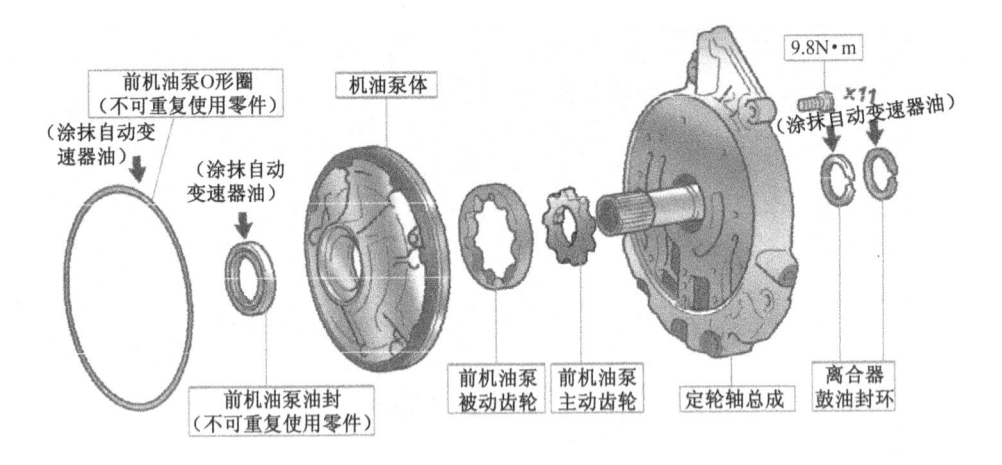

图 5-1-7 油泵的分解图

二、油泵的拆卸

步骤 1：拆卸离合器鼓油封环（共 2 个），如图 5-1-8 所示。
步骤 2：拆卸定轮轴总成，如图 5-1-9 所示。
步骤 3：拆卸前机油泵主动齿轮、被动齿轮，如图 5-1-10 所示。
步骤 4：用螺丝刀拆下前机油泵体 O 形圈，如图 5-1-11 所示。
步骤 5：拆下前机油泵油封，如图 5-1-12 所示。

图 5-1-8　步骤 1　　　　　　　　图 5-1-9　步骤 2

图 5-1-10　步骤 3

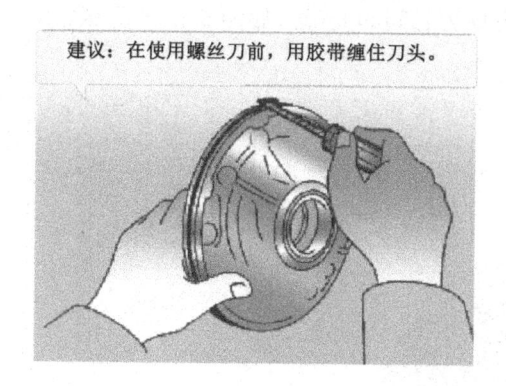

图 5-1-11　步骤 4　　　　　　　　图 5-1-12　步骤 5

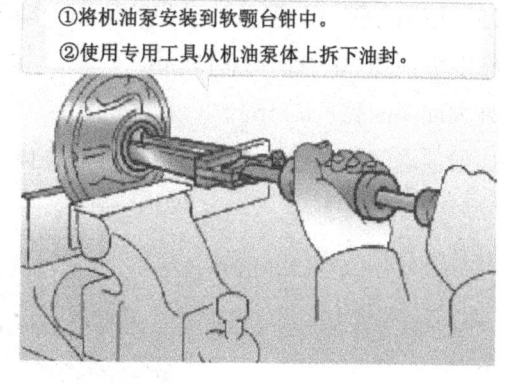

三、检查

1. 检查油泵总成

用螺丝刀旋转主动齿轮，确保转动平滑，如图 5-1-13 所示。

2. 检查机油泵总成的间隙

(1) 将被动齿轮推入泵体一侧。

(2) 使用侧隙规测量泵体间隙,如图 5-1-14 所示。

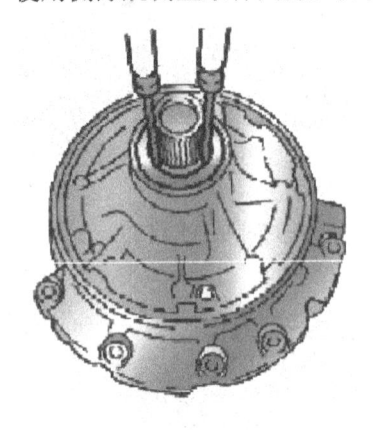

图 5-1-13　检查油泵总成　　　　图 5-1-14　测量泵体间隙

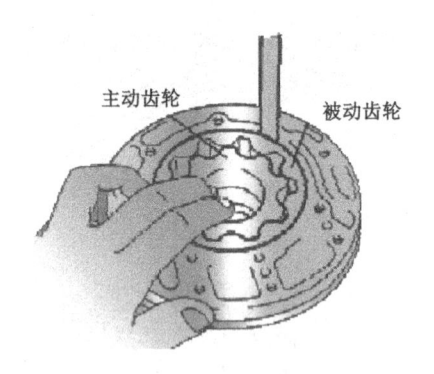

标准泵体间隙:0.10~0.17 mm。

侧隙:0.02~0.05mm。

最大泵体间隙:0.17mm。

如果泵体间隙大于最大值,更换机油泵体分总成。

(3) 使用侧隙规,测量被动齿轮齿和主动齿轮齿之间的间隙,如图 5-1-15 所示。

标准齿顶间隙:0.07~0.15mm。

最大顶端间隙:0.15mm。

如果顶端间隙大于最大值,更换机油泵体分总成。

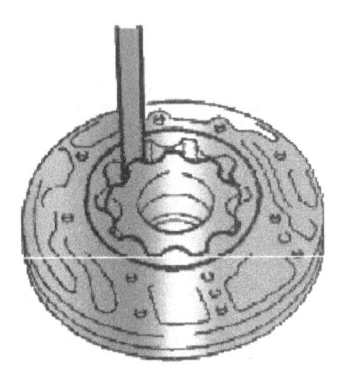

图 5-1-15　测量被动齿轮齿和主动齿轮齿之间的间隙

(4) 使用直尺和侧隙规测量两个齿轮的侧隙,如图 5-1-16 所示。

标准侧隙:0.02~0.05mm。

最大侧隙:0.05mm。

主动齿轮、被动齿轮厚度如表 5-1-1 所示。

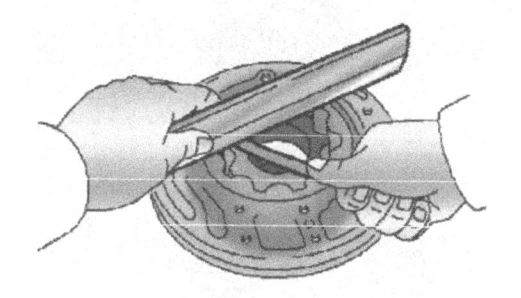

图 5-1-16　测量两个齿轮的侧隙

表 5-1-1　主动齿轮、被动齿轮厚度

标　记	厚度/mm
1	10.690～10.699
2	10.7000～10.709
3	10.710～10.720
4	10.721～10.730
5	10.731～10.740

3．检查前机油泵和齿轮体分总成

用百分表测量机油泵体衬套内径，如图 5-1-17 所示。

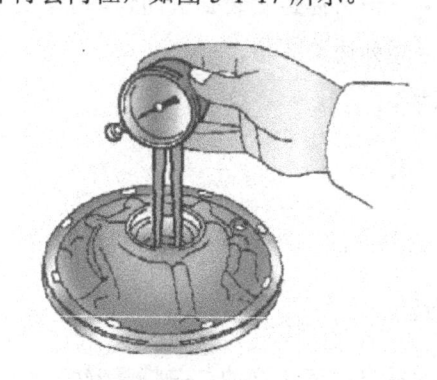

图 5-1-17　百分表测量机油泵体衬套内径

标准内径：38.113～38.138mm。

最大内径：38.188mm。

如果内径大于最大值，则更换机油泵体分轴承。

4．检查定轮轴总成

用百分表测量定轮轴内径，如图 5-1-18 所示。

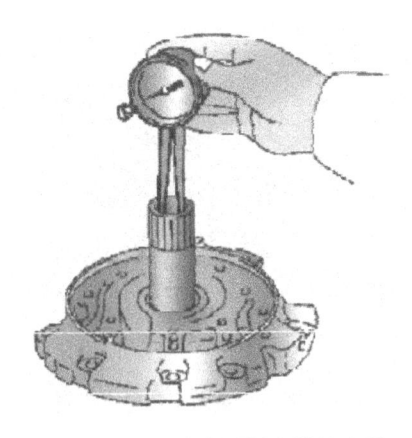

图 5-1-18　百分表测量定轮轴内径

标准内径：21.500~21.526mm。

最大内径：31.57mm。

如果内径大于最大值，则更换定轮轴。

四、装配

1. 安装前机油泵油封

（1）用专用工具和锤子将一个新油封安装到机油泵体上。

建议：油封端面应与机油泵外边缘齐平。

（2）在油封唇部涂上润滑脂。

2. 安装前机油泵体 O 形圈

在新 O 形圈上涂抹自动变速器油，并将其安装到机油泵体上。

3. 安装前机油泵被动齿轮

在前机油泵被动齿轮上涂抹自动变速器油，并将其安装到机油泵体上，标记侧向上。

4. 安装前机油泵主动齿轮

在前机油泵主动齿轮上涂抹自动变速器油，并将其安装到机油泵体上，标记侧向上。

5. 安装定轮轴总成

（1）将定轮轴总成中的螺检孔与前机油泵和齿轮体分总成上的孔对齐。

(2) 用梅花套筒扳手（T30）拧紧 11 个螺栓，扭矩为 9.8 N·m。

6. 安装离合器鼓油封环

(1) 在 2 个新的离合器油封环上涂抹自动变速器油。
(2) 安装 2 个新的离合器鼓油封环。

5.2　液压控制系统的结构及工作原理

自动变速器液压控制系统如图 5-2-1 所示。自动变速器油液（ATF）从液压油泵输出后，进入主油路系统。当主油路压力过高时，会引起换挡冲击和增加功率消耗；而主油路压力太低时，又会使得离合器、制动器等执行元件打滑，二者均影响液压控制系统的正常工作。同时油液在进入换挡系统其他阀时也应保持稳定的油压力，使系统工作平稳。

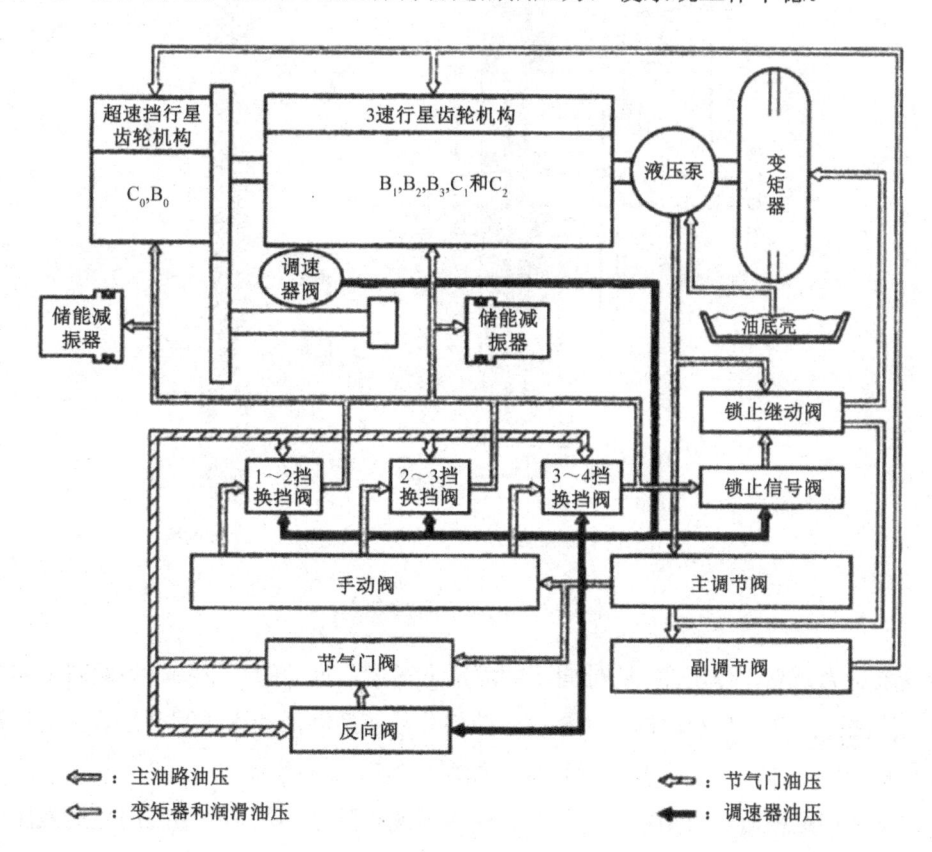

图 5-2-1　自动变速器液压控制系统图

5.2.1　主油路调压装置

1. 主调压阀（主调速阀）

主调压阀的作用是根据变速杆的位置、汽车的行驶速度和节气门开度的变化，自动调节流向各液压系统的油压力（管路油压力），使其与发动机功率相符，以防止液压油泵功率损失。

主调压阀由阀芯、调压弹簧、柱塞、柱塞套组成，如图 5-2-2 所示。在阀的上端 A 处，受到来自油泵的液压力作用；下端则受到柱塞下部 C 处的来自发动机节气门所控制的节气门阀的液压力作用，以及调压弹簧的作用力。A、C 两端液压作用力的平衡，决定阀体所处的位置。

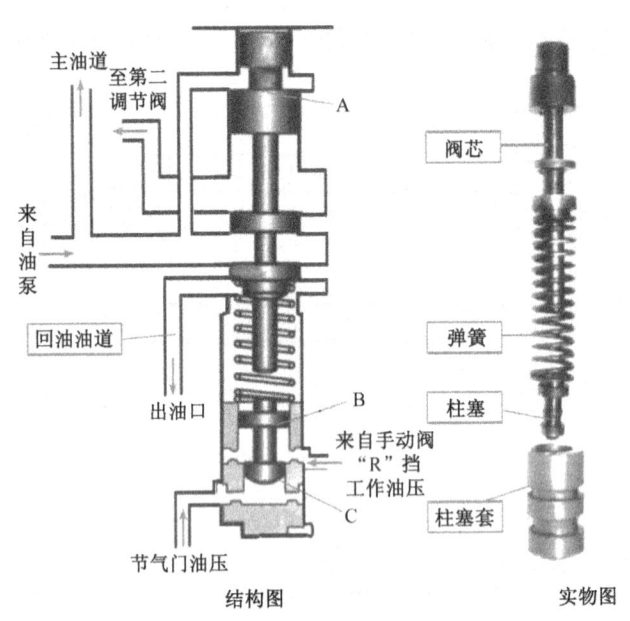

图 5-2-2　主调节阀结构简图

若油泵压力升高，作用在 A 处向下的液压力增大，推动阀芯下移，当阀芯下移到一定程度时，泄油孔打开，开始泄油，油泵输出的部分油液经回油油道排回到油底壳，这样主油压不再升高，使工作油压被调整到规定值，如图 5-2-3（a）所示。

当踩下油门踏板时，发动机转速增加，油泵转速也随之加快，由油泵产生的液压力也升高，向下的液压作用力增大，但是此时油门踏板控制的节气门阀油压也增大，使得作用在柱塞下部 C 处向上的力也增加，于是主调压阀继续保持平衡，满足了发动机功率增加时主油道压力增大的要求，如图 5-2-3（b）所示。

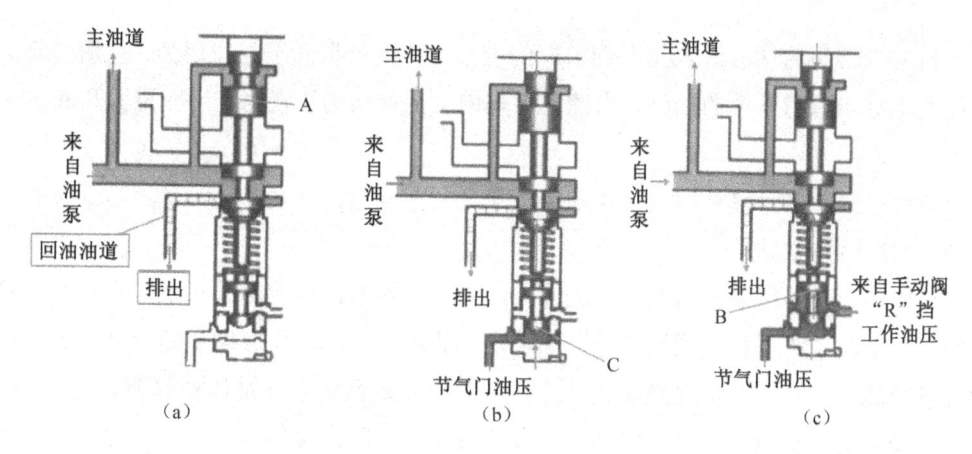

图 5-2-3　主调压阀工作原理

当实现倒挡，来自手控阀"R"位置的工作油压作用到柱塞的 B 处，阀芯又增加了一个向上的作用力，阀芯上移，泄油孔被关小，主油道油压增大，如图 5-2-3（c）所示。

油泵产生的压力由主调节阀调节后产生管路压力，管路压力是用于控制自动变速器的最基本、最重要的压力，因为它用于操纵变速器内所有的离合器和制动器，同时它也是自动变速器内所有其他压力的压力源（如节气门油压、速控油压等）。

如主调节阀不能正常工作，管路油压就会过高或过低。压力过高，会产生换挡冲击，发动机功率损失；压力过低，会引起离合器、制动器打滑，严重时车辆停驶。

2．第二调压阀

第二调压阀的作用是根据节气门开度和汽车行驶车速变化，自动调节变矩器油压和润滑系统的油压。如图 5-2-4 所示，在第二调压阀的上端，向下作用的力有：主调节阀油压；在第二调节阀的下端，向上的作用力有：弹簧力、节气门油压。

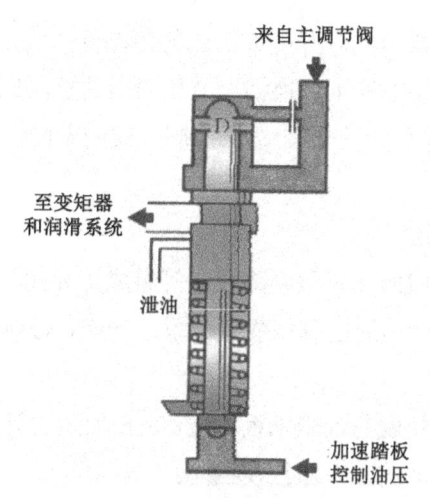

图 5-2-4　第二调压阀

来自主调节阀的油液进入第二调节阀的上端，产生一个向下的作用力，克服弹簧力，打开通往变矩器和润滑系统的油路，当油压力与向上的弹簧力平衡时，为变矩器和润滑系统提供一定压力油。

当驾驶员踩下加速踏板时，加速油路油压（负荷油压）升高，破坏了阀芯原来的平衡向上移动，封闭回油油路。

与此同时，主油路油压也增加，使通向液力变矩器的油压也随之增加，阀芯上方的油压克服阀芯向上的阻力下移，回油油路开启泄油。阀芯上方的油压（即变矩器油压）不再增加并稳定在与此时相适应的加速踏板位置上，即液力变矩器的工作油压被调节。

当放松加速踏板时，加速油路油压（负荷油压）下降，阀芯向下移动，回油油路开口加大，变矩器油压通过回油油路泄出，油压下降。同时，发动机转速（负荷）减小使液力变矩器油压下降（即主油路油压下降）。当液力变矩器油压降到某一定程度时，阀芯上移阻止液力变矩器油压继续下降。阀芯最终稳定在与此时相适应的加速踏板位置上。

从第二压力调节阀出来的润滑油液进入润滑油路，并通过壳体和零件上的油道输送到自动变速器需要润滑的零件，为它们提供润滑油，以免零件产生过量的磨损。

5.2.2 换挡信号装置

液控自动变速器的自动换挡是由作用在换挡阀两端的信号油压来控制的，这两个换挡信号油压即为换挡信号。自动变速器的换挡控制有两个信号参数，即发动机负荷和车速。在液压控制换挡系统中，这两个信号分别由节气门阀和调速阀提供。

1. 节气门阀

节气门阀的作用是产生与节气门开度成正比的控制油压（节气门油压），并将次油压传递给主调压阀和换挡阀，控制主油压和换挡。节气门阀的控制压力与节气门开度成正比。

节气门阀的工作由节气门开度控制。根据控制方式的不同，节气门阀分为机械式和真空式两种。

（1）机械式节气门阀

机械式节气门阀由节气门阀体和强制降挡阀等组成，如图 5-2-5 所示。节气门阀和强制降挡阀柱塞并不直接接触，而是通过调压弹簧联系在一起，强制低挡柱塞下装有滚轮，与节气门阀凸轮接触。

节气门阀凸轮经节气门拉索与油门踏板相连。来自油泵的管路油压由节气门阀的进油口进入，经节气门阀调节后，从出油口通往换挡阀。

踩下油门踏板时，强制降挡柱塞上移，压缩弹簧，使向上的作用力增大，节气门阀体上移，使进油口开大，从节气门输出的油压增高。节气门开度越大，强制低挡、降挡柱塞压缩弹簧的力越大，阀体上移越多，相应的节气门油压越高，从而使发动机节气门开度（即发动机负荷）的大小与自动变速器节气门输出油压产生对应关系。

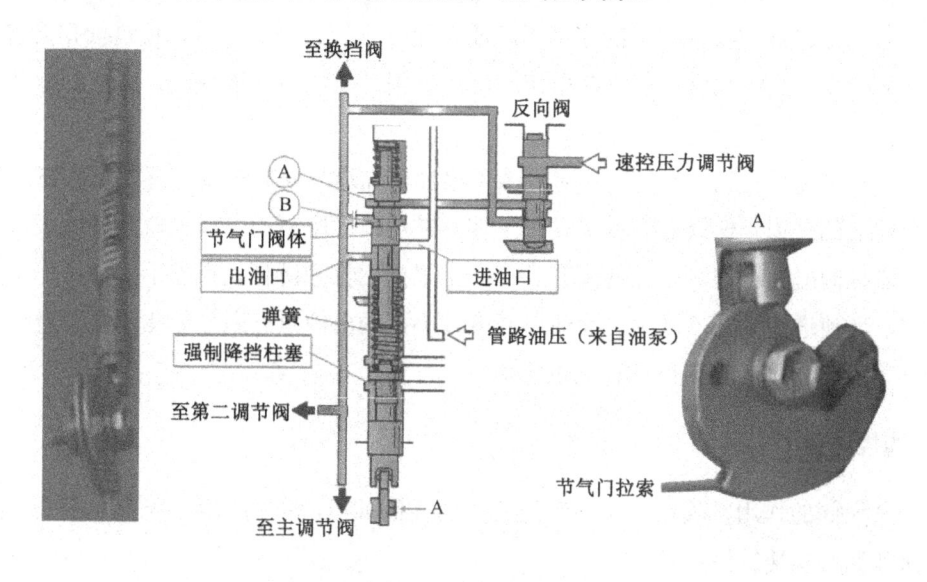

图 5-2-5 机械式节气门阀

节气门油压在输出到用油部位的同时，还作用在环槽 B 上。由于环槽 B 的上下截面不相等，因而产生向下的作用力，当负荷油压上升到一定数值时，作用在环槽 B 的油压使阀体下移，使节气门阀的进油口关小、并使阀体保持稳定，此时的负荷油压也就稳定在某一特定数值。

（2）真空式节气门阀

真空式节气门由真空气室、膜片、膜片弹簧、推杆和滑阀等组成，如图 5-2-6 所示。

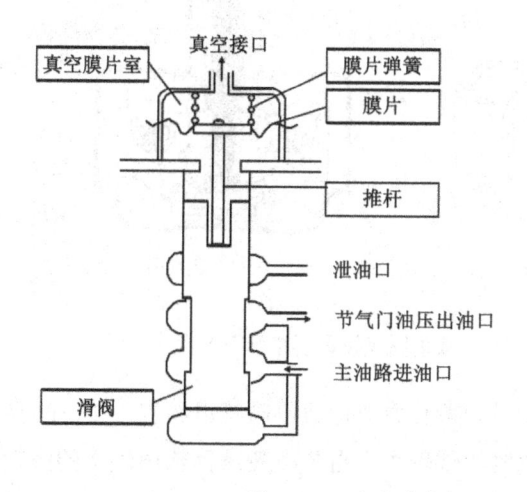

图 5-2-6 真空式节气门阀

当节气门开度较小时，由于发动机进气管真空度高，在真空气室内产生较大的吸力而吸动膜片上移，膜片通过推杆带动阀芯上移，使进油口开度减少，泄油口开度增大，所以此时从出油口流向系统的油压较低；随着节气门开度增大，发动机进气管真空度降低，在真空气室内产生的吸力也减少，在弹簧的作用下，膜片通过推杆将阀芯下移，使进油口开度增大，泄油口开度减小，此时从出油口流向系统的油压升高；节气门开度越大，真空度越低，输出油压越高。

当节气门位置不变时，真空度一定，由于出油口油道与阀芯底部相通，所以在阀芯底部产生一个向上的推力，使阀芯克服弹簧力上移，进油口开度减小，泄油口开度增大，输出油压降低。同时输出油压的降低又使阀芯底部产生了向上推力降低，克服不了弹簧作用力，阀芯又下移，又使进油口开度增大，泄油口开度减小，输出油压升高。如此反复，最终停在一个平衡位置，此时输出油压已调整到规定值。

2. 速控液压阀

速控液压阀的作用是输出一个与车速相关的控制油压。常见的液压阀有双重块双级式速控液压阀和离心式速控液压阀。

（1）双重块双级式速控液压阀（中间复合式双级速控液压阀）

中间复合式双级速控液压阀结构，如图 5-2-7 所示，由速控液压阀阀芯、初级重块、次级重块、阀体以及保持架、弹簧、从动齿轮等部件组成。

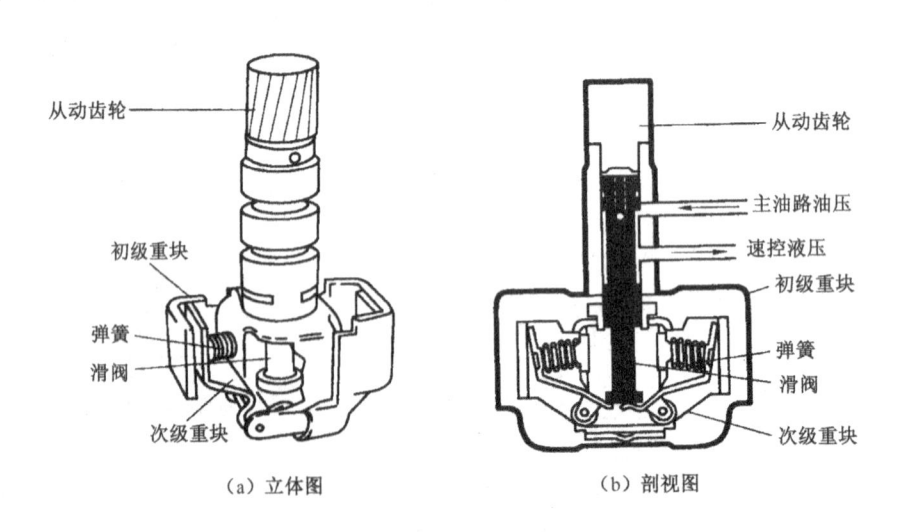

图 5-2-7 双重块双级式速控液压阀

当汽车发动机前置、前轮驱动时，离心力速控液压阀难以布置，而中间复合式双级速控液压阀因其体积小，可放置在变速器的轴管内，由装在变速器输出轴上的齿轮间接驱动。因而在前置、前驱自动变速器中较多采用中间复合式双级式速控液压阀。

在输出轴转速低时,重块所受离心力小,阀芯在油压的作用下处于较下的位置,进油口开度减小,速控液压阀输出油压随之降低。输出轴转速越高(即车速越高)时,重块组件所受离心力越大,阀芯被向上推移得越多,速控液压阀输出油压就越高,从而使得速控液压阀输出油压能随着输出轴转速(即车速)的增大而增高。

(2)离心式速控液压阀(单重块双级式速控液压阀)

离心式速控液压阀主要由调速滑阀、重块、速控阀轴、弹簧等组成,如图 5-2-8 所示。速控阀通常安装于自动变速器的输出轴上,随输出轴一起转动,感应汽车行驶速度的变化,输出与汽车相对应的速控阀油压,将车速信号转变为压力信号传递给各个换挡阀,控制变速器的换挡时刻。如果自动变速器输出轴不转动,速控阀不动作,无速控油压输出;当自动变速器输出轴转动时,速控阀随之动作,输出与车速相对应的油压,车速低,输出油压低;车速高,输出油压高。

速控油压与车速相对应,并被送到各换挡阀的下端,作为换挡信号,是自动变速器中又一重要的控制油压。

只有全液控的变速器才有速控阀,安装在变速器的输出轴上,产生速控油压。

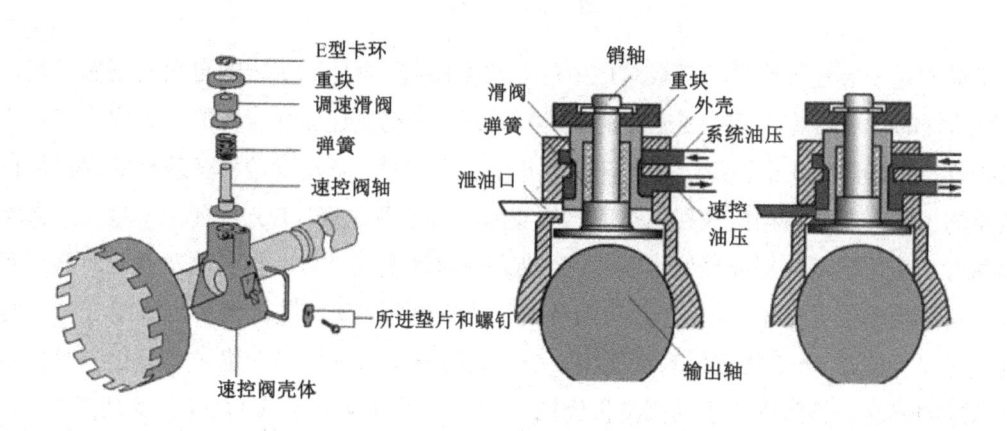

图 5-2-8 离心式速控液压阀

在低速区工作时,升挡时间短,可防止发动机转速过高,油耗增加;在高速区工作时,由于调速器油压随车速变化比较小,使汽车从中速挡升到高速挡升之前有足够的加速时间,充分利用发动机动力进行加速,防止升挡过早而影响动力发挥。

5.2.3 换挡阀组

换挡阀根据换挡信号系统提供的油压信号,控制自动变速器中液压控制油路的方向,以此决定所处的不同挡位。换挡阀组主要由手动阀、换挡阀、强制降挡阀等组成。

1. 手动阀

手动阀由变速杆通过联动装置控制，通过手动阀可对自动变速器液压控制系统的油路进行切换，对不同的换挡执行元件进行控制，实现不同的换挡需要。

手动阀结构如图 5-2-9 所示，在阀体上有多条油道，其中第四条为与主管路相连的进油道，其余为出油道，分别通往 P、R、N、D、2 和 L 位相应的滑阀或直接通往换挡执行元件。

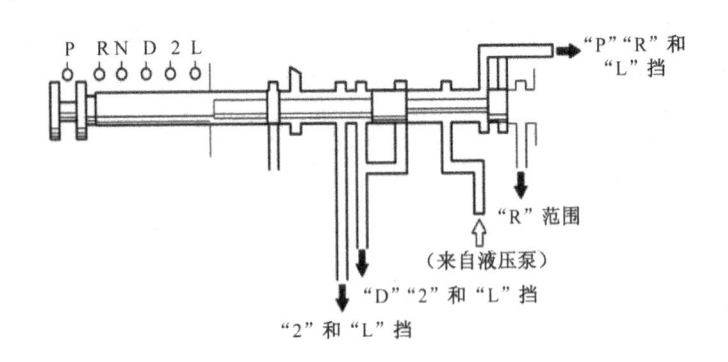

图 5-2-9 手动阀

手动阀是安装在控制系统阀板总成中的多路换向阀，由驾驶室内的自动变速器变速杆控制。变速杆的作用与普通手动变速器的变速杆不同。手动变速器变速杆的工作位置就是变速器的挡位，变速器有几个挡位，变速杆就有几个工作位置。自动变速器变速杆的位置是自动变速器的工作方式，与挡位数并不对应。如变速杆置于前进挡（D）位置时，对三挡自动变速器而言，变速器可根据换挡信号在 1～3 挡之间自动变换；对四挡自动变速器而言，变速器则可根据换挡信号在 1～4 挡之间自动转换。当变速杆置于前进低挡 2 位（或 S 位）时，自动变速器只能在 1～2 挡之间自动变换。当变速杆置于前进低挡 1 位（或 L 位）时，自动变速器被限制在 1 挡工作。手动阀提供倒挡（R）、空挡（N）、停车挡（P）等功能。

2. 换挡阀

换挡阀通过控制换挡执行元件进油通道是否开通而实现自动变速器的升降挡，换挡阀开、闭进油通道是根据速控油压和节气门油压的平衡状况自动进行的，挡位变换由执行器控制离合器和制动器完成。

换挡阀是一种由弹簧和液压力作用式的方向控制阀，有两个工作位置，可以实现升挡或降挡的自动变换。因为每个换挡阀只有两个位置，只能在两个位置之间切换，故对三挡自动变速器而言要设置两个换挡阀，对四挡变速器而言要有三个换挡阀。下面以丰田 A43D 四前进挡液压控制式自动变速器为例叙述各换挡阀的工作原理。

（1）1～2 挡换挡阀

1～2 挡换挡阀作用是控制自动变速器 1、2 挡之间的变换，实质上是控制通往 B₂ 的油路，因为 1 挡时 C_0、F_0、C_1、F_2 工作，2 挡时 C_0、F_0、C_1、F_1、B_2 工作。

如图 5-2-10 所示为 1~2 挡换挡阀，阀的上端作用着向下的节气门油压和弹簧力，下端作用着向上的速控油压。

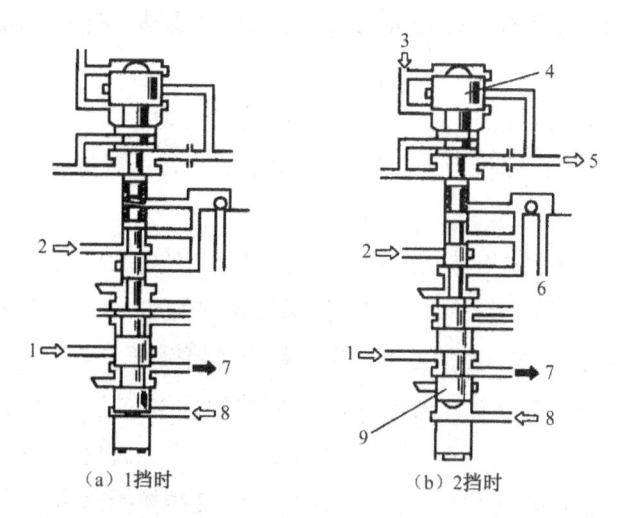

(a) 1 挡时　　(b) 2 挡时

1-来自 1~2 挡换挡阀的主油路油压；2-强制换低挡油压（强制换低挡时）；3-至直接离合器 C_2；4-至 2 挡滑行调压阀；5-来自手动阀的主油路油压（换挡杆位于 2 挡位时）；6-中间换挡阀；7-节气门油压；8-速控液压；9-2~3 挡换挡阀滑阀

图 5-2-10　1~2 挡换挡阀的工作过程

当速控油压力小于向下的合力时，柱塞位于下方，如图 5-2-10（a）所示，来自手动阀的管路油压通道被堵塞而不能送至制动器 B_2。

当速控油压升高（车速增加）时，速控油压将柱塞推向上方，如图 5-2-10（b）所示，此时，从手动阀来的管路油压经 1~2 挡换挡阀下端通道被送至制动器 B_2，变速器自动升入 2 挡。

柱塞上移后，将节气门油压通道关闭，此时柱塞向下的作用力只剩下弹簧力，从而使变速器从 2 挡降至 1 挡的速度低于从 1 挡升至 2 挡的速度，减少了变速器频繁换挡的可能性。

如果手动阀处于 L 位置，由低速行车调速阀产生的油压便作用在 1~2 挡换挡阀上部的低速行车变速阀上端，增加 1~2 挡换挡阀柱塞上方的压力，使柱塞下移，这样来自手动阀 L 位置的油压便经低速行车调速阀（调整压力）→低速行车变速阀→低倒挡制动顺序阀→B_3 的内外活塞，实现 L 挡的 1 挡传动（L 挡时 C_0、F_0、C_1、F_2、B_3 工作）。这时，由于低速行车变速阀下移，增加了 1~2 挡换挡阀柱塞上方的压力，使换挡柱塞不能上移。因此在 L 挡时变速器不能实现 2 挡传动。

(2) 2~3 挡换挡阀

2~3 挡换挡阀的作用是控制变速器 2、3 挡之间的变换，实质是控制通往 C_2 的油路，因为 2 挡时 C_0、F_0、C_1、F_1、B_2 工作，3 挡时 C_0、F_0、C_1、C_2 工作。

如图 5-2-11 所示为 2～3 挡换挡阀，换挡阀柱塞的受力情况与 1～2 挡换挡阀相似，其上端作用节气门油压和弹簧力，下端作用速控油压。

2 挡柱塞处于下端时，如图 5-2-11（a）所示，此时车速低，从 1～2 挡换挡阀来的油被阻隔不能进入 C_2，随车速增加，速控油压上升，使柱塞上移，打开通向离合器 C_2 的油路，变速器自动升入 3 挡。

车速下降时，速控油压降低，柱塞在弹簧力作用下下移，关闭 C_2 通道，实现降挡操作。由于 3 挡时，速控油压作用面积大于 2 挡（向上的力大），所以降 2 挡的车速低于升 3 挡的车速。

变速器在 3 挡工作时，如果节气门开度大于 85%，节气门凸轮会使降挡阀上移，由锁止调节阀（止动调速阀）产生的锁止压力便通过降挡阀进入 2～3 挡换挡阀柱塞中部环形道，强制换挡阀柱塞下移切断通往 C_2 的油路，实现强制降挡操作。

若变速器手动阀处于 2 位置，来自手动阀的管路油压通过换低挡定时阀，进入 2～3 挡换挡阀上部的中间变速阀上端，使其下移，压住 2～3 挡换挡阀使之处于下端不能升入 3 挡，与此同时这股油压通过中间变速阀→中间调速阀→1～2 挡换挡阀→制动器 B_1。

当速控油压使 1～2 挡换挡阀柱塞上移时制动器 B_1、B_2 均参加工作，由 B_1 提供有发动机制动效果的 2 挡传动（2 挡时 C_0、F_0、C_1、B_1、B_2、F_1 工作）。

由于中间变速器下移压住 2～3 挡换挡阀柱塞，使之不能上移，因此在 2 挡位置不可能实现 3 挡传动。

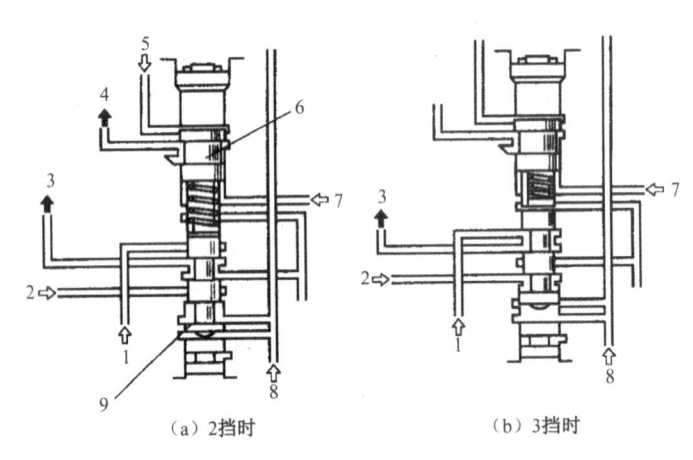

(a) 2 挡时　　(b) 3 挡时

1-来自 1～2 挡换挡阀的主油路油压；2-强制换低挡油压（强制换低挡时）；3-至直接离合器 C_2；4-至 2 挡滑行调压阀；5-来自手动阀的主油路油压（换挡杆位于 2 挡位时）；6-中间换挡阀；7-节气门油压；8-速控液压；9- 2～3 挡换挡阀滑阀

图 5-2-11　2～3 挡换挡阀

(3) 3~4挡换挡阀

3~4挡换挡阀的作用是控制自动变速器3、4挡之间的变换,实质是切换超速离合器C_0和超速制动器B_0的油路,因为3挡时C_0、F_0、C_1、C_2工作,4挡时B_0、C_1、C_2、B_2工作。

3~4挡换挡阀如图5-2-12所示,变速器在3挡以下工作时,由油泵来的管路油压→3~4挡换挡阀→超速离合器C_0。速控油压上升时,柱塞上移,C_0油路关闭而B_0油路打开,实现超速挡传递。与此同时另一股受控于3~4挡换挡阀送至锁止信号阀的管路油压被切断,准备在高速范围使液力变矩器内的锁止离合器锁止,实现变矩器偶合区锁止。

当手动阀处于2挡或L挡时,来自于手动阀2位置和R位置的管路油压作用在3~4挡换挡阀上部的第三滑行变速阀的上端,使3~4挡换挡阀柱塞不能上移,因此在2挡或L挡时不可能升入超速挡。

强制降挡时,从强制降挡阀来的锁止油压将第三滑行变速阀压下使柱塞下移,完成B_0与C_0油路的切换。

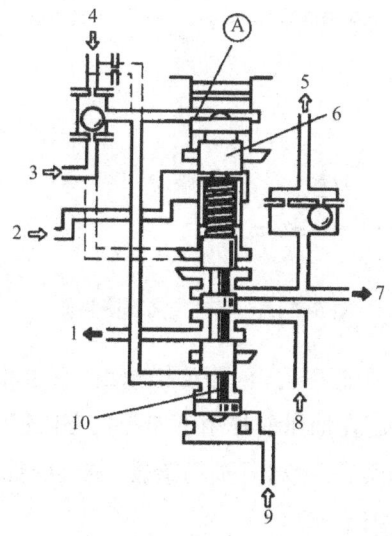

1-至超速制动器B_0和锁止信号阀;2-节气门油压;3-来自强制降挡柱塞;4-来自超速电磁阀;5-至超速离合器C_0;6-3挡滑行换挡阀;7-至锁止信号阀;8-来自油泵的主油路油压;9-速控液压

图5-2-12 3~4挡换挡阀

3. 强制降挡阀

在车辆行驶过程中,只有车速降低到一定程度时,自动变速器才会降回低速挡。在自动变速器上设置强制降挡阀的功用是当汽车在高车速下行驶时,踩加速踏板到底而加速不够强烈时,自动变速器将在瞬间强制降低一个挡位,即"强制降挡"。

强制降挡阀的工作原理是:当汽车在较高车速行驶时,突然加大节气门开度进行加速时,强制降挡阀将主油路的压力油作用于自动换挡阀节气门阀油压端,与节气门阀油压共同作用，由于此时作用的油压远高于节气门阀油压，所以其作用的结果是将自动换挡阀阀芯向低挡方向移动，从而使自动变速器降挡。因此强制降挡实质上是一个油路转换阀。

常用的强制降挡阀有滚轮式和电磁式两种。

（1）滚轮式强制降挡阀

如图 5-2-13 所示为滚轮式强制降挡阀，它与节气门阀安装在同一阀体内，一端通过弹簧与节气门阀相连，另一端通过滚轮与节气门凸轮接触。与强制降挡阀配合的阀体上有两条油路，分别和锁止调节阀及换挡阀相通，作为输入及输出。当加速踏板踩下较少时，节气门凸轮将强制降挡阀顶起很少，主油路与换挡阀油路不通。如果加速踏板完全踩下时（即节气门开度超过 85%）时，主油路与换挡阀油路相通，油液流向降挡阀油路。

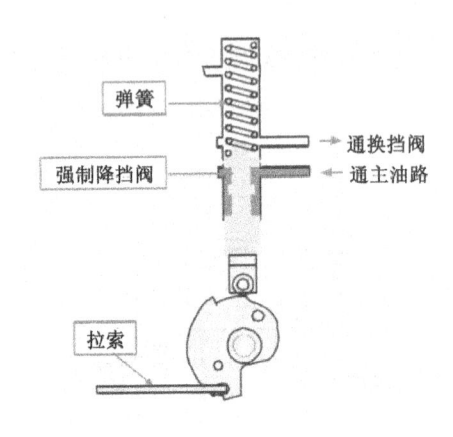

图 5-2-13　滚轮式强制降挡阀

此时来自锁止调节阀的压力油（与主油路油压相当）经强制降挡阀阀芯通至换挡阀的节气门阀油压作用端，换挡阀阀芯在油压的作用下向降挡方向移动，自动变速器降低一挡。

当短时间急加速的工作结束后，稍松开油门踏板，强制降挡阀隔断主油路与换挡阀油路，自动变速器就会重新回到高速挡工作。

降挡阀同时受到调速阀和节气门阀的控制，强制降挡不可能使自动变速器降至最低挡，只会在上一挡的基础上降低一挡。

（2）电磁式强制降挡阀

如图 5-2-14 所示为电磁式强制降挡阀，主要由电磁阀、强制降挡开关、阀芯、弹簧等组成。

强制降挡开关安装在加速踏板下，加速踏板接近踩到底时，强制降挡开关闭合，向电磁阀供电，阀芯受到电磁力的作用而移动，打开油路，油液压力作用在阀芯上，阀芯向降挡方向移动，使自动变速器降挡。

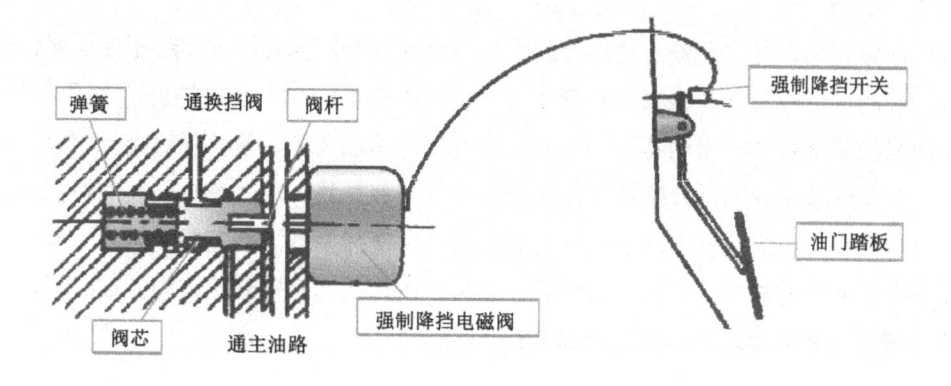

图 5-2-14 电磁式强制降挡阀

5.2.4 缓冲安全系统

为了防止自动变速器在换挡过程中出现冲击，阀板中通常安装有起缓冲和安全作用的液压阀和减振器，此类装置统称为缓冲安全系统。

1. 蓄压器

蓄压器也称蓄压减振器或储压器，常用来缓冲换挡冲击，通常由减振活塞和弹簧组成，如图 5-2-15（a）所示。蓄压器与离合器或制动器并联安装，压力油进入离合器或制动器活塞工作腔的同时也进入减振器，将减振器活塞压下，以此方式降低压力，防止离合器或制动器片快速接合时引起的冲击。

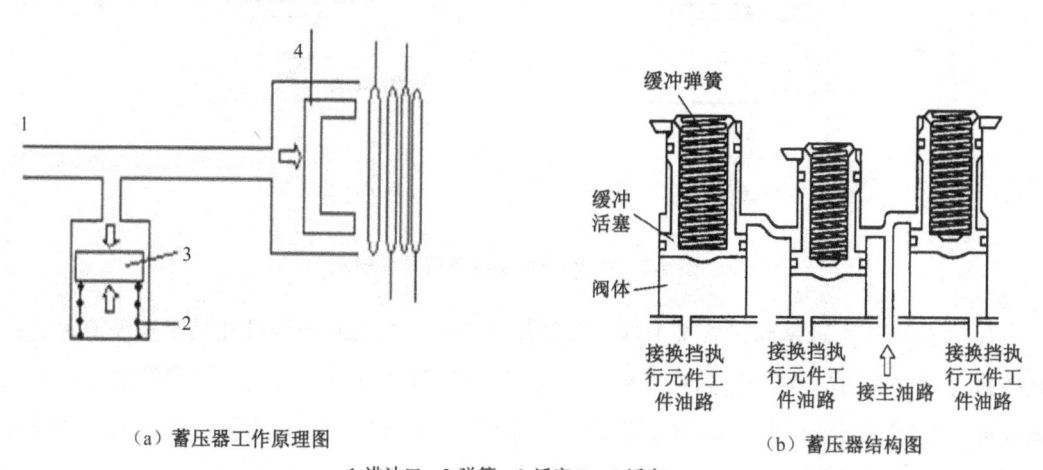

（a）蓄压器工作原理图 　　　　　　　　（b）蓄压器结构图

1-进油口；2-弹簧；3-活塞 B；4-活塞 A

图 5-2-15 蓄压器

如图 5-2-15（b）所示为自动变速器中所备有的 3 个蓄压器，分别与三个前进挡换挡执行元件的油路相通，对应于各挡动作时起作用。当变速器换挡时，主油路在进入离合器等换挡执行元件的同时也进入减振器的活塞下部。在压力油通入执行元件的初期，油压不是很高，主要作用是消除离合器、制动器这些执行元件摩擦片间的间隙，使其开始接合。之后压力迅速增大，若没有减振器的话，摩擦片将在瞬间接合并被加载，从而造成较大的换挡冲击。但是装配减振器以后，情况就不同了，此时油压的升高使减振器活塞克服弹簧力上升，容积增大，油路中部分压力油进入减振器工作腔，延长了换挡执行元件液压缸的充油时间，油压的增长速度减缓，摩擦片逐渐接合，因而减小了换挡冲击。

2. 单向节流阀

单向节流阀布置在换挡阀至换挡执行元件之间的油路中，其作用是对流向换挡执行元件的液压油产生节流作用，在换挡执行元件接合时起到延缓油压增大的速率，减小换挡冲击的作用；在换挡执行元件分离时，对换挡执行元件的泄油不产生节流作用，并且加快泄油过程，使换挡执行元件迅速分离。

常用的节流阀有弹簧式和球阀式两种。如图 5-2-16 所示为一种弹簧式单向节流阀，其结构由阀体、阀芯和弹簧等组成，阀芯上有节流孔。其工作原理是：当换挡执行元件液压缸充油时，在弹簧作用下单向节流阀关闭，液压油只能从阀芯上的节流孔通过，此时起到节流作用，充油过程如图 5-2-16（a）所示；在回油时，液压油克服弹簧力将阀芯推开，此时节流孔不起作用，从而加速回油过程，如图 5-2-16（b）所示。

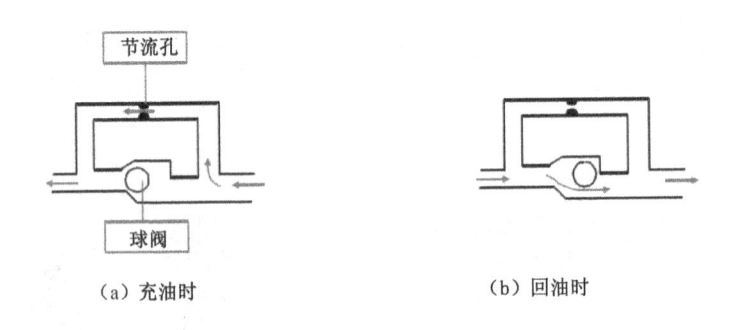

(a) 充油时　　　　　　　　(b) 回油时

图 5-2-16　弹簧式单向节流阀原理图

如图 5-2-17 所示是球阀式节流阀，其结构由阀体、球阀和节流孔组成。工作原理是：当换挡执行元件液压缸开始充油时，球阀关闭，液压油只能从球阀旁边的节流孔通过，产生节流效应，延缓了充油过程，如图 5-2-17（a）所示；回油时，球阀开启，加速了回油过程，如图 5-2-17（b）所示。

(a) 充油时　　　　　　　　　　　　(b) 回油时

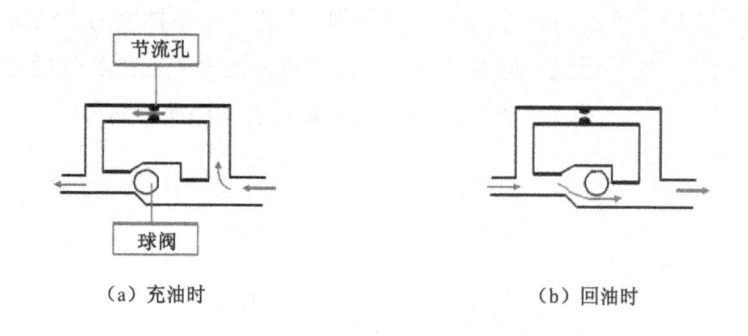

图 5-2-17　球阀式单向节流阀原理图

3. 顺序阀

某些自动变速器中装有倒挡离合器顺序阀，其作用是在自动变速器换倒挡时减少换挡冲击。如图 5-2-18 所示为自动变速器在倒挡工作时需接合的离合器缓冲油路，此时手动换挡阀处于 R 位，主油路压力油首先经过顺序阀作用在倒挡离合器的内活塞上，消除间隙后，油压逐渐升高。由于此时仅有内活塞的作用力，因此离合器接合不牢，减少了换挡冲击。当作用于顺序阀右侧的油压升高到能够克服弹簧作用力时，阀芯左移，离合器外活塞油路 A、B 接通。此时，内、外活塞的作用力共同作用在离合器片上，使离合器接合牢固而防止打滑。

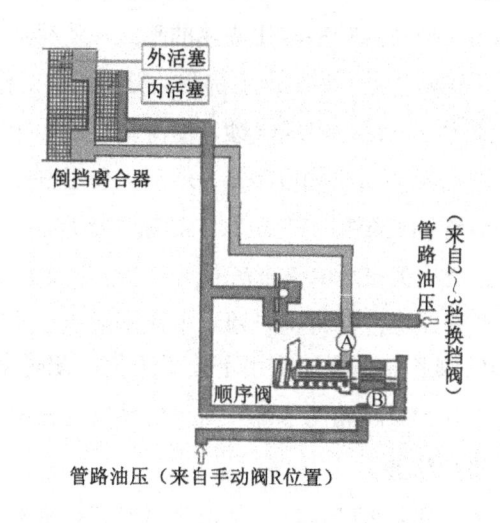

图 5-2-18　倒挡离合器顺序阀结构和工作原理

4. 调整阀

在自动变速器的自动换挡阀动作时，如果主油路油压被立即加至执行元件，将会产生较大的冲击。为进行缓冲，油路中通常设置一些调整阀，例如中间调整阀、滑行调整阀等，其工作原理大致相同。如图 5-2-19 所示为中间调整阀，来自手动换挡阀的主油路油压不是直接作用在自动换挡阀上，而是经过中间调整阀待油压升高到能够克服弹簧作用力后，使阀芯左移才将主油路与进入自动换挡阀的油路接通，从而起到了换挡缓冲的作用。

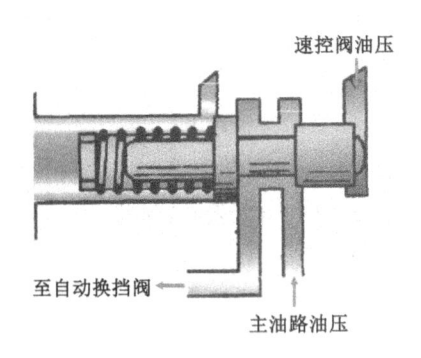

图 5-2-19　中间调整阀

5.2.5　液力变矩器控制装置

自动变速器中的液力变矩器工作时，其内部的工作油液要传递发动机的大部分功率，而由于液力变矩器效率不够高，损失的功率转化成热的形式，使得油液的温度升高，过高的油温会加速油液的老化变质，破坏密封，甚至产生沸腾，影响正常工作。液力变矩器在工作时，内部工作液体的流速高，压力低，往往出现气蚀，使得传递的转矩减小。液力变矩器控制装置的作用就是把变矩器中的高温油引出加以冷却，然后加压送回至变矩器进行补偿。如果是锁止式液力变矩器，控制装置则还要控制变矩器中的锁止离合器。

液力变矩器中锁止离合器的工作是由锁止信号阀和锁止继动阀共同控制。如图 5-2-20（a）所示，当车速较高时，自动变速器控制机构对锁止电磁阀通电，此时主油压对锁止信号阀没有产生作用，锁止信号阀的阀芯在弹簧的作用下处于下位，此时来自制动器 B_2 管路的油压作用于锁止继动阀的阀芯上端，此时阀芯下移，副油压经阀体作用于变矩器锁止离合器压盘的右侧，锁止离合器处于接合状态。

如图 5-2-20（b）所示，当车速较低时，自动变速器控制机构对锁止电磁阀断电，此时主油压对锁止信号阀的阀芯产生作用，锁止信号阀阀芯上移，将之前作用于锁止继动阀上端的油压卸掉，此时锁止继动阀的阀芯上移，副油压经阀体作用于变矩器锁止离合器压盘的左侧，锁止离合器处于分离状态。

(a) 锁止离合器接合

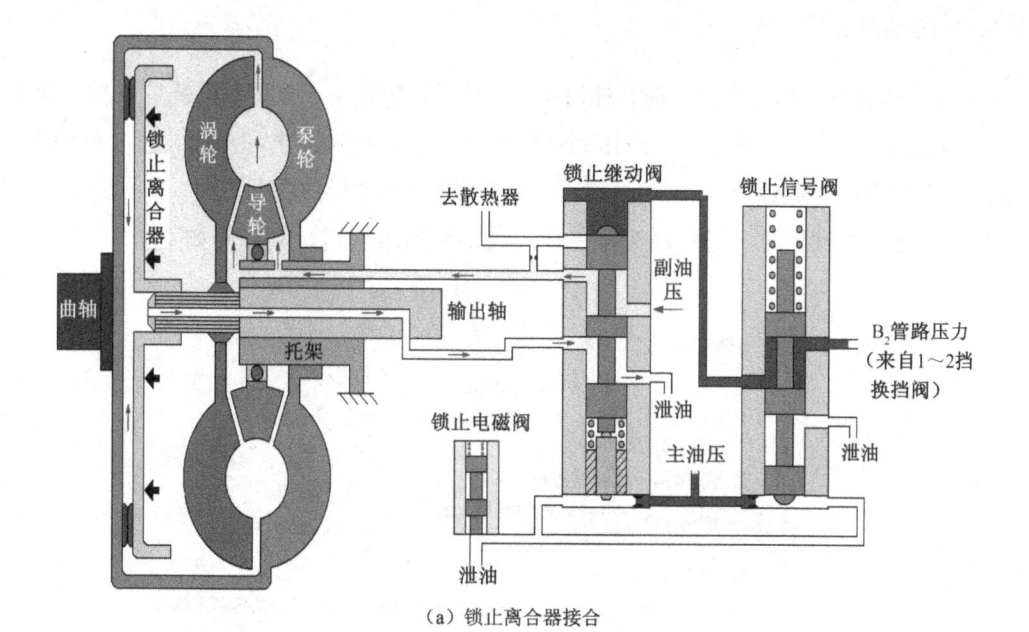

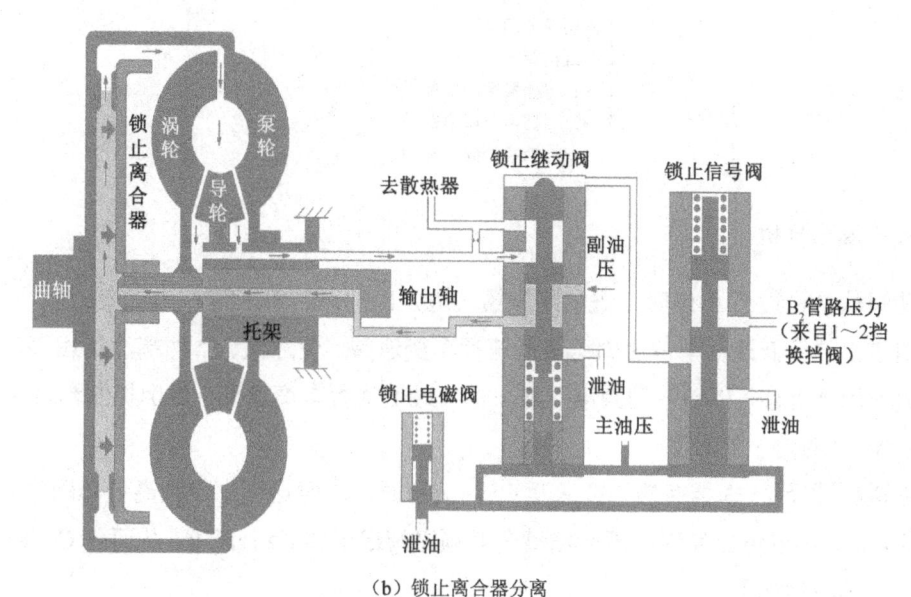

(b) 锁止离合器分离

图 5-2-20 锁止离合器的接合与分离过程

5.2.6 液压控制系统的控制过程

以丰田 A43D 型自动变速器为例,分析自动变速器在各挡位时液压控制系统的工作情况,丰田 A43D 型自动变速器的油路图见附录 A。

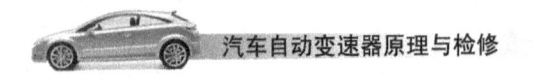

1. P位油路分析

P位为停车位置，理论上是不需要任何执行元件的，但是由于P位后面就是R位，而R位需要C_0、C_2、B_3工作，为避免三个液压元件同时动作引起换挡冲击和振动，在P位便使C_0、B_3进入工作状态，当变速杆移至R位置时，只需要对C_2进行控制即可。

手动阀处于P位置时，进油路为第三道，出油路为第四道，其油路如下：

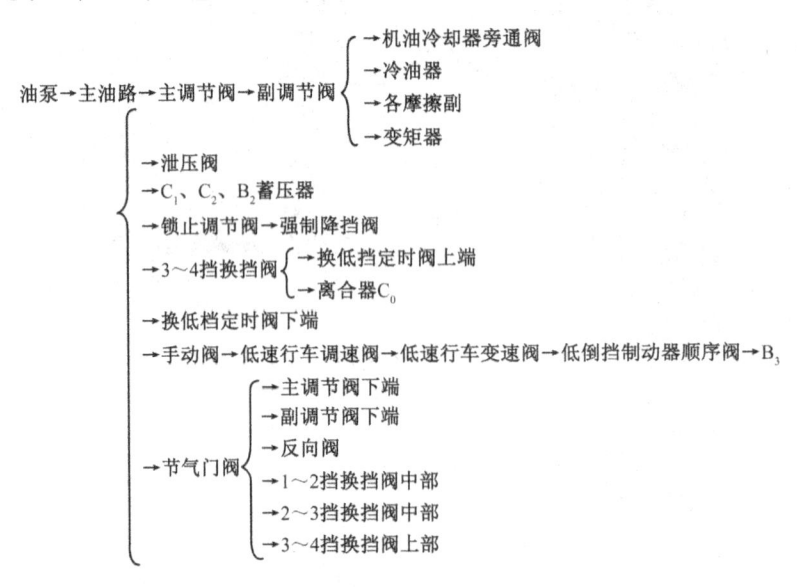

$$\text{油泵} \to \text{主油路} \to \text{主调节阀} \to \text{副调节阀} \begin{cases} \to \text{机油冷却器旁通阀} \\ \to \text{冷油器} \\ \to \text{各摩擦副} \\ \to \text{变矩器} \end{cases}$$

$$\begin{cases} \to \text{泄压阀} \\ \to C_1、C_2、B_2\text{蓄压器} \\ \to \text{锁止调节阀} \to \text{强制降挡阀} \\ \to 3\sim4\text{挡换挡阀} \begin{cases} \to \text{换低挡定时阀上端} \\ \to \text{离合器}C_0 \end{cases} \\ \to \text{换低档定时阀下端} \\ \to \text{手动阀} \to \text{低速行车调速阀} \to \text{低速行车变速阀} \to \text{低倒挡制动器顺序阀} \to B_3 \\ \to \text{节气门阀} \begin{cases} \to \text{主调节阀下端} \\ \to \text{副调节阀下端} \\ \to \text{反向阀} \\ \to 1\sim2\text{挡换挡阀中部} \\ \to 2\sim3\text{挡换挡阀中部} \\ \to 3\sim4\text{挡换挡阀上部} \end{cases} \end{cases}$$

2. R位油路分析

手动阀从P位拨至R位时，进油路为第三道，出油路为第四道和第五道。

第四道出油经低速行车调速阀送至低速行车变速阀，使之上、下两端油压相等，变速阀在弹簧力作用下上移，以便手动阀第五道出油可经低速行车变速阀、低倒挡制动器顺序阀被送至制动器B_3的内、外活塞。

第五道出油经2~3挡换挡阀被送至C_2内活塞时，同时送至高倒挡离合器顺序阀右端，使之动作，此时第五道出油便经高倒挡离合器顺序阀送至的C_2外活塞，从而使C_2接合平顺，减小冲击。其油路如下：

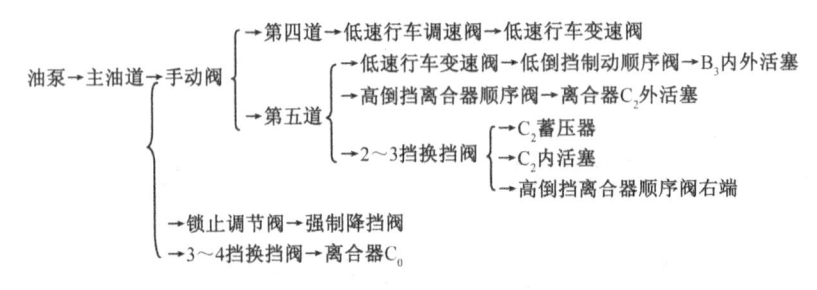

$$\text{油泵} \to \text{主油道} \to \text{手动阀} \begin{cases} \to \text{第四道} \to \text{低速行车调速阀} \to \text{低速行车变速阀} \\ \to \text{第五道} \begin{cases} \to \text{低速行车变速阀} \to \text{低倒挡制动顺序阀} \to B_3\text{内外活塞} \\ \to \text{高倒挡离合器顺序阀} \to \text{离合器}C_2\text{外活塞} \\ \to 2\sim3\text{挡换挡阀} \begin{cases} \to C_2\text{蓄压器} \\ \to C_2\text{内活塞} \\ \to \text{高倒挡离合器顺序阀右端} \end{cases} \end{cases} \\ \to \text{锁止调节阀} \to \text{强制降挡阀} \\ \to 3\sim4\text{挡换挡阀} \to \text{离合器}C_0 \end{cases}$$

3. N位油路分析

N位是空挡，但是之后是D位，而D位1挡需要C_0、C_1工作。由于C_0在除D_4挡位的所有前进挡都工作，因此其油路受3~4挡换挡阀的控制。为了避免换入前进挡时两个液压元件同时动作引起换挡冲击和振动，在N位便使C_0进入工作状态。

N位时手动阀进油路为第三道，但是由于手动阀封闭了进油路，因此在N位置无出油路。因此N位置与P位置油路的区别在于无手动阀出油路。

4．D位油路分析

（1）D_1挡油路分析（此时C_0、C_1工作）

手动阀处于D位置时，第三道为进油路，第二道为出油路。通向C_0的油路与P位和N位相同，经手动阀第二道的出油口的出油分为四路：

① 经单向阀后进入离合器C_1；

② 进入蓄压器C_1；

③ 进入1~2挡换挡阀中部，由于油道被阀芯封闭，油液不能送入B_2；

④ 进入调速阀（速控液压阀）。其油路如下：

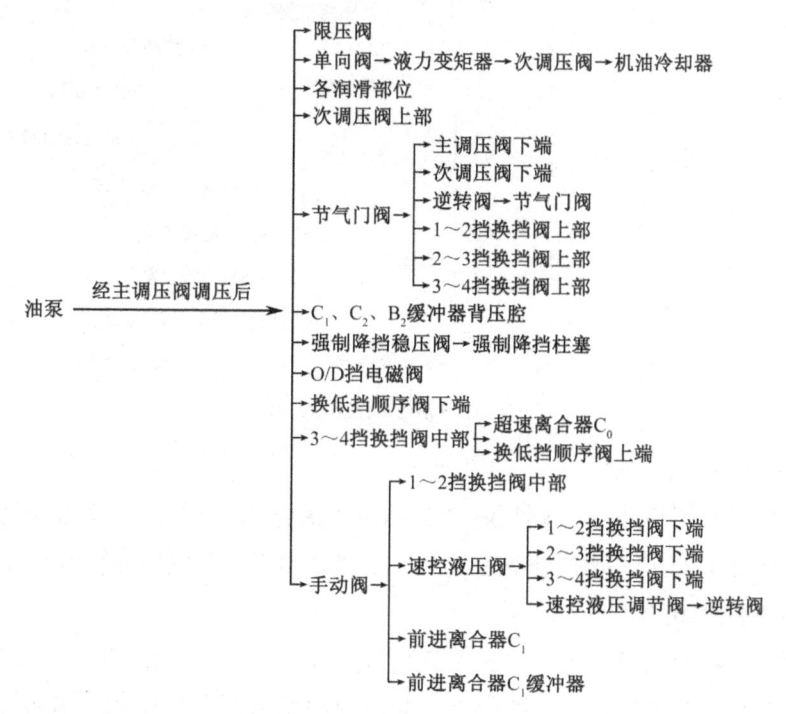

```
                    ┌→限压阀
                    ├→单向阀→液力变矩器→次调压阀→机油冷却器
                    ├→各润滑部位
                    ├→次调压阀上部
                    │            ┌→主调压阀下端
                    │            ├→次调压阀下端
                    ├→节气门阀→├→逆转阀→节气门阀
                    │            ├→1~2挡换挡阀上部
                    │            ├→2~3挡换挡阀上部
                    │            └→3~4挡换挡阀上部
  油泵 ─经主调压阀调压后─→├→$C_1$、$C_2$、$B_2$缓冲器背压腔
                    ├→强制降挡稳压阀→强制降挡柱塞
                    ├→O/D挡电磁阀
                    ├→换低挡顺序阀下端
                    ├→3~4挡换挡阀中部┬→超速离合器$C_0$
                    │                └→换低挡顺序阀上端
                    │            ┌→1~2挡换挡阀中部
                    │            │                ┌→1~2挡换挡阀下端
                    └→手动阀→├→速控液压阀→├→2~3挡换挡阀下端
                                 │            ├→3~4挡换挡阀下端
                                 │            └→速控液压阀调节阀→逆转阀
                                 ├→前进离合器$C_1$
                                 └→前进离合器$C_1$缓冲器
```

（2）D_2挡油路分析（此时C_0、C_1、B_2工作）

在各换挡阀的上方作用着节气门油压，下方作用着速控油压。在D_1挡车速较低时，速控油压也低，1~2挡换挡阀在节气门油压的作用下处于下方，通往B_2的油道被封闭。

当车速达到换挡车速时，速控油压克服节气门油压将阀顶起，来自手动阀的液压油进入制动器 B₂ 执行换挡动作，制动器 B₂ 起作用后自动变速器升入 D₂ 挡。其油路如下：

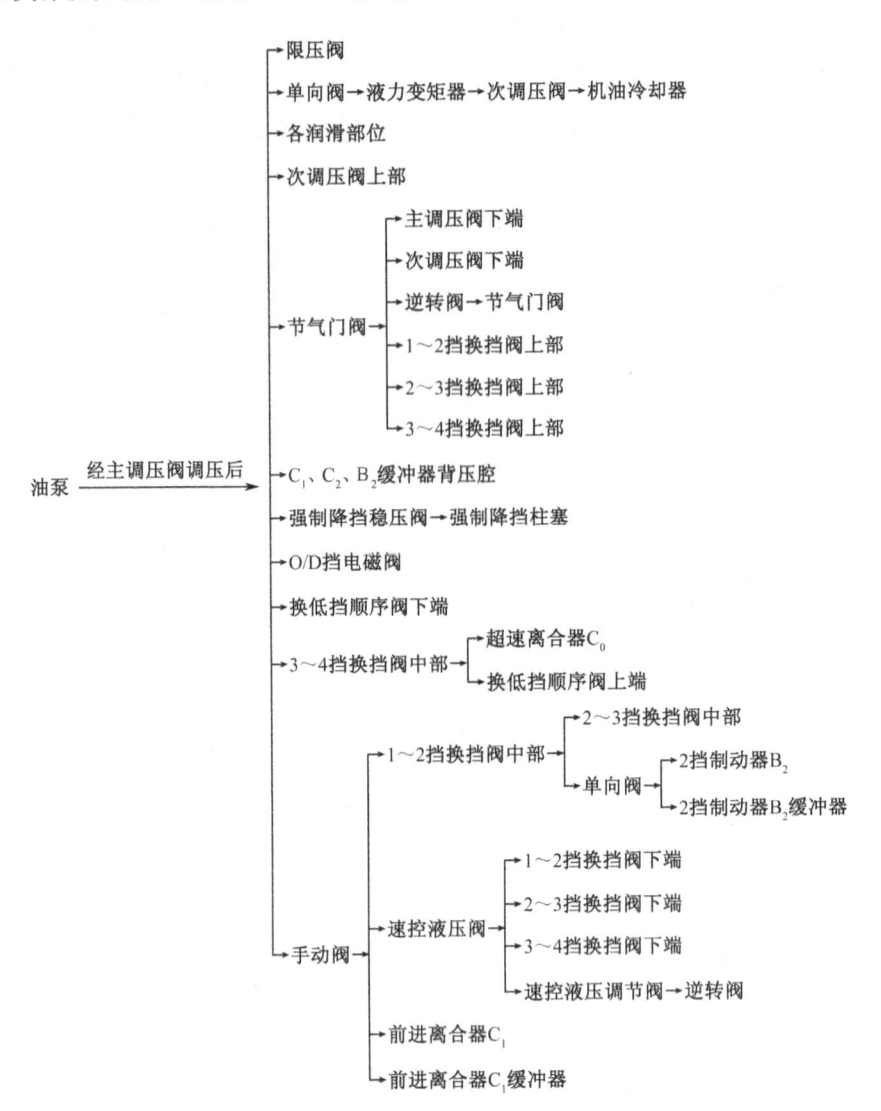

```
                              ┌→ 限压阀
                              ├→ 单向阀→液力变矩器→次调压阀→机油冷却器
                              ├→ 各润滑部位
                              ├→ 次调压阀上部
                              │         ┌→ 主调压阀下端
                              │         ├→ 次调压阀下端
                              ├→ 节气门阀 ├→ 逆转阀→节气门阀
                              │         ├→ 1～2挡换挡阀上部
                              │         ├→ 2～3挡换挡阀上部
                              │         └→ 3～4挡换挡阀上部
油泵 ──经主调压阀调压后──→ ├→ C₁、C₂、B₂缓冲器背压腔
                              ├→ 强制降挡稳压阀→强制降挡柱塞
                              ├→ O/D挡电磁阀
                              ├→ 换低挡顺序阀下端
                              │                  ┌→ 超速离合器C₀
                              ├→ 3～4挡换挡阀中部 └→ 换低挡顺序阀上端
                              │                              ┌→ 2～3挡换挡阀中部
                              │         ┌→ 1～2挡换挡阀中部→├→ 单向阀→2挡制动器B₂
                              │         │                    └→ 2挡制动器B₂缓冲器
                              │         │              ┌→ 1～2挡换挡阀下端
                              │         │              ├→ 2～3挡换挡阀下端
                              └→ 手动阀 ├→ 速控液压阀→├→ 3～4挡换挡阀下端
                                        │              └→ 速控液压调节阀→逆转阀
                                        ├→ 前进离合器C₁
                                        └→ 前进离合器C₁缓冲器
```

(3) D₃ 挡油路分析（C₀、C₁、C₂ 工作）

与 1～2 挡换挡阀相同，2～3 挡换挡阀的上方作用着节气门油压，下方作用着速控油压。

在 D₂ 挡车速较低时，速控油液也低，2～3 挡换挡阀在节气门油压的作用下处于下方，通往 C₂ 的油道被封闭。

当车速达到换挡车速时，速控油压克服节气门油压将阀芯顶起，来自手动阀的液压油进入离合器 C₂ 执行换挡动作，离合器 C₂ 起作用后自动变速器升入 D₃ 挡。其油路如下：

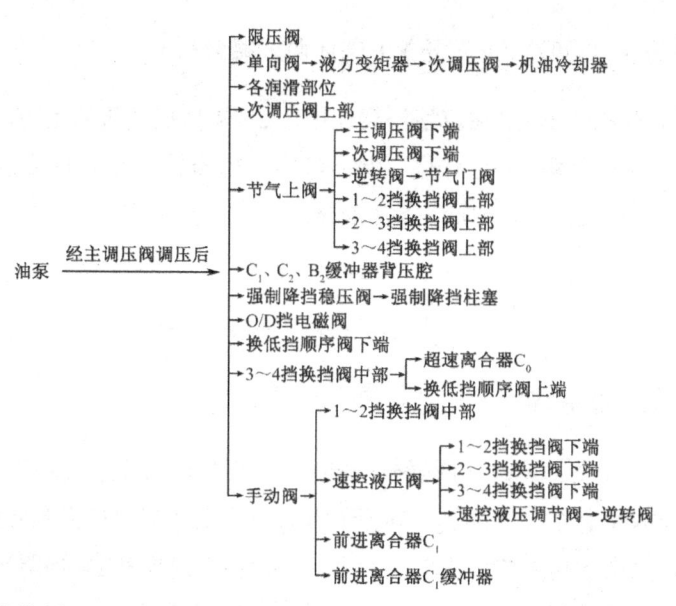

```
                    ┌─限压阀
                    ├─单向阀→液力变矩器→次调压阀→机油冷却器
                    ├─各润滑部位
                    ├─次调压阀上部
                    │        ┌─主调压阀下端
                    │        ├─次调压阀下端
                    │        ├─逆转阀→节气门阀
                    ├─节气上阀─┼─1~2挡换挡阀上部
                    │        ├─2~3挡换挡阀上部
                    │        └─3~4挡换挡阀上部
油泵 ──经主调压阀调压后──┼─C₁、C₂、B₂缓冲器背压腔
                    ├─强制降挡稳压阀→强制降挡柱塞
                    ├─O/D挡电磁阀
                    ├─换低挡顺序阀下端
                    ├─3~4挡换挡阀中部──┬─超速离合器C₀
                    │                └─换低挡顺序阀上端
                    │        ┌─1~2挡换挡阀中部
                    │        │             ┌─1~2挡换挡阀下端
                    │        ├─速控液压阀──┼─2~3挡换挡阀下端
                    └─手动阀─┤             ├─3~4挡换挡阀下端
                             │             └─速控液压调节阀→逆转阀
                             ├─前进离合器C₁
                             └─前进离合器C₁缓冲器
```

(4) D₄挡油路分析（B₀、C₁、C₂、B₂工作）

3~4挡换挡阀控制离合器C₀和制动器B₀的切换，当车速达到换挡车速时，速控油压克服节气门油压和弹簧力将3~4挡换挡阀顶起，切断进入离合器C₀的油路而打开进入制动器B₀的油路，自动变速器升入D₄挡。其油路如下：

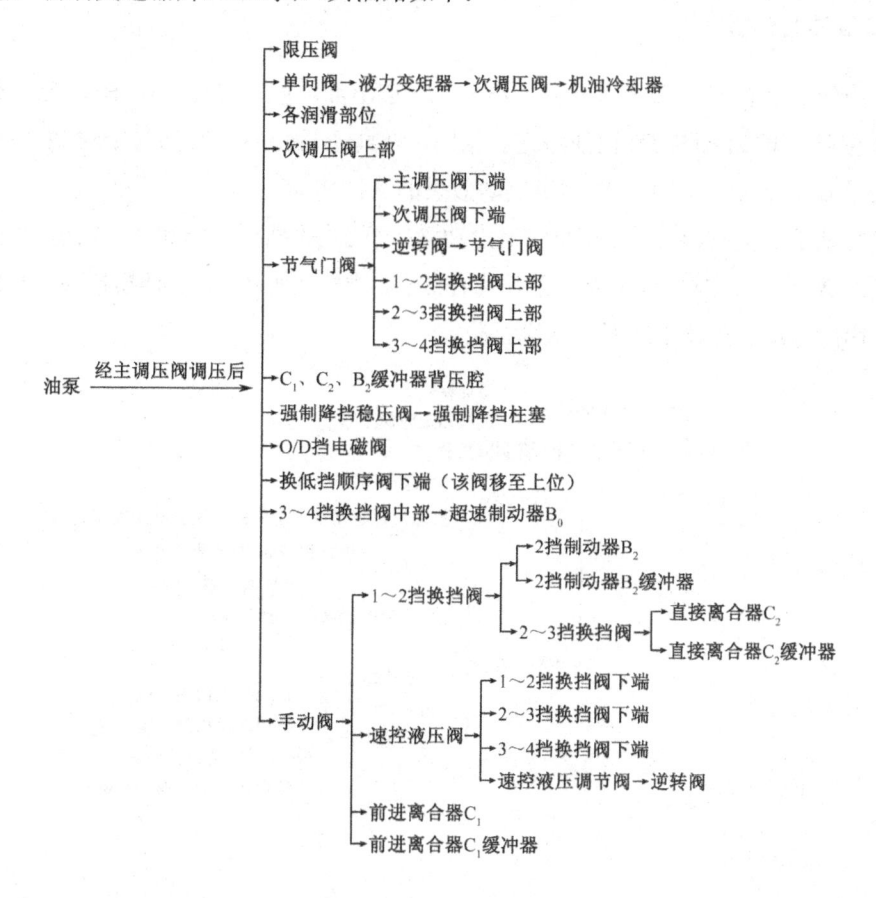

```
                    ┌─限压阀
                    ├─单向阀→液力变矩器→次调压阀→机油冷却器
                    ├─各润滑部位
                    ├─次调压阀上部
                    │        ┌─主调压阀下端
                    │        ├─次调压阀下端
                    │        ├─逆转阀→节气门阀
                    ├─节气门阀─┼─1~2挡换挡阀上部
                    │        ├─2~3挡换挡阀上部
                    │        └─3~4挡换挡阀上部
油泵──经主调压阀调压后──┼─C₁、C₂、B₂缓冲器背压腔
                    ├─强制降挡稳压阀→强制降挡柱塞
                    ├─O/D挡电磁阀
                    ├─换低挡顺序阀下端（该阀移至上位）
                    ├─3~4挡换挡阀中部→超速制动器B₀
                    │                          ┌─2挡制动器B₂
                    │        ┌─1~2挡换挡阀──┤─2挡制动器B₂缓冲器
                    │        │              │         ┌─直接离合器C₂
                    │        │              └─2~3挡换挡阀┤
                    │        │                        └─直接离合器C₂缓冲器
                    └─手动阀─┤              ┌─1~2挡换挡阀下端
                             ├─速控液压阀──┼─2~3挡换挡阀下端
                             │             ├─3~4挡换挡阀下端
                             │             └─速控液压调节阀→逆转阀
                             ├─前进离合器C₁
                             └─前进离合器C₁缓冲器
```

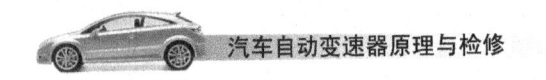

5. 超速挡主开关（O/D OFF 开关）关闭时油路分析

超速挡控制开关关闭时，主油道油压会作用在 3～4 挡换挡阀的上方，使 3～4 挡换挡阀柱塞不能上移，从而使超速挡不起作用，此时液力变矩器只能升至 D₃ 挡工作。

其油路如同 D₃ 挡油路，仅增加了下述油路：

$$\text{主油路} \begin{cases} \rightarrow \text{换低挡定时阀下端} \\ \rightarrow \text{电磁阀} \rightarrow 3{\sim}4 \text{挡换挡阀上端} \end{cases}$$

6. 强制降挡时油路分析

当车辆在前进挡需要降速时（或强制降挡时），只要将加速踏板踩下，使节气门开大到 85%，此时强制降挡阀上移，来自主油道的压力油经锁止调节阀和强制降挡阀，引入三个换挡阀的中、上部，克服下端速控油压向上的力，强行使变速器从 D₄ 挡降至 D₃ 挡，如果车速进一步降低，亦可使变速器从 D₃→D₂→D₁，其增加的油路如下：

$$\text{主油道} \rightarrow \text{止动调速阀} \rightarrow \text{强制降挡阀} \begin{cases} \rightarrow 3{\sim}4 \text{挡换挡阀上端（强制柱塞下端）} \\ \rightarrow 2{\sim}3 \text{挡换挡阀中部} \\ \rightarrow 1{\sim}2 \text{挡换挡阀上端} \end{cases}$$

7. 2 位油路分析

手动阀处于 2 位时，第三道进油，第一、二道出油。此时 C₀、C₁、B₁、B₂ 工作。手动阀处于 2 位时，其 2₁ 挡与 D₁ 挡油路完全相同，在此不再叙述。2₂ 挡与 D₂ 挡的区别在于增加了制动器 B₁ 的油路，产生有发动机制动效果的 2 挡传动。

变速杆处于 2 位时，经手动阀第一道出油路压下 3～4 挡换挡阀和 2～3 挡换挡阀使自动变速器换入 2₂ 挡。在 2₂ 挡行车时由于作用在 3～4 挡换挡阀和 2～3 挡换挡阀上端的油压始终存在，因此自动变速器不能升入次高挡位。

$$\text{油泵} \rightarrow \text{主油道} \begin{cases} \rightarrow 3{\sim}4 \text{挡换挡阀} \begin{cases} \rightarrow \text{离合器} C_0 \\ \rightarrow \text{换低挡定时阀上端} \end{cases} \\ \rightarrow \text{锁止调节阀} \rightarrow \text{强制降挡阀} \\ \rightarrow \text{手动阀} \begin{cases} \rightarrow \text{第一道} \begin{cases} \rightarrow 3{\sim}4 \text{挡换挡阀上端} \\ \rightarrow \text{换低挡定时阀中部} \rightarrow \text{中间变速阀} \rightarrow \text{中间调速阀} \\ \rightarrow 1{\sim}2 \text{换挡阀} \rightarrow \text{制动器} B_1 \end{cases} \\ \rightarrow \text{第二道} \begin{cases} \rightarrow 1{\sim}2 \text{挡换挡阀} \begin{cases} \rightarrow B_2 \text{蓄压器} \\ \rightarrow \text{制动器} B_2 \\ \rightarrow 2{\sim}3 \text{挡换挡阀} \end{cases} \\ \rightarrow C_1 \text{蓄压器} \\ \rightarrow \text{离合器} C_1 \\ \rightarrow \text{速控液压阀} \begin{cases} \rightarrow 1{\sim}2 \text{挡换挡阀下端} \\ \rightarrow 2{\sim}3 \text{挡换挡阀下端} \\ \rightarrow 3{\sim}4 \text{挡换挡阀下端} \end{cases} \\ \rightarrow \text{速控压力调节阀} \rightarrow \text{反向阀} \end{cases} \end{cases} \end{cases}$$

8. L位油路分析

手动阀处于L位时，进油路为第三油道，出油路为第一、第二、第四油道。此时C_0、C_1、B_3工作。手动阀处于L位时为闭锁挡，变速器只有1挡传动，与D_1挡不同的是制动器B_3进入工作，产生发动机制动效果。此时手动阀第四道油路接通主油路，油压经低速行车调速阀→低速和行车变速阀→（1～2挡换挡阀不能上移）→低倒挡制动器顺序阀→制动器B_3的内、外活塞。L位油路如下：

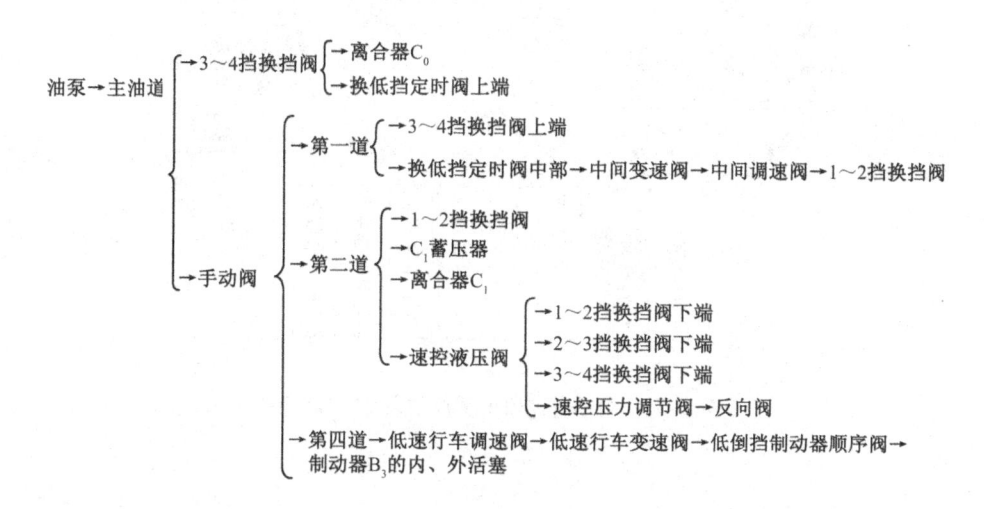

油泵→主油道
- 3～4换挡挡阀
  - 离合器C_0
  - 换低挡定时阀上端
- 手动阀
  - 第一道
    - 3～4换挡挡阀上端
    - 换低挡定时阀中部→中间变速阀→中间调速阀→1～2换挡挡阀
  - 第二道
    - 1～2换挡挡阀
    - C_1蓄压器
    - 离合器C_1
  - 速控液压阀
    - 1～2换挡挡阀下端
    - 2～3换挡挡阀下端
    - 3～4换挡挡阀下端
    - 速控压力调节阀→反向阀
  - 第四道→低速行车调速阀→低速行车变速阀→低倒挡制动器顺序阀→制动器B_3的内、外活塞

5.3 电子控制系统的结构及工作原理

电子控制自动变速器采用电液式控制系统，其控制系统由电子控制系统和液压阀控制系统两大部分组成，即由电子元件控制液压元件的动作，来完成自动变速器的控制。典型的电子控制系统工作框图如图5-3-1所示。

汽车自动变速器电控系统与其他电控系统一样，都是由传感器、控制开关、控制单元（ECU）和执行元件等部件组成的。控制单元也称为控制模块或自动变速器控制电脑，通常用ECU或TCM表示。在某些车型中发动机与自动变速器共用一个控制单元，称为一体化动力系统控制模块（PCM）。

自动变速器控制单元是电子控制系统的核心元件，其作用是接收各传感器及开关信号并进行分析、计算，与存储器中存储的数据和程序比较，按照设定的控制程序判断出自动变速器当前的状态及要执行的命令，给相应的执行器发出指令，由各电磁阀控制液压元件动作，从而执行不同的操作。

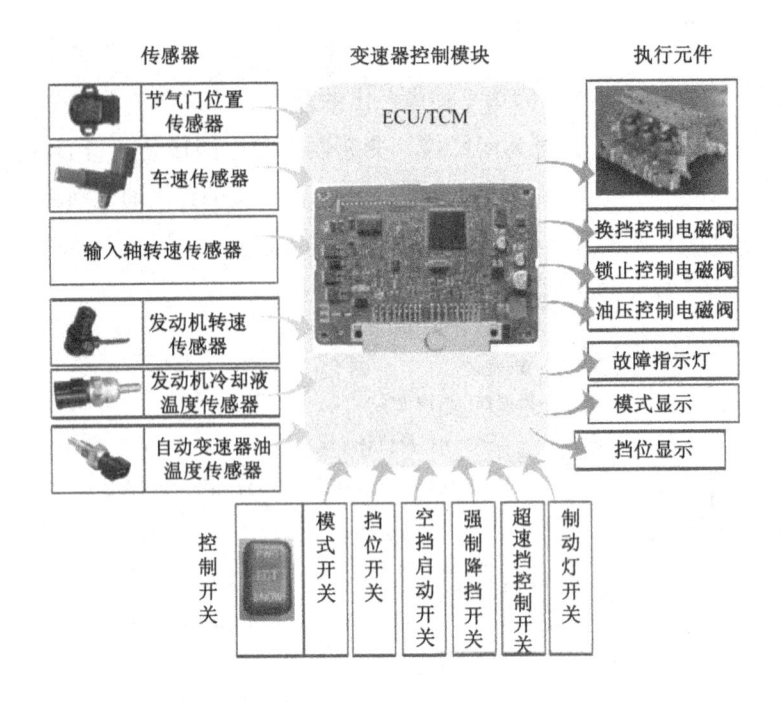

图 5-3-1　自动变速器电子控制系统工作框图

5.3.1　电子控制系统的组成

1. 传感器

（1）节气门位置传感器

节气门位置传感器的作用是监测发动机节气门开度，并将节气门开度转变为电信号后向电控单元输出，电控单元根据该信号和车速信号控制自动变速器的换挡和变矩器锁止离合器的接合与分离，如图 5-3-2 所示。

发动机 ECU 和变速器 ECU 之间用 L_1、L_2、L_3 三个电压（约为 5V）信号来反映节气门的开度，根据三个电压信号的不同组合，来反映节气门的不同开度。

怠速信号可通过 IDL 端的信号电压直接确定。IDL 在怠速触电闭合时为 0V，断开时为 12V。

（2）车速传感器

车速传感器也称为自动变速器输出轴转速传感器，安装于自动变速器输出轴附近，用于检测变速器输出轴的转速，电控单元根据车速传感器的信号计算出车速，作为其换挡的依据。常用的车速传感器有磁感应式、霍尔式和舌簧式等。

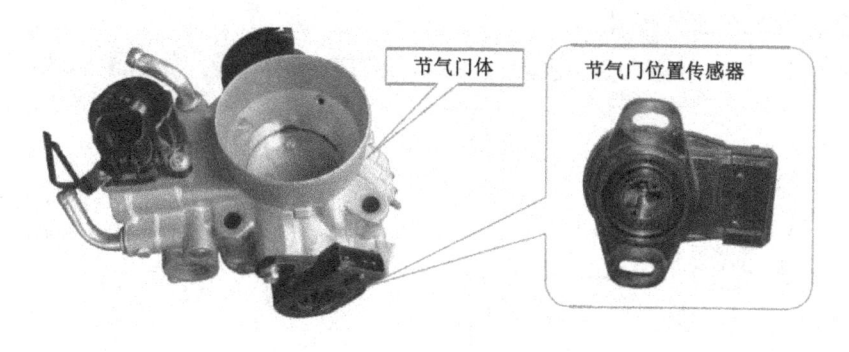

（a）实物图

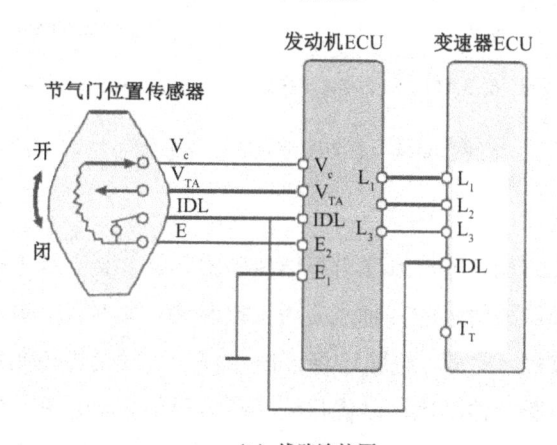

（b）线路连接图

图 5-3-2　节气门位置传感器

当车速传感器出现故障时，自动变速器会出现换挡正时方面的问题，变速器 ECU 会在存储器中存储故障信息，并通过报警灯的闪烁提示驾驶员当前处于不正常的行驶状态。

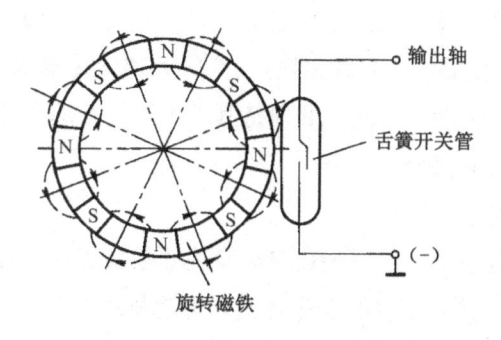

① 舌簧开关式车速传感器

舌簧开关式车速传感器主要由旋转磁铁（带有若干对磁级）和舌簧开关管组成，如图 5-3-3 所示。

图 5-3-3　舌簧开关式车速传感器

② 电磁感应式车速传感器

电磁感应式车速传感器主要由永久磁铁和电磁感应线圈组成，如图 5-3-4 所示。

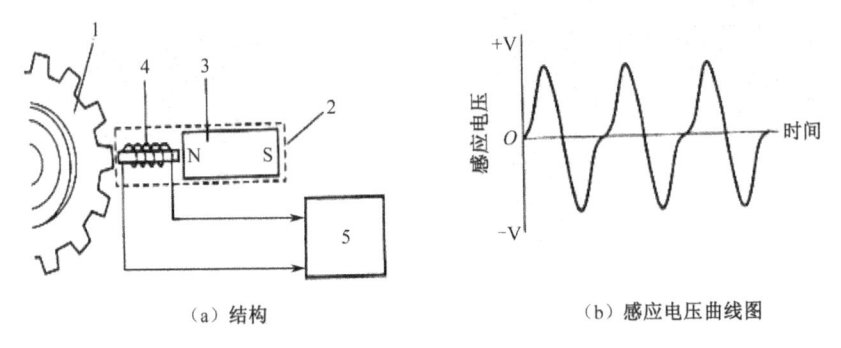

（a）结构　　　　　　　　　　（b）感应电压曲线图

1-停车锁止齿轮（传感器转子）；2-车速传感器；3-永久磁铁；4-感应线圈；5-ECU

图 5-3-4　电磁感应式车速传感器

（3）输入轴转速传感器

输入轴转速传感器的结构、工作原理与车速传感器相同。其安装于行星齿轮变速器的输入轴或输入轴连接的离合器鼓附近的壳体上，用于检测输入轴转速，并将信号送入电脑，使电脑更精确地控制换挡过程。此外，电脑还将该信号和来自发动机控制系统的发动机转速信号进行比较，计算出变矩器的传动比，以优化锁止离合器的控制过程，减小换挡冲击，改善汽车的行驶平顺性。

（4）发动机转速传感器

发动机转速传感器检测发动机转速信号，自动变速器控制单元（ECU）利用发动机转速信号与自动变速器输入轴转速信号进行比较，以判断锁止离合器的打滑状态，从而调整合适的变矩器锁止离合器控制电磁阀的调制脉冲（脉冲的占空比）。

发动机转速传感器安装位置可在曲轴前端、飞轮上、凸轮轴前端和分电器内。

（5）冷却液温度传感器

发动机冷却液温度传感器通常安装在发动机气缸盖或出水口的附近，用于测量发动机的冷却水温度，并将其温度转变为电信号传送给发动机 ECU，发动机 ECU 再将该信号传给变速器 ECU，变速器 ECU 根据该信号确定换挡时刻。当发动机温度低时，换挡延迟使发动机以高怠速运转，以便尽快地暖机升温，并保持其动力性。变速器 ECU 还根据发动机冷却液温度信号控制锁止离合器的接合。

（6）自动变速器油温度传感器

自动变速器油温度传感器一般安装在自动变速器油底壳内的液压阀阀体上，用于连续监控自动变速器油的温度，并将温度的变化转变为电信号送给自动变速器 ECU，作为自动变速器 ECU 进行换挡控制、油压控制、锁止离合器控制的依据。

2. 控制开关

(1) 模式开关

模式开关又称程序开关，驾驶员可根据不同的情况使用模式开关来选择自动变速器的控制模式，模式开关安装在变速杆附近或仪表板上。

常见的自动变速器的控制模式有经济模式、动力模式、标准模式、手动挡模式和雪地模式等。通常情况下，车辆配备的自动变速器只具备其中一些模式，主要依具体车辆而定。

① 经济模式（Economy）

该模式以汽车获得最佳燃油经济性为目标设计换挡规律。当汽车在经济模式下工作时，其换挡规律应能使发动机转速经常处于经济转速范围，从而提高燃油经济性。

② 动力模式（Power）

该模式以汽车获得最大动力性为目标设计换挡规律。当车辆上坡、在山路上行驶或希望发动机在高转速下工作时，可选择动力模式，此时车辆加速能力很强。

③ 标准模式（Normal）

该模式的换挡规律介于经济模式和动力模式之间，它使汽车既保证了一定的动力性，又有较好的燃油经济性。

④ 雪地模式（Snow）

当车辆在冰雪路面行驶时，选择雪地模式以防驱动轮打滑。

⑤ 手动挡模式（Manual）

该模式让驾驶员以手动方式选择合适挡位，使汽车像安装了手动变速器一样行驶。

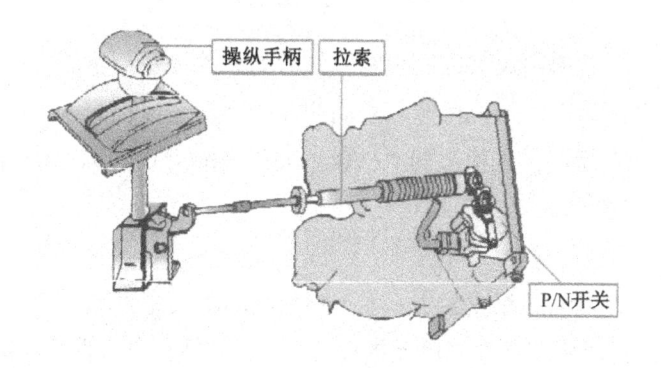

(2) 驻车/空挡起动开关

驻车/空挡起动开关也称 P/N 开关或 PNP 开关，大众车系将驻车/空挡起动开关与其他功能开关组合称为多功能开关，其位于自动变速器壳体上，由换挡操纵手柄控制，与手动阀操纵销轴连动，如图 5-3-5 所示。驻车/空挡起动开关的作用如下：

图 5-3-5 驻车/空挡起动开关

① 感知变速杆位置并将此状态信号传送给自动变速器 ECU。

② 换挡操纵手柄位于 R 位时接通倒车灯。

③ 换挡操纵手柄位于 P 位或 N 位时，可起动发动机；在除此以外的挡位，发动机不工作而无法起动发动机。

驻车/空挡起动开关内有多组开关触点，当换挡操纵手柄处于不同位置时，开关内相应的触点闭合或断开，自动变速器 ECU 根据 P/N 开关不同端子的状态，便可确定换挡操纵手柄的位置。

（3）强制降挡开关

强制降挡开关一般安装在节气门拉索上或加速踏板后方，当节气门开度达到一定值时，此开关闭合，这表示驾驶员要求较高的动力，自动变速器控制单元接到此信号后，根据不同情况，降低一个甚至两个挡位。当强制降挡开关断开时，自动变速器控制单元则按选挡杆位置控制换挡。

（4）超速挡控制开关

超速挡控制开关安装在变速器操纵手柄上（如图 5-3-6 所示），用于控制自动变速器超速挡。

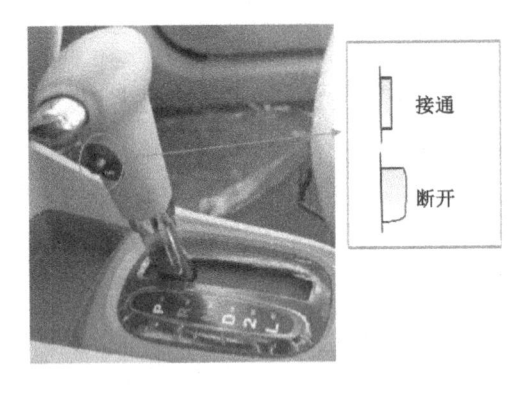

图 5-3-6　超速挡控制开关

当该开关打开后，接通超速挡控制电路，这时如果操纵手柄位于 D 位，自动变速器的挡位随着车速的上升而升高；挡位可升入最高的 4 挡（即超速挡）。

如果超速挡开关关闭，仪表板上的"O/D　OFF"指示灯亮起，此时自动变速器不能进入超速挡行驶。

（5）制动灯开关

制动灯开关安装在制动踏板支架上，用于判断制动踏板是否被踩下。制动灯开关除了控制制动灯外，同时为自动变速器控制单元提供信号，控制锁止离合器。当制动踏板被踩下时，制动灯开关闭合，该制动信号输送到电控单元，此时锁止离合器分开，可以防止突然制动时发动机熄火。

3．电子控制单元

电子控制单元（ECU）是电子控制自动变速器的控制装置，变速器 ECU 由电源、输入电路、输出电路、信号转换器和计算机等组成。

计算机（也称微处理机）主要由中央处理器 CPU、存储器和输入/输出接口（I/O）等几部分组成。

CPU 是电子控制器的核心部件，其作用是完成比全液压控制式自动变速器更复杂的自动控制，能进行逻辑运算、程序控制及数据处理。同时可利用数字处理办法，将全部换挡程序和锁止变矩器程序，持久地存储于变速器 ECU 存储器中。变速器 ECU 存储器可存储多种控制参数，实现动态多参数控制，从而获得最佳的动力性和燃料经济性。如图 5-3-7 所示为日产风度 A33 变速器（RE4F04B）控制模块电脑板元件分布图。

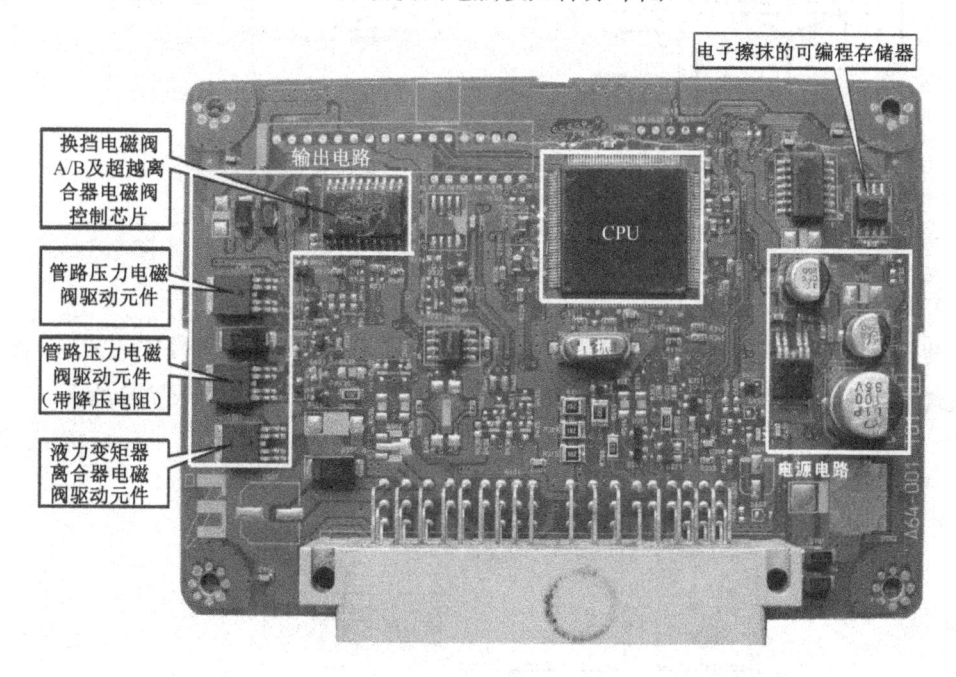

图 5-3-7　日产风度 A33 变速器控制模块电脑板元件分布图

4．执行器

电控自动变速器的执行器主要是指各种电磁阀，其作用是根据自动变速器 ECU 的指令接通、切断或部分接通、部分切断液压油回路，以实现自动变速器的换挡、液力变矩器的锁止、主油路油压的调节和发动机制动等。

常见的电磁阀有开关式电磁阀和脉冲式电磁阀两种。

（1）开关式电磁阀

开关式电磁阀的作用是开启或关闭液压油路，常用于控制换挡阀及变矩器锁止控制阀的工作。

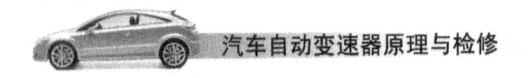

开关式电磁阀由电磁线圈、衔铁、阀芯和回位弹簧等组成，工作原理如图5-3-8所示。

当线圈不通电时，阀芯被油压推开，球阀在油压作用下关闭泄油孔，打开进油孔，使主油路压力油进入控制油路；当线圈通电时，电磁力使阀芯右移，推动球阀关闭主油路，打开泄油孔，输入油路与排放油路相通，输入油路的压力油由排放油路泄出。

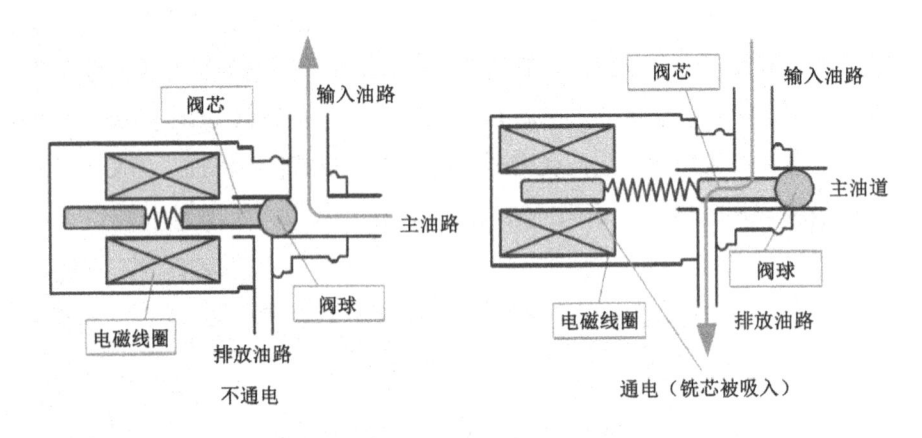

图5-3-8　开关式电磁阀的工作原理

（2）脉冲式电磁阀

脉冲式电磁阀通常安装在主油路或蓄压器背压油路上，用来控制油路中的油压。其结构与开关式电磁阀相似，同样是由电磁线圈、衔铁、阀芯等组成的，如图5-3-9所示。

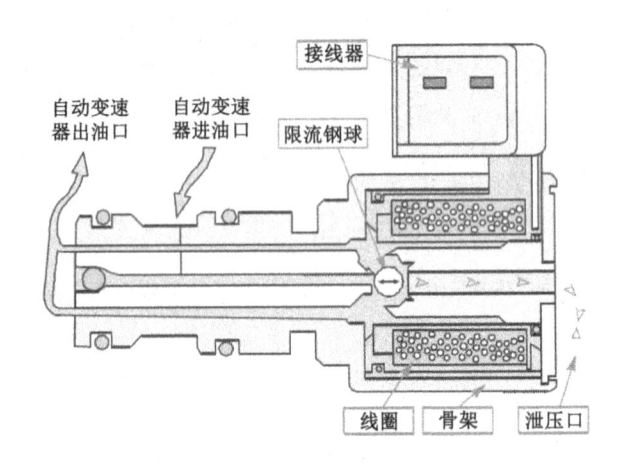

图5-3-9　脉冲式电磁阀的结构图

当电磁线圈通电时，电磁力使阀芯开启，液压油经泄油孔排出，油路压力随之下降。

当电磁线圈断电时，阀芯在弹簧弹力的作用下将泄油孔关闭，使油路压力上升。电磁阀在脉冲电信号的作用下不断反复地开启和关闭泄油孔，电脑通过改变每个脉冲周期内电流接通和断开的占空比,来改变电磁阀开启和关闭的时间比例,从而达到控制油路的压力。占空比越大,经电磁阀泄出的液压油越多,油路压力就越低;反之,占空比越小,油路压力就越大。

脉冲式电磁阀和开关式电磁阀的不同点在于控制脉冲式电磁阀工作的电信号不是恒定不变的电压信号,而是一个变化的脉冲电信号。

5.3.2 电子控制系统的工作原理

1. 换挡控制

换挡控制即控制自动变速器的换挡时刻,即在汽车达到某一车速时,让自动变速器升挡或降挡,它是变速器 ECU 最基本的控制功能。在变速器的工作过程中,挡位自动进行切换的点称为换挡点,换挡点由节气门开度和车速决定。

汽车自动变速器的换挡杆或模式开关处于不同位置时,对汽车的使用要求就会不同,换挡规律也不同,通常电脑将汽车在不同使用要求下的最佳换挡规律以自动换挡图的形式储存在存储器中,如图 5-3-10 所示为丰田系列变速器的自动换挡图。

(a) 液压控制自动变速器(丰田A43D型)

(b) 微电脑控制自动变速器(丰田A43DE型)

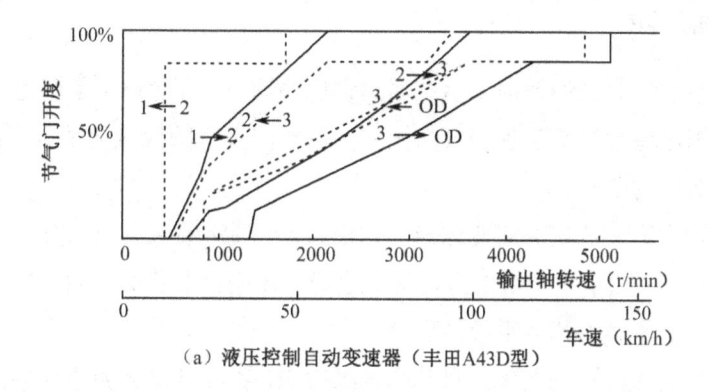

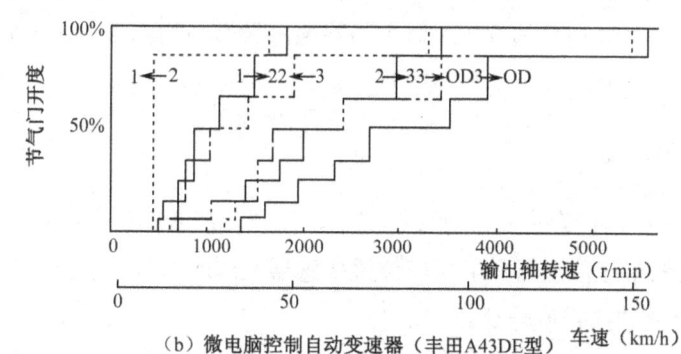

图 5-3-10 自动换挡图

汽车在行驶过程中，电脑根据模式开关和操纵手柄的信号从存储器中选出相应的自动换挡图，再将车速传感器、节气门位置传感器测得的车速、节气门开度等信号与所选的自动换挡图进行比较。如在一定节气门开度下行驶的汽车达到设定的换挡车速时，电脑便向换挡电磁阀发出电信号，由电磁阀的动作决定压力油通往各操纵元件的流向，以实现挡位的自动变换。自动换挡控制原理框图如图 5-3-11 所示。

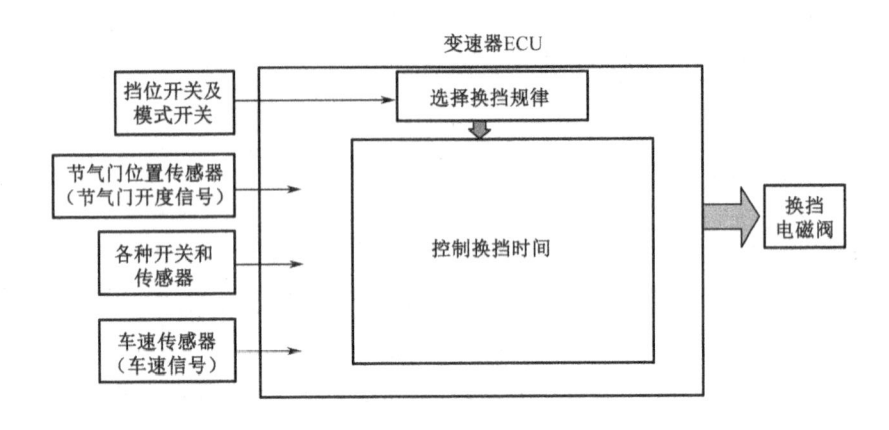

图 5-3-11　自动换挡控制原理方框图

2．主油路油压控制

电液式控制系统中的主油路油压由主油路调压阀调节。目前不少新型电控式自动变速器的电液式控制系统已完全取消了由节气门拉索或节气门真空阀控制的节气门阀，而是利用油压电磁阀来产生节气门油压。

主油路调压阀用于调节主油路变速器油的压力，主油路油压是自动变速器中最重要的油压，其作用体现在以下两点：一是作为自动变速器内各离合器和制动器的执行压力；二是进一步调节成为自动变速器内其他系统的压力。

除正常的主油路油压控制之外，自动变速器 ECU 还可以根据各个传感器测得的自动变速器的工作条件，在一些特殊情况下，对主油路油压做适当的修正，使主油路油压控制获得最佳的效果。

3．锁止离合器控制

自动变速器 ECU 内储存有不同行驶模式下控制锁止离合器工作的程序，依照这种程序，变速器 ECU 可根据车速传感器和节气门位置传感器发出的信号使锁止电磁阀接通或断开，从而控制锁止离合器的接合或分离。

自动变速器 ECU 在以下几种情况下可强制解除锁止状态：当汽车采取制动或节气门全闭时，为防止发动机熄火，自动变速器 ECU 切断通向锁止电磁阀的电路，强行解除锁止；

在自动变速器升降挡过程中，自动变速器 ECU 暂时解除锁止，以减小换挡冲击；当发动机冷却液的温度低于 60℃，锁止离合器应处于分离状态，加速变速器预热，提高总体驾驶性能。

4．换挡品质控制

为提高车辆乘坐的舒适性，自动变速器的换挡需要平顺柔和，因此电控自动变速器 ECU 都设置有换挡品质控制程序。目前常见的改善换挡质量的控制方法有换挡油压控制、发动机转矩控制和 N-D 换挡控制等。

（1）换挡油压控制

为了减小换挡时产生的冲击，达到改善换挡品质的目的，在升挡或降挡的瞬间，ECU 控制油路压力阀适当降低主油路油压。某些自动变速器电子控制系统在换挡时通过调节蓄压器活塞的背压，以减缓离合器或制动器液压缸内油压的升高速度，达到减小换挡冲击的目的。

（2）发动机转矩控制

在自动变速器换挡的瞬间，发动机自动延迟点火时间或减少喷油量，发动机的输出扭矩会暂时减少，这样能够有效减少换挡冲击和汽车加速度出现的波动，保证换挡平顺。控制原理如图 5-3-12 所示，在自动变速器升挡或降挡的瞬间，挡位开关向自动变速器 ECU 发送换挡信号，自动变速器 ECU 向发动机 ECU 提供减小扭矩信号。发动机 ECU 接收到这一信号后立即对火花塞或喷油器进行控制，延迟点火时间或减少喷油量。

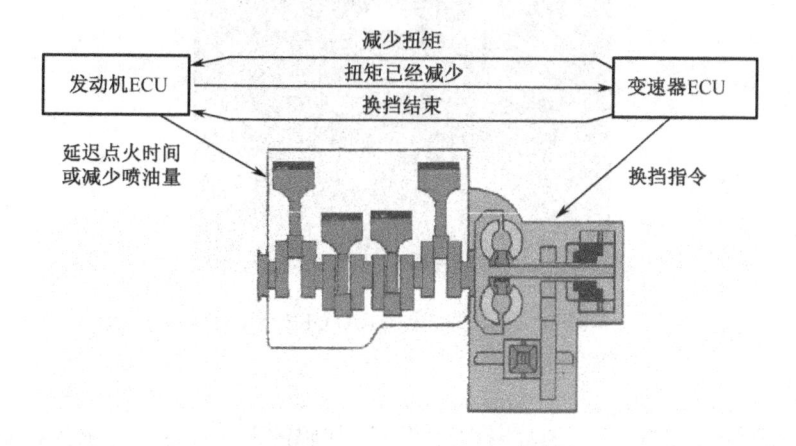

图 5-3-12　发动机转矩控制

（3）N/P—D/R 换挡控制

N-D 换挡控制是在选挡杆从 N 挡或 P 挡位置换入 D 挡或 R 挡位置，或相反地从 D 挡或 R 挡换入 P 挡或 N 挡时才应用。其控制过程是通过调整发动机的喷油量，将发动机的转速变化减至最小程度，以改善换挡质量。如果没有这种控制，当自动变速器选挡杆由 N 挡或 P 挡进入 D 挡或 R 挡时，发动机负荷增加，转速随之下降；反之，由 D 挡或 R 挡进入 N 挡或 P

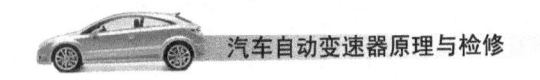

挡时，发动机负荷减小，转速也将上升。

5．发动机制动控制

自动变速器 ECU 按照设定的控制程序，在操纵手柄位置、车速、节气门开度等信号满足一定条件时，强制离合器电磁阀或强制制动器电磁阀发出电信号，打开强制离合器或强制制动器的控制油路，使之接合或制动，让自动变速器具有反向传递动力的能力，从而使汽车在下坡或滑行时可以实现发动机制动，从而保证行车安全。

6．故障自诊断及失效保护功能

在汽车行驶过程中，自动变速器 ECU 会不停地检测各传感器和执行器的工作情况，一旦发现故障，将相关的故障信息存储在控制模块内部的存储器中，在记忆故障的同时，还能通过仪表盘上的故障警告灯闪亮来提醒驾驶员尽快检修，同时自动变速器还具有失效保护功能。

（1）故障警告灯

自动变速器 ECU 在检测到电控系统故障时，会启亮或闪亮仪表盘上的自动变速器故障警告灯，以提醒驾驶员自动变速器有故障，应进行维修。大部分汽车是以超速挡指示灯 "O/D OFF" 作为自动变速器故障警告灯的，如图 5-3-13 所示。

图 5-3-13　仪表上的 O/D OFF 指示灯

（2）故障码

自动变速器 ECU 将检测到的故障内容以故障代码的形式存储在电脑的存储器内，只要不拆除汽车蓄电池，被测到的故障代码就会一直保存在电脑内。读取故障码时需要使用专用诊断仪。

（3）失效保护

自动变速器 ECU 一旦检测到并记忆了故障，就会起动失效保护程序控制自动变速器的工作，以保持汽车的基本行驶功能。一般情况是自动变速器 ECU 给各电磁阀断电，前进时自动变速器将固定以 3 挡或 4 挡（不同型号的变速器情况不同）。起步、行驶、倒挡是由手动阀来实现的，所以起动失效保护程序后，自动变速器仍能够前进行驶及倒车。维修人员可以利用专用仪器通过汽车的故障诊断插座读取故障码和有关数据，帮助分析判断故障所在。故障排除后，需通过仪器将故障码清除或做必要的初始设置。

小　　结

自动变速器控制系统在变速器的工作过程中起着至关重要的作用，其保证发动机传递的动力准确而有效地传递给车轮，自动变速器根据其换挡信号和换挡控制系统采用的是全液压控制还是电子与液压控制，可将自动变速器分为液控自动变速器和电子控制液压自动变速器两种形式，目前电子控制液压类型正在逐步普及。

习　　题

5-1　自动变速器中常见的液压油泵有哪几种类型？
5-2　齿轮泵（月牙泵）的工作原理是什么？
5-3　液压控制系统包括哪几部分？
5-4　主调压阀的作用是什么？
5-5　换挡阀和前进挡位之间存在怎样的关系？
5-6　试对丰田 A43D 的 4 个前进挡油路进行分析。
5-7　电子控制自动变速器系统的结构主要有哪些组成？各部件主要作用是什么？

第 6 章

自动变速器的检测与维修

知识目标

1. 理解自动变速器的基本检查与调整。
2. 理解自动变速器的自动变速器试验。
3. 掌握自动变速器的自动变速器的拆装。
4. 了解自动变速器的常见故障的诊断与排除。

自动变速器是汽车上成本较高的重要部件,其结构的复杂程度和零部件的密集以及精密程度来说,一点也不比发动机低。修理自动变速器是一项技术性强、修理质量要求高、修理费用高的工作。在自动变速器的修理过程中,变速器的故障诊断和修理两项工作相比较来说,故障诊断工作是必须首要完成的工作,通过故障诊断工作确定自动变速器的故障部位和原因,以便有的放矢地进行修理,防止盲目拆卸,造成经济损失。因此相关人员在自动变速器的维修中需要掌握专业的技术和方法。

6.1 自动变速器的基本检查与调整

对于有故障的自动变速器应首先进行性能检验,以确定其故障范围,为进一步的分解修理提供依据。修前检测是从诊断故障和确定修理部位出发,在车上做必要的检查或测试。自动变速器在修理完毕后,也应进行全面的性能检查,修后检查是为了鉴定修理质量,检验自动变速器的各项性能指标是否达到标准要求。

6.1.1 自动变速器油液的检查与更换

自动变速器的油位不当、油质不佳、联动机构调节不当以及发动机怠速不正常，是引起自动变速器产生故障的最常见原因。通常把对这些部件的检查与重新调整，叫做自动变速器的基本检查。无论具体故障是什么，这种基本检查必须要进行，而且也是首先进行的。基本检查和调整项目包括：油面检查、油质检查、液压控制系统漏油检查、油门拉索检查和调整、换挡杆位置检查和调整、空挡起动开关和怠速检查。

1. 油面检查

在对变速器进行检查前或故障诊断前，首先要对变速器油面高度进行检查，一般在车辆行驶1万千米后检查油液面。变速器与差速器有一个公用的油池，其内部是相通的。在拉出油尺之前，应将护罩及手柄上的脏东西都清理干净。

把选挡手柄放在P位或N位（空挡），将发动机在怠速时至少运转一分钟，同时汽车必须停放在水平路面上，这样才能确保在差速器和变速器之间的油面高度正常、稳定。检查应在油液正常工作温度50~90℃时进行。自动变速器油面检查的具体方法是：

（1）将汽车停放在水平地面上，并拉紧手制动。

（2）让发动机怠速运转一分钟以上。

（3）踩住制动踏板，将操纵手柄拨至倒挡（R）、前进挡（D）、前进低挡（S、L或2、1）等位置，并在每个挡位上停留几秒钟，使液力变矩器和所有换挡执行元件中都充满液压油。最后将操纵手柄拨至停车挡（P）位置。

（4）从加油管内拔出自动变速器油尺，将擦干净的油尺全部插入加油管后再拔出，检查油尺上的油面高度。液压油油面高度的标准是：如果自动变速器处于冷态（即冷车刚刚起动，液压油的温度较低，为室温或低于25℃时），液压油油面高度应在油尺刻线的下限附近；如果自动变速器处于热态（如低速行驶5min以上，液压油温度已达70~80℃），油面高度应在油尺刻线的上限附近（见图6-1-1）。因为低温时液压油的粘度大，运转时有较多的液压油附着在行星齿轮等零件上，所以油面高度较低；高温时液压油的粘度小，容易流回油底壳，因此油面高度较高。

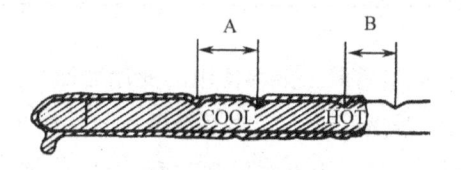

图6-1-1 自动变速器油面高度的检查

若油面高度过低，应从加油管处添加合适的液压油，直至油面高度符合标准为止。

继续运转发动机，检查自动变速器油底壳，油管接头等处有无漏油。如有漏油，应立即予以修复。

在自动变速器调整、加注液压油，并经试车之后，应重新检查自动变速器液压油的油面高度是否正常，油底壳、油管接头等处有无漏油。

2. 油质检查

变速器在正常工作温度下一般能行驶约4万千米24个月，影响油液和变速器使用寿命的最重要因素之一是油液的温度，而影响油液温度的主要因素是液力变矩器有故障、离合器、制动器滑转或分离不彻底，单向离合器滑转和油冷却器堵塞等，所以油液温度过高或急剧上升是十分重要和危险的信号，此时说明自动变速器内部有故障或油量不够。若发现温度过高，应当立即停止检查。延长自动变速器使用寿命的关键就在于经常检查油面、检查油液的温度和状态。

油液温度过度，将会使油液粘性下降、性能变坏（产生油膏沉淀和积炭）、堵塞细小量孔、卡滞控制阀门、降低润滑效果、破坏橡胶密封部件，从而导致变速器损坏。

检查变速器油的气味和状态，也是十分重要的。油液的气味和状态可以表明自动变速器的工作状态。检查油液时，从油尺上嗅一嗅油液的气味，在手指上点少许油液，用手指互相摩擦看是否有渣粒，或将油尺上的液压油滴在干净的白纸上，检查液压油的颜色及气味。正常液压油的颜色一般为粉红色，且无气味。如液压油呈棕色或有焦味，说明已变质（变质原因详见表6-1-1的分析），应立即更换变速器油。

表6-1-1 油质与故障原因

油液状态	变质原因
油液变为深褐色或深红色	1. 没有及时更换油液； 2. 长期重载荷运转，某些部件打滑或损坏引起变速器过热
油液中有金属屑	离合器盘、制动器盘或单向离合器严重磨损
油尺上粘附胶质油膏	变速器油温过高
油液有烧焦气味	1. 油温过高、油面过低； 2. 油冷却器或管路堵塞
油液从加油管溢出	油面过高或通气孔堵塞

换油时应优先采用车辆随车手册上推荐使用的变速器油，也可使用8号自动传动油，无推荐用油时，可用国内的22号透平油、液力变矩器Ⅰ号、Ⅱ号油。某些轿车自动变速器使用 DEXRON-Ⅱ 或 M-Ⅲ 型液压油，这两种液压油稳定性好，使用寿命长。注意切不可用齿轮油或机油代替液压油，否则会造成自动变速器的严重损坏。

3. 液压控制系统漏油检查

液压控制系统的各连接部位上都有油封和密封垫，这些部件是经常发生漏油的地方。液压系统漏油会引起油路压力下降，油位下降是换挡打滑和延迟的常见原因。如图 6-1-2 是自动变速器易发生漏油部位，应逐一进行检查。

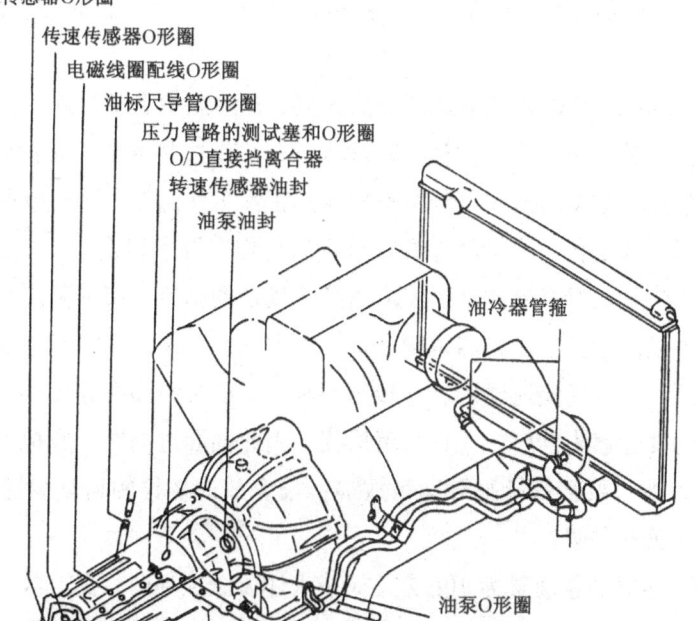

图 6-1-2 变速器各油封位置图

4. 液压油的更换

自动变速器换油的具体方法可参照如下方法进行：

（1）车辆运行至自动变速器达到正常工作温度油温 70～80℃后停车熄火。

（2）拆下自动变速器油底壳上的放油螺栓，将油底壳内的液压油放掉。有些车型的自动变速器油底壳上没有设置放油螺栓，此时应拆下整个油底壳，然后放油。拆油底壳时应先将后半部油底壳螺钉拆下，拧松前半部油底壳螺钉，再将后半部油底壳撬离变速器壳体，放出部分液压油，最后再将整个油底壳拆下。

（3）拆下油底壳，将油底壳清洗干净。有些自动变速器的油底壳上的放油螺栓为磁性螺栓，也有些自动变速器在油底壳内专门放置一块磁铁，以吸附铁屑，清洗时必须注意将吸附的铁屑清洗干净。

（4）拆下自动变速器液压油散热器油管接头，用压缩空气将散热器的残余液压油吹出，再装好油管接头。

（5）装好油底壳和放油螺塞。

（6）从自动变速器加油管中加入规定牌号的液压油。一般自动变速器油底壳内的贮油量为 4L 左右。

（7）起动发动机，检查自动变速器油面高度。要注意由于新加入的油液温度较低，油面高度应在油尺刻线的下限附近。如油面高度太低，应继续加油至规定油面高度。

（8）让汽车行驶至发动机和自动变速器达到正常工作温度，再次检查油面高度是否在油尺线的上限附近。如过低，应继续加油，直至满足规定要求为止。

（9）如果不慎加入过多液压油，使油面高于规定的高度，切不可凑合使用。因为当油面过高时，行驶中油液被行星排剧烈地搅动，产生大量的泡沫，这些带有泡沫的液压油进入油泵和控制系统后，对自动变速器的工作极为不利。其后果和油面高度不足一样，会造成油压过低，导致自动变速器内的摩擦元件打滑磨损。因此油面过高时，应把油放掉一些。有放油螺栓的自动变速器只要把螺栓打开即可放油；没有放油螺栓的自动变速器在需要少量放油时，可从加油管处往外吸。

通常自动变速器的总油量为 10L 左右，按上述方法换油时，变矩器内的液压油是无法放出的。若液压油严重变质，必须全部更换时，可先按上述方法换油，然后让汽车行驶约 5min 后再次换油。

6.1.2 怠速检查

发动机怠速不正常，特别是怠速过高，会使自动变速器工作不正常，出现换挡冲击等故障。因此在对自动变速器做进一步的检查之前应先检查发动机的怠速是否正常。检查怠速时应将自动变速器操纵手柄置于停车挡（P）或空挡（N）位置。通常装有自动变速器的汽车发动机怠速为 750r/min。若发动机怠速过低或过高，都应予以调整。

6.1.3 节气门拉索的检查和调整

1. 节气门拉索的检查

节气门的开度将影响自动变速器的换挡时间，发动机熄火后，节气门应全闭，当油门踩死时，节气门应全开。节气门拉索的索芯不应松弛，索套端和索芯上限位之间的距离应在 0～1mm 之间，如图 6-1-3 所示。若节气门拉索调整不当，对于液力控制自动变速器来说，会导致换挡时刻不正常，造成过早或过迟换挡，使汽车加速性能变差或产生换挡冲击；对于电子控制自动变速器来说，会导致主油路压力异常，造成油压过低或过高，使换挡执行元件打滑或产生换挡冲击。

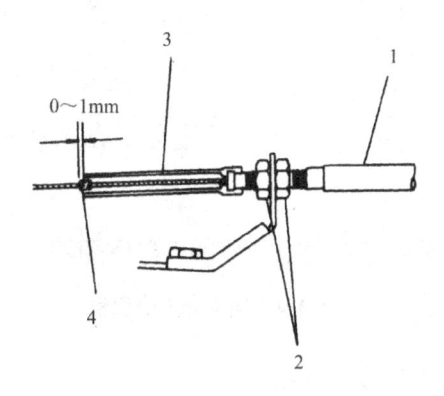

图 6-1-3 节气门拉索的调整

2. 节气门拉索的调整

节气门拉索的调整步骤如下：

① 推动油门踏板连杆，检查油门是否全开，如油门不全开，则应调整油门踏板连杆；
② 把油门踏板踩到底；
③ 把调整螺母拧松；
④ 调整油门拉线；
⑤ 拧动调整螺母，使橡皮套与拉线止动器间的距离为 0～1mm；
⑥ 拧紧调整螺母；
⑦ 重新检查调整情况。

6.1.4 挡位开关的检查和调整

将操纵手柄拨至各个挡位，检查挡位指示灯与操纵手柄位置是否一致，P 位和 N 位时发动机能否起动，R 位时倒挡灯是否亮起。发动机应只能在空挡（N 挡）和驻车挡（P 挡）起动，其他挡位不能起动，若有异常，应调节空挡起动开关螺栓和开关电路。

（1）松开挡位开关的固定螺钉，将操纵手柄放到 N 挡位。
（2）将槽口对准空挡基准线。有些自动变速器的挡位开关外壳上刻有一条基准线，调整时应将基准线和手动阀摇臂轴上的槽口对齐，如图 6-1-4（a）所示；也有一些自动变速器的挡位开关上有一个定位孔，调整时应使摇臂上的定位孔和挡位开关上的定位孔对准，如图 6-1-4（b）所示。

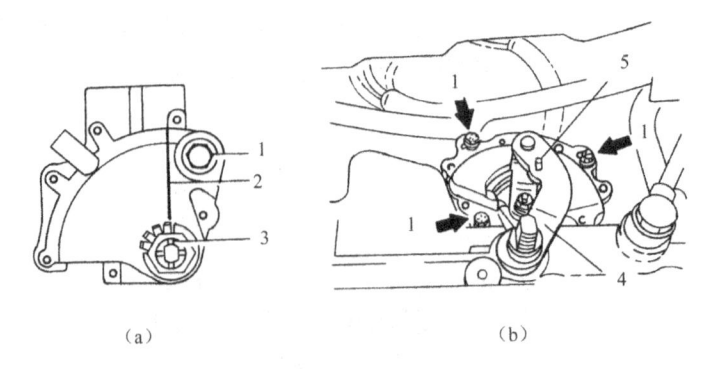

(a)　　　　　　　　　　　(b)

1-固定螺钉　2-基准线　3-摇臂轴　4-摇臂轴杠杆　5-定位孔

图 6-1-4　挡位开关的调整

（3）挡位开关的位置调好后进行固定。

6.2　自动变速器的试验

6.2.1　手动换挡试验

手动换挡试验用于判断是电子控制系统还是机械系统（包括液力变矩器、齿轮变速系统和换挡执行器）或液压控制系统存在故障。主要的方法与步骤如下。

（1）脱开换挡电磁阀连接器。

（2）将选挡杆置于各个位置，检查挡位是否与表 6-2-1 所列情况相同；如果出现异常，说明故障在机械系统。

（3）插上换挡电磁阀连接器，清除故障码。

（4）如果 L、2 和 D 位换挡位置难以区别，则进行下列道路试验：车辆行驶时，经过从 L 位至 2 位、2 位至 D 位的换挡，检查相应挡位的换挡变化。如果在上述试验中发现异常，则是变速器机械系统的故障。

表 6-2-1　选挡杆位置与挡位关系

选挡杆位置	D	2	L	R	P
挡位	4挡	3挡	1挡	倒挡	锁止输出轴

6.2.2 失速试验

失速试验是指在涡轮不转的情况下（如汽车挂挡且踩下制动），泵轮所能达到的最高转速。失速试验是自动变速器故障判断时最常用的一种试验方法，它可以帮助区分故障是在发动机还是在自动变速器，帮助分析发动机功率大小、液力变矩器性能好坏及变速器内换挡执行元件工作是否正常，自动变速器的离合器、制动器和单向离合器是否打滑。用失速转速来反映发动机的整体性能和自动变速器的综合性能。

进行失速试验时，变速器应达到正常工作温度，拉紧手制动，将变速杆置于 D 位，左脚踩住制动踏板，右脚将加速踏板踩到底，此时的发动机转速即为失速转速。在做失速试验时，变速器油温会迅速上升，因此试验时间不可超过五秒。试验后要让发动机继续运转约两分钟，使变速器油温得到冷却然后再做 R、L 等不同挡位的失速试验。如果失速转速低，故障原因可能使发动机动力不足或变矩器内导轮的单向离合器工作不良；如果失速转速过高，说明发动机负荷小，自动变速器内部有换挡执行元件在打滑，检查离合器片或制动带是否烧蚀，检查主油路油压是否过低。

1. 失速试验注意事项

在做失速试验时需要注意以下几项：
（1）在正常工作温度下进行该试验（50～80℃，122～176℉）。
（2）该试验连续进行不得超过 5 秒钟。
（3）为保证安全，请在宽阔水平地面上进行，并确保试验用车前后无人。
（4）失速试验应两人共同完成。一人观察车轮情况或车轮塞木情况，另一人进行试验。

2. 失速试验的方法和步骤

（1）塞住前后车轮。
（2）在发动机上安装转速表（如果仪表盘上有转速表可省略此步）。
（3）拉紧驻车制动手柄或踩下驻车制动踏板。
（4）左脚踩下制动踏板。
（5）起动发动机。
（6）将选挡杆置于 D 位。用右脚把加速踏板踩到底，同时迅速读发动机转速，此转速即为失速转速。
（7）在 R 位重复试验。

不同车型的自动变速器都有其失速转速标准。大部分自动变速器的失速转速标准为

2300 r/min 左右。若失速转速与标准值相符，说明自动变速器的油泵、主油路油压及各个换挡执行元件的工作基本正常；若失速转速高于标准值，说明主油路油压过低或换挡执行元件打滑；若失速转速低于标准值，则可能是发动机动力不足或液力变矩器有故障。

不同挡位失速转速不正常的原因如表 6-2-2 所示。

表 6-2-2　失速转速不正常的原因

操纵手柄位置	失速转速	故障原因
所有位置	过高	主油路油压过低； 前进挡和倒挡的换挡执行元件打滑； 低挡及倒挡制动器打滑
所有位置	过低	发动机动力不足； 变矩器导轮的单向超越离合器打滑
仅在 D 位	过高	前进挡油路油压过低； 前进离合器打滑
仅在 R 位	过低	倒挡油路油压过低； 倒挡及高挡离合器打滑

6.2.3　油压试验

在不同工况下，变速器各部分应有各自正常的油压。这些油压包括主油路、各挡位油压、速控油压、变矩器油压、蓄压器油压等，对于电控自动变速器来说，我们一般测试的是 P、R、N 和 D 位时的主油路油压。用测得的液压系统各部分油路油压来判断自动变速器油泵、各种阀的技术状况、密封性和节气门位置传感器的调整情况。

1. 主要的测试的方法和步骤

（1）运转发动机，让发动机和变速器温度正常。

（2）拔去变速器壳体上的检查接头塞，连接压力表。

（3）拉紧驻车制动手柄，塞住 4 个车轮。

（4）起动发动机，检查怠速转速。

（5）左脚踩下制动踏板，将选挡杆换入 D 位。

（6）发动机怠速下测量主油压。

（7）将加速踏板踩到底。在发动机达到失速转速时迅速读下油路最高压力。注意：如果在发动机转速未达到失速转速之前，后轮开始转动，则松开加速踏板停止试验。

（8）在 R 位重复试验。

2．试验结果分析

（1）在任何范围油压均高于规定值：节气门拉线调整不当、节气门阀失效、调压阀失效、油泵失效、O/D 挡离合器损坏。

（2）只在 D 位油压低：D 位油路泄漏、前进挡离合器故障。

（3）只在 R 位油压低：R 位油路泄漏、直接挡离合器故障、倒挡制动器故障。

6.2.4 换挡迟滞试验

发动机怠速转动时拨动选挡杆，在感觉振动前会有一段时间的迟滞或延迟，这用于检查 O/D 挡离合器、前进挡离合器、直接挡离合器及 1 挡、倒挡制动器的工作情况。

1．注意事项

（1）在正常工作油温下进行该试验（50～80℃，122～176°F）。

（2）在各试验中保证有 1 分钟间隔。

（3）进行三次试验并取平均值。

2．方法和步骤

（1）拉紧驻车手柄。

（2）起动发动机并检查怠速。

（3）将选挡杆从 N 位拨向 D 位。用秒表测量拨动选挡杆到感觉振动的时间。延迟时间应小于 1.2 秒。

（4）从 N→R 用同样方法测量。延迟时间应小于 1.5 秒。

3．试验结果分析

大部分自动变速器 N→D 延时时间小于 1.0～1.2 s，N→R 延时时间小于 1.2～1.5 s。

（1）如果 N→D 延迟时间大于规定值：主油压太低、前进挡离合器磨损、O/D 单向离合器工作不良。

（2）如果 N→R 延迟时间大于规定值：主油压太低、直接挡离合器磨损、倒挡制动器磨损、O/D 单向离合器工作不良。

6.2.5 道路试验

道路试验是维修自动变速器不可缺少的步骤，主要内容包括升挡检查、升挡车速的检查、换挡质量的检查、锁止离合器工作状况的检查、发动机制动作用的检查、强制降挡功能的检查。检查自动变速器的换挡点,并检查是否存在换挡冲击、振动、噪声和打滑等方面的问题,为自动变速器的故障诊断提供依据。修前路试是为了再现和验证故障,进一步分析故障的原因;修后路试是为了检查自动变速器工作是否恢复正常。路试的主要项目是为了检查换挡点是否正确,以及有无换挡冲击、变速器有无异响、不同模式换挡是否正常、强制降挡功能的检查等。

1. 升挡检查

将换挡杆拨至前进挡(D)位置,踩下加速踏板,使节气门保持在1/2开度左右,让汽车起步加速,检查自动变速器的升挡情况。

自动变速器在升挡时发动机会有瞬时的转速下降,同时车身有轻微的晃动感。正常情况下,汽车起步后随着车速的升高,试车者应能感觉到自动变速器能顺利地由1挡升入2挡,随后再由2挡升入3挡,最后升入超速挡。若自动变速器不能升入高挡(3挡或超速挡),说明控制系统或换挡执行元件有故障。

2. 升挡车速的检查

将换挡杆拨至前进挡(D)位置,踩下加速踏板,并使节气门保持在某一固定开度,让汽车起步并加速。当察觉到自动变速器升挡时,记下升挡车速。一般4挡自动变速器在节气门开度保持在1/2时由1挡升至2挡的升挡车速为25~35 km/h,由2挡升至3挡的升挡车速为55~70 km/h,由3挡升至4挡(超速挡)的升挡车速为90~120 km/h。

由于升挡车速和节气门开度有很大的关系,即节气门开度不同时,升挡车速也不同,而且不同车型的自动变速器各挡位传动比的大小都不相同,其升挡车速也不完全一样。因此,只要升挡车速基本保持在上述范围内,而且汽车行驶中加速良好,无明显的换挡冲击,都可认为其升挡车速基本正常。若汽车行驶中加速无力,升挡车速明显低于上述范围,说明升挡车速过低(即过早升挡);若汽车行驶中有明显的换挡冲击,升挡车速明显高于上述范围,说明升挡车速过高(即太迟升挡)。

由于降挡时刻在行驶中不易察觉,因此在道路试验中一般无法检查自动变速器的降挡车速,只能通过检查升挡车速来判断自动变速器有无故障。

如有必要还可检查在其他模式下或换挡杆位于前进低挡位置时的换挡车速,并与标准值进行比较,作为判断故障的参考依据。

升挡车速太低一般是控制系统的故障所致;换挡车速太高则可能是控制系统的故障、换挡执行元件的故障所致。

3. 升挡时发动机转速的检查

有发动机转速表的汽车在做自动变速器道路试验时,应注意观察汽车行驶中发动机转速变化的情况;它是判断自动变速器工作是否正常的重要依据之一。在正常情况下,若自动变速器处于经济模式或普通模式,节气门保持在低于 1/2 开度范围内,则在汽车由起步加速直至升入高速挡的整个行驶过程中,发动机转速都将低于 3 000 r/min。

通常在加速至即将升挡时发动机转速可达到 2500～3000r/min,在刚刚升挡后的短时间内发动机转速将下降至 2000r/min 左右。如果在整个行驶过程中发动机转速始终过低,加速至升挡时仍低于 2 000 r/min,说明升挡时间过早或发动机动力不足;如果在行驶过程中发动机转速始终偏高,升挡前后的转速在 2500～3 500r/min,而且换挡冲击明显,说明升挡时间过迟;如果在行驶过程中发动机转速过高,经常高于 3 000 r/min,在加速时达到 4 000 r/min,甚至更高,则说明自动变速器的换挡执行元件(离合器或制动器)打滑,应拆修自动变速器。

4. 换挡质量的检查

换挡质量的检查内容主要是检查有无换挡冲击。正常的自动变速器只能有不太明显的换挡冲击,特别是电子控制自动变速器的换挡冲击应十分微弱。若换挡冲击太大,说明自动变速器的控制系统或换挡执行元件有故障,其原因可能是油路油压过高或换挡执行元件打滑,应做进一步的检查。

5. 锁止离合器工作状况的检查

道路试验中可以对液力变矩器的锁止离合器工作质量进行检查,让汽车加速至超速挡,以高于 80 km/h 的车速行驶,并让节气门开度保持在低于 1/2 的位置,使单向锁止离合器处于未锁止状态(整个液力传动按偶合器运行)。此时快速将油门踏板踩下至 2/3 开度,同时检查发动机转速的变化情况。若发动机转速没有太大变化,说明锁止离合器仍处于未锁止状态;反之,若发动机转速升高很多,则表明锁止离合器已被锁止(已按变矩器运行)。

6. 发动机制动作用的检查

检查自动变速器有无发动机制动作用时,应将换挡杆拨至前进低挡(S,L 或 2,1 位置),在汽车以 2 挡或 1 挡行驶时,突然松开加速踏板,检查是否有发动机制动作用。若松开加速踏板后车速立即随之下降,说明有发动机制动作用;否则说明控制系统锁止电磁阀、锁止离合器、前进强制离合器有故障。

7. 强制降挡功能的检查

检查自动变速器强制降挡功能时,应将换挡杆拨至前进挡(D)位置,保持节气门开度为 1/3 左右，在以 2 挡、3 挡或超速挡行驶时突然将加速踏板完全踩到底，检查自动变速器是否能立即强制降低一个挡位。在强制降挡时，发动机转速会突然上升至 4 000r/min 左右，但随着车辆加速，并重新升入高挡，发动机转速也随之下降。若踩下油门踏板后没有出现强制降挡，说明强制降挡功能失效。若在强制降挡时发动机转速升高得反常，达 5000r/min，并在升挡时出现换挡冲击，则说明换挡执行元件打滑，应拆修自动变速器。

6.3　自动变速器的拆装

自动变速器的结构十分复杂，不论是换挡执行元件损坏，还是控制电路、阀板中的控制阀或其他部件出现故障，都会影响自动变速器的正常工作。本节内容重点介绍自动变速器各部分的拆卸、分解，零部件的检修方法及组装方法与步骤。

6.3.1　自动变速器的拆卸与分解

1. 拆卸的注意事项

（1）从车上拆卸变速器之前，必须把车辆停放在平坦、安全的地方，变速器置入低挡区空挡位置，熄火并关闭电源总开关，楔住前方车轮，确保安全非常重要。

（2）分解变速器总成之前，必将变速器外壳彻底清洗干净。

（3）变速器的分解必须在一个清洁的地方进行，避免让灰尘或其他杂物进入变速器内部，否则会加剧磨损和损坏轴承。

（4）拆卸轴承应使用专用工具，拆下的轴承要仔细的清洗。

（5）分解各个分总成时，要把所有零件按拆卸时的顺序放在干净的工作台上，避免零件丢失，又便于装配。

（6）拆卸卡簧应使用卡簧钳。

（7）在拆卸零件过程中，一定要注意施加在轴或壳体等零件上力量的大小，请勿野蛮操作，避免损坏零件，有些零件是禁止拆卸的，绝对禁止向正在运转的从动件施加外力。

2. 从整车上拆卸变速器总成

（1）拧下变速器下部的放油螺塞，放尽变速器内的润滑油（热车放油）。

（2）拆掉传动轴总成（如果装有取力器，同时也应拆掉取力器连接轴）和中间支撑。

（3）拆开速度里程表软轴与变速器的连接。

（4）拆开变速器操纵机构。

（5）拆掉离合器助力器，使离合器分离轴承脱开。

（6）拆下联结在变速器上的电线和管子。

（7）用钢丝绳吊住变速器或在变速器下面放置一个变速器千斤顶。

（8）拆下离合器壳与飞轮壳的连接螺栓。

（9）用变速器千斤顶或钢丝绳即可从车上取下变速器总成；此变速器分解必须在立式状态，注意不能损坏离合器壳和输入轴。

（10）拆副箱时应先将主轴后端固定螺母拆下。

3. 拆卸自动变速器的前后壳体、油底壳及阀体

（1）拆除所有安装在自动变速器壳体上的零部件，如加油管、挡位开关、车速传感器、输入轴传感器等。

（2）从自动变速器前方拆下液力变矩器。

（3）松开紧固螺栓，拆下自动变速器前端的液力变矩器壳。

（4）拆除输出轴凸缘和自动变速器后端壳，从输出轴上拆下车速传感器的感应转子。

（5）拆下油底壳。拆下油底壳连接螺栓后，用维修专用工具的刃部插入变速器与油底壳之间，切开所涂密封胶，小心不要损坏油底壳凸缘。

（6）检查油底壳中的颗粒。拆下磁铁，观察其收集的金属颗粒，若是钢（磁性）性材料，则说明轴承、齿轮和离合器的钢片存在磨损，若是黄铜（非磁性）材料，则说明是衬套磨损。

（7）拆下连接在阀体上的所有线束插头，拆下4个电磁阀。

（8）拆下与节气门阀连接的节气门拉索。

（9）用旋具把液压油管小心的撬起取下。

（10）松开进油滤网与阀体之间的固定螺栓，从阀体上拆下进油滤清器。

（11）拆下阀体与自动变速器壳体之间的连接螺栓，如图6-3-1所示，取下阀体总成。

阀体上的螺栓除了一部分是固定在变速器壳体上之外，还有许多是上下阀体之间的连接螺栓。在拆卸阀体总成时，应对照该车型的维修手册，认准阀体与自动变速器之间的固定螺栓。若没有维修手册，则在拆卸阀体时，应先松开阀体四周的固定螺栓，再检查阀体总成是否松动，若未松动，可将阀体中间的固定螺栓逐个松开少许，直至阀体松动为止，即可找出阀体上所有固定在自动变速器壳体上的螺栓。

阀体总成以整体结构装在自动变速器下部，不但是重要部件，而且是精密的配合偶件，稍有差错，散落碰伤，就会影响自动变速器的正常工作，所以不要轻易分解。

（12）取出自动变速器壳体油道中的止回阀和弹簧。

（13）取出自动变速器壳体油道中的蓄压器活塞，方法是用手指按住蓄压器活塞，从蓄压器活塞周围的油孔中吹入压缩空气，将蓄压器活塞吹出。

（14）拆下手动阀拉杆和停车闭锁爪，必要时也可卸下手动阀操纵轴。

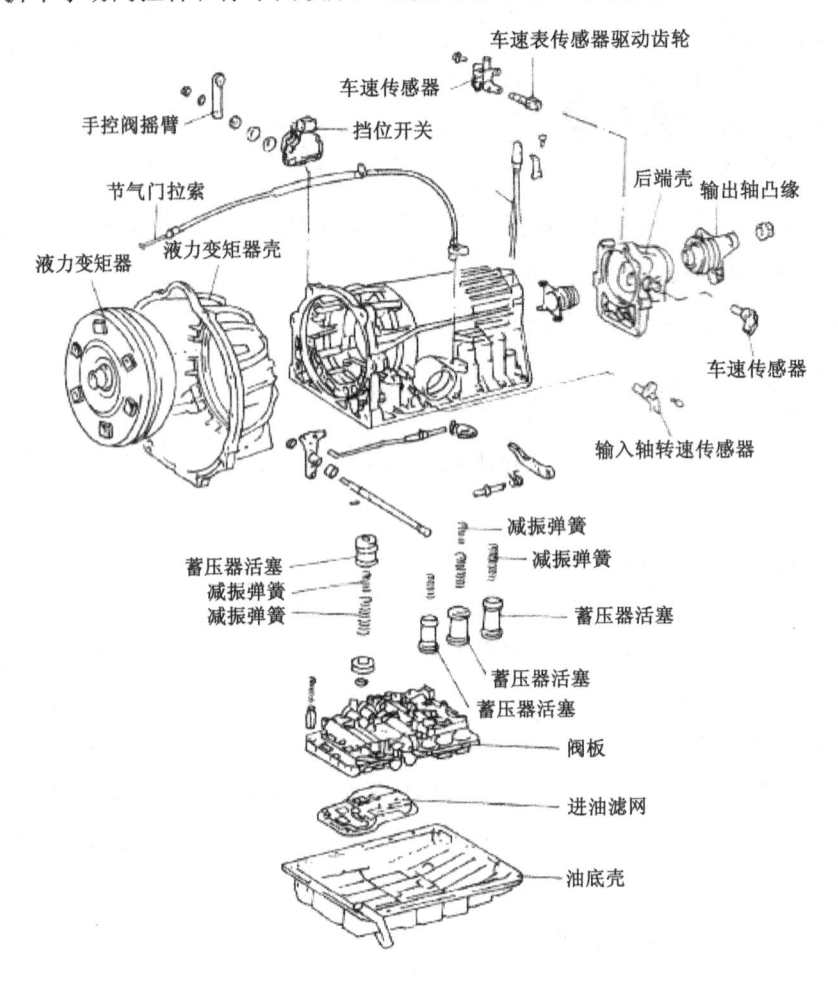

图 6-3-1　自动变速器的分解

4. 拆卸油泵总成

（1）拆下油泵固定螺栓。

（2）用专用工具拉出油泵总成，如图 6-3-2 所示。

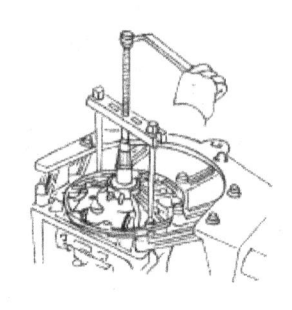

图 6-3-2　用专用工具拉出油泵

5. 分解行星齿轮变速机构

行星齿轮变速机构的分解如图 6-3-3 所示。

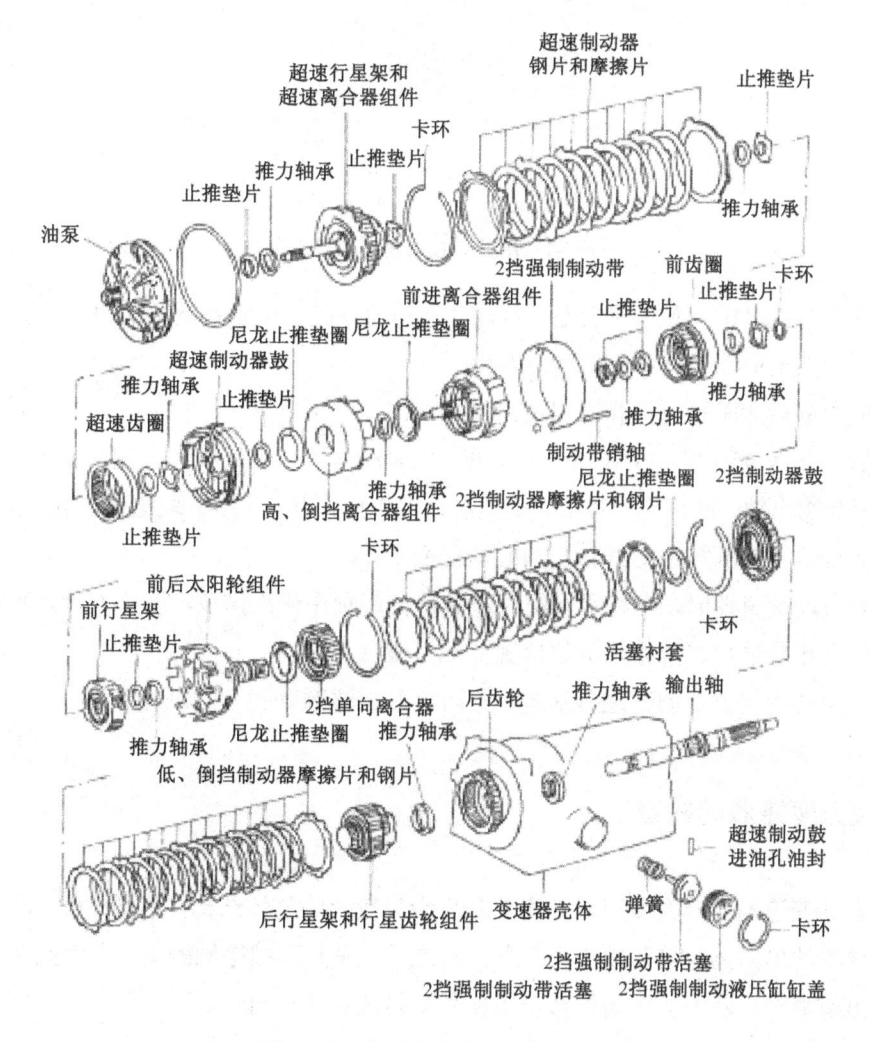

图 6-3-3　行星齿轮变速机构分解图

（1）从自动变速器前方取出超速行星架和超速（直接挡）离合器组件及超速齿圈。

（2）拆卸超速制动器。用旋具拆下超速制动器卡环，取出超速制动器钢片和摩擦片。拆下超速制动器鼓的卡环，松开壳体上的固定螺栓，用拉具拉出超速制动器鼓，如图 6-3-4 所示。

（3）拆卸 2 挡强制制动带活塞。从外壳上拆下 2 挡强制制动带液压缸缸盖卡环，用手指按住液压缸缸盖，从液压缸进油孔中吹入压缩空气，将液压缸缸盖和活塞吹出。

（4）取出中间轴，拆下高、倒挡离合器和前进离合器组件。

（5）拆出 2 挡强制制动带销轴，取出制动带。

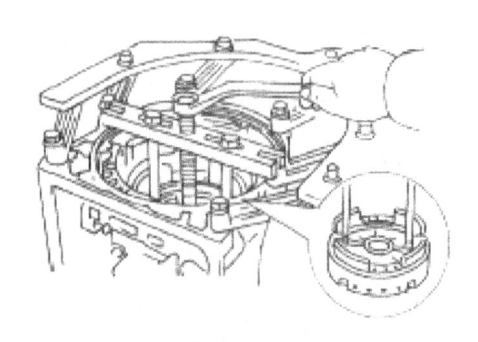

图 6-3-4 用拉具拉出超速制动器鼓

（6）拆出前行星排。取出前齿圈，将自动变速器立起，用木块垫住输出轴，拆下前行星架上的卡环，拆出前行星架和行星齿轮组件。

（7）取出前后太阳轮组件和低挡单向离合器。

（8）拆卸 2 挡制动器。拆下卡环，取出 2 挡制动器的所有摩擦片、钢片及活塞衬套。

（9）拆卸输出轴、后行星排和低、倒挡制动器组件。拆下卡环，取出输出轴、后行星排、前进单向离合器、低倒挡制动器和 2 挡制动器鼓组件。

在分解自动变速器时，应将所有组件和零件分解顺序依次排放，以便于检修和组装，要特别注意各个止推垫片、推力轴承的位置，不可错乱。

各个车型的后驱动自动变速器基本上都可参照上述顺序和方法进行分解。

6.3.2 液力变矩器的检修

轿车自动变速器的液力变矩器外壳都是采用焊接式的整体结构，不可分解。液力变矩器内部除了导轮的单向离合器和锁止离合器压盘之外，没有互相接触的零件，因此在使用中基本上不会出现故障，液力变矩器的维修工作主要是清洗和检查。

1. 液力变矩器检修注意事项

（1）液力变矩器在装车前要加注自动变速器油，以免在发动机刚工作时，因变矩器内缺油而损坏。

（2）拆卸自动变速器时，应将液力变矩器一同拆下，安装自动变速器时，应先将变矩器安装在自动变速器上，并确认已安装到位，然后再将其一起安装到车上，在变速器和发动机完全贴靠前，不允许拧紧变矩器壳和发动机机体间的连接螺栓。

（3）在更换变矩器时，要注意其型号与变速器的匹配关系，新变矩器与旧变速器的型号、外形尺寸、失速转速和转矩应完全相同。错误的匹配往往出现在同一型号的自动变速器配用在不同厂家的不同车型时或同一型号的自动变速器配用在不同排量的同一车型时。

（4）大多数变速器的油泵都是由变矩器直接驱动的，尽管变矩器驱动毂端有的是两个缺口、有的是两个扁块、有的是两个三角形的，还有的为外花键或六方的，但组装时往往先将变矩器装入变速器上，然后再装变速器，安装时需一边旋转发动机，一边往里推变速器，待变速器壳与发动机缸体后平面间没有间隙时，再紧固连接螺栓。如不旋转发动机，直接紧螺栓，变矩器驱动毂会顶坏油泵主动轮，造成汽车无法行驶的故障。

2. 液力变矩器的故障及维修

在诊断变矩器故障的时候，要把变矩器的补油泵、变速器、油液冷却器及连接管路作为一个整体来考虑，因为任何一部分的正常工作都在很大程度上取决于其他各部分的状态和工作情况。所有的检测都应在变矩器出口油温为82.3～93.3℃时进行，为此，可以使机器工作一段时间，或者使变矩器处于失速状态，直至达到所要求的温度。液力变矩器的故障、原因及处理方法如表6-3-1所示。

表6-3-1 液力变矩器的故障、原因及处理方法

故障	原因	处理方法
变矩器出口压力过低（压力低于所规定的最小出口油压）	1. 密封件和O形密封圈损坏； 2. 油泵损坏； 3. 安全阀卡死，常开	1. 解体变矩器，更换密封件； 2. 更换新油泵； 3. 清洗并检查阀的弹簧及阀芯
变矩器出口压力过高（压力高于所规定的最小出口油压）	1. 油冷却器或管路堵塞； 2. 油液比重过大； 3. 油温过低	1. 检查冷却器及其管路是否堵塞，清洗或更换； 2. 使用所推荐的油； 3. 天气寒冷引起的压力过高，变矩器工作一段时间油温上升，压力就会降下来
变矩器过热	1. 冷却器或管路堵塞；冷却容量过小； 2. 吸油管内有空气； 3. 油泵已磨损； 4. 变矩器至变速器或油槽的泄油管路安装不合适	1. 检查、清洗，必要时更换冷却器； 2. 检查管路接头是否连接不够紧密； 3. 更换油泵； 4. 回油管口接在变矩器壳体的最低位置
变速器噪声过大	1. 啮合的齿轮磨损； 2. 油泵已磨损； 3. 轴承损坏； 4. 驱动齿轮磨损	1. 更换齿轮； 2. 更换油泵； 3. 有必要拆下轴承总成，更换轴承； 4. 更换驱动齿轮
变速器离合器压力过低	1. 变速器发生故障； 2. 油泵已磨损； 3. 调压阀卡死，常开	1. 切断至变速器控制阀的油路，如果离合器压力恢复正常，则问题在变速器； 2. 更换油泵； 3. 清洗并检查调压阀磨损及污染情况，必要时更换

续表

故　障	原　因	处理方法
变速器离合器压力过高	调压阀卡死，常闭	清洗并检查调压阀零件磨损及污染情况，必要时更换
变矩器输出功率不足	1. 发动机调速器位置不合理； 2. 变矩器输出压力过低； 3. 油液中混入空气； 4. 油液选用不当	1. 调整发动机； 2. 参看"变矩器出口压力过低"处理方法； 3. 检查管路接头是否有松动之处，拧紧； 4. 使用所推荐的油液
油液进入飞轮壳体	1. 罩轮与泵轮之间的 O 形密封圈失效； 2. 隔油挡板的 O 形密封圈失效； 3. 隔油挡板油封损坏	更换

3. 变矩器的检查

（1）检查变矩器外部有无损坏和裂纹、轴套外径有无磨损、驱动油泵的轴套缺口有无损伤。如有异常应更换液力变矩器。

（2）检查单向离合器

将单向离合器内座圈驱动杆（专用工具）插入变矩器中，如图 6-3-5（a）所示；再将单向离合器外座圈固定器（专用工具）插入变矩器中，并卡在轴套上的油泵驱动缺口内，如图 6-3-5（b）所示；转动驱动杆，检查单向离合器工作是否正常，如图 6-3-5（c）所示。

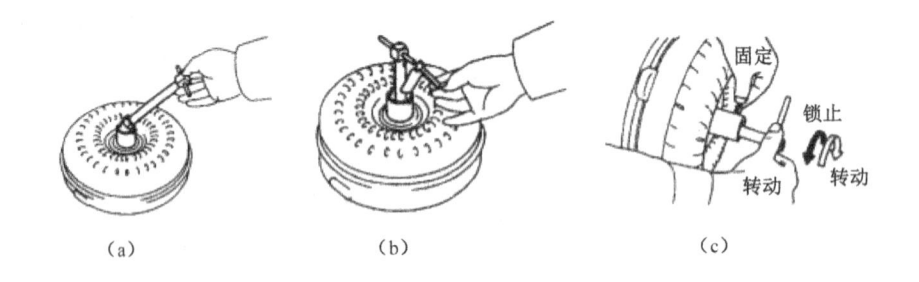

图 6-3-5　检查单向离合器

检查单向离合器时如果滚柱破裂、滚珠保持架断裂或内外圈滚道磨损起槽，应更换新件，如果在锁止方向上打滑或在自由转动方向上卡滞，也应更换。

（3）测量驱动盘（飞轮后端面）的端面圆跳动。安装百分表，测量驱动盘的端面圆跳动，其最大值不超过 0.20mm。

（4）测量液力变矩器轴套径向圆跳动。暂时将液力变矩器装在驱动盘上，安装百分表，径向圆跳动最大值超过 0.3mm，可通过重新调整液力变矩器的安装方位进行校正，并在校正后的位置上做一记号，以保证安装正确，若无法校正，应更换液力变矩器。

（5）检查液力变矩器的安装情况。用游标卡尺和直尺测量液力变矩器安装面至自动变速器壳体正面的距离，应为17.7mm，若距离小于标准值，则应检查是否由于安装不当所致。

4. 变矩器的清洗

（1）倒出变矩器中残留的液压油。

（2）向变矩器内加入2L干净的液压油，摇动液力变矩器以清洗其内部，然后将液压油倒出。

（3）再次向变矩器内加入2L干净的液压油，清洗后倒出。

6.3.3 油泵的检修

1. 油泵的分解

油泵的分解如图6-3-6所示。

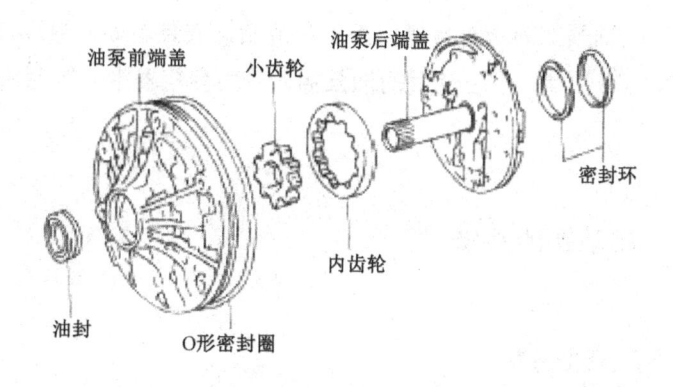

图 6-3-6　油泵的分解

（1）拆下油泵后端轴颈上的密封环。
（2）按照对称交叉的顺序依次松开油泵的连接螺栓，打开油泵。
（3）用油漆在小齿轮和内齿轮上做一记号，取出小齿轮及内齿轮。
（4）拆下油泵前端盖上的油封。
在分解油泵时应注意不要损伤油泵前端盖，不可用冲子在油泵齿轮和油泵壳上做记号。

2. 油泵零件的检查

（1）用塞尺分别测量油泵内齿轮外圆与油泵壳体之间的间隙、小齿轮及内齿轮的轮齿与月牙板之间的间隙、小齿轮及内齿轮端面与端盖平面的端隙。将测量结果与表6-3-2的数值对照，如不符合标准，应更换齿轮、泵壳或油泵总成。

表6-3-2 标准间隙和最大间隙

检查项目	标准间隙（mm）	最大间隙（mm）
油泵内齿轮外圆与油泵壳体之间	0.07~0.15	0.3
齿轮与月牙板之间	0.11~0.14	0.3
齿轮端面与端盖平面	0.02~0.05	0.3

（2）检查油泵小齿轮、内齿轮、泵体端面有无肉眼可见的磨损痕迹，如有应更换新件。

3. 油泵的组装

用干净的煤油清洗油泵的所有零件，并用压缩空气吹干，再在清洁的零件上涂少许自动变速器用液压油（ATF），按下列步骤组装：

（1）在油泵前端盖上装入新的油封。

（2）更换所有的O形密封圈，并在新的O形密封圈涂ATF油。

（3）按分解时相反的顺序组装油泵各零件。

（4）按照对称交叉的顺序，依次拧紧油泵盖紧固螺栓，拧紧力矩10N·m。

（5）在油泵后端轴颈上的密封环槽内涂上润滑脂，安装新的密封环。

（6）检查油泵运转性能：将组装后的油泵插入液力变矩器中，转动油泵，油泵齿轮转动应平稳，无异响。

6.3.4 离合器、制动器的检修

1. 离合器、制动器的分解

（1）超速离合器的（C_0）的分解

① 从超速行星架和超速离合器组件上取下超速离合器，如图6-3-7所示。

② 用旋具拆除卡环，取出挡圈、摩擦片、钢片。

③ 使用专用工具将活塞回位弹簧座圈压下，用卡环钳或旋具拆下卡环，取出弹簧座圈和回位弹簧。

④ 先将油泵装在液力变矩器上，再将超速离合器装在油泵上，向油道内吹入压缩空气取出活塞。

⑤ 拆下活塞上的O形密封圈。

（2）超速制动器（B_0）的分解

在分解自动变速器时，超速制动器的摩擦片和钢片已经拆出，如图6-3-8所示。

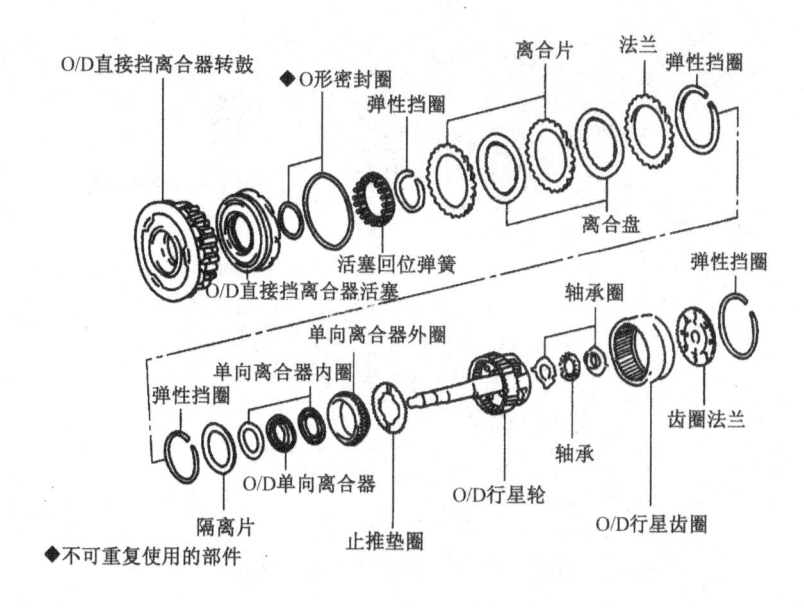

图 6-3-7　超速直接挡离合器和超速单向离合器分解图

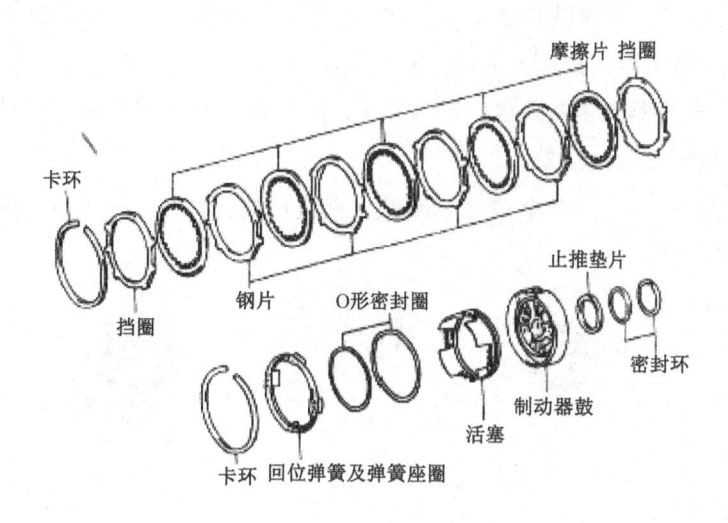

图 6-3-8　超速制动器的分解图

① 使用专用工具，将活塞回位弹簧座圈压下，用旋具拆下卡环，取出回位弹簧和弹簧座圈。

② 将超速制动器鼓装在直接挡离合器上，从油道内用压缩空气吹出活塞。

③ 拆下活塞内、外圆上的 O 形密封圈及制动鼓后端轴颈上的密封环和上推轴承座。

(3) 前进挡离合器（C_1）的分解

前进挡离合器的零部件组成如图 6-3-9 所示。

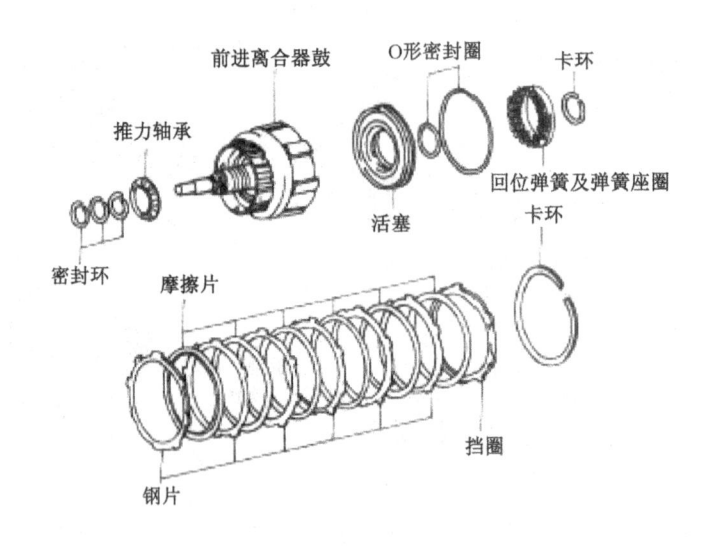

图 6-3-9　前进挡离合器的分解图

① 用旋具拆下卡环，取出前进挡离合器的挡圈、摩擦片、钢片，如图 6-3-10（a）所示。

② 使用专用工具，将前进挡离合器活塞回位弹簧座圈压下，用卡环钳或旋具拆下卡环，取出回位弹簧及弹簧座圈，如图 6-3-10（b）所示。

③ 将前进挡离合器安装在超速制动器鼓上，如图 6-3-10（c）所示方法从油道内吹入压缩空气，取出前进挡离合器活塞。

④ 取下活塞内外圆上的两个 O 形密封圈及前进挡离合器鼓前端轴颈上的密封环。

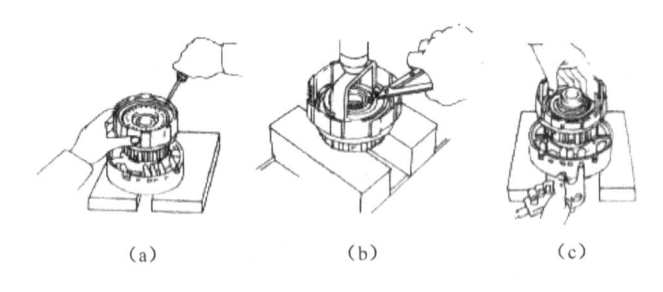

图 6-3-10　前进挡离合器鼓的分解图

（4）直接挡离合器（C_2）的分解

直接挡离合器的零部件组成如图 6-3-11 所示。

① 用旋具拆下卡环，取出直接挡离合器的挡圈、摩擦片、钢片，如图 6-3-12（a）所示。

② 使用专用工具，将直接挡离合器活塞回位弹簧座圈压下，用卡环钳或旋具拆下卡环，取出回位弹簧及弹簧座圈，如图 6-3-12（b）所示。

③ 将直接挡离合器装在超速制动器鼓上，按如图 6-3-12（c）所示方向向油道内吹入压缩空气，取出活塞。

④ 取下活塞内、外圆上的两个 O 形密封圈。

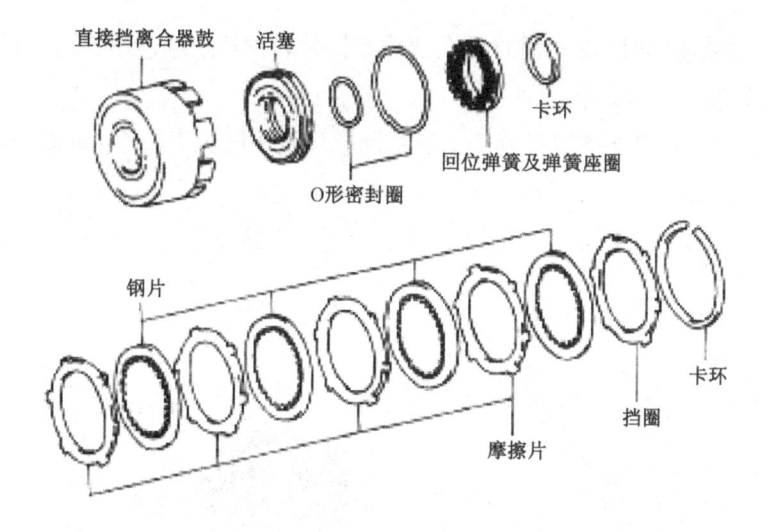

图 6-3-11　直接挡离合器的分解图

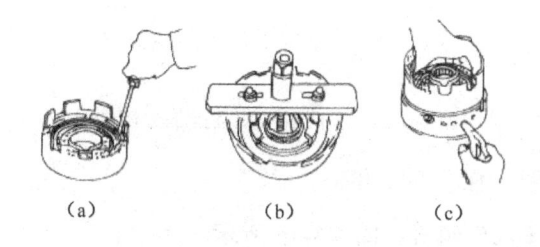

图 6-3-12　直接挡离合器鼓的分解

（5）2 挡滑行制动器（B_1）的分解

2 挡滑行制动器的零、部件组成如图 6-3-13 所示。

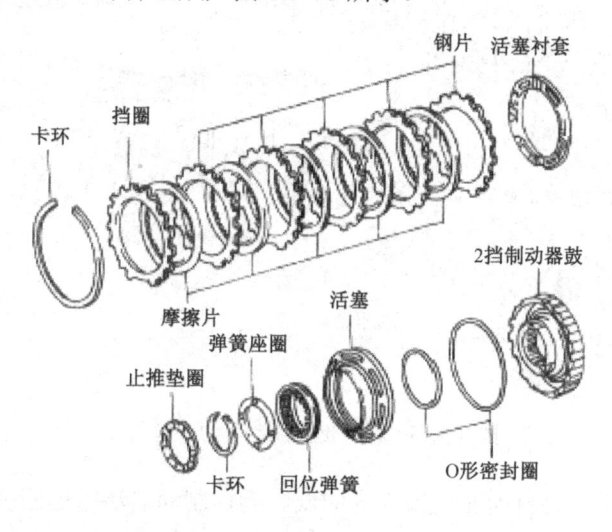

图 6-3-13　2 挡滑行制动器的分解图

在分解自动变速器时，2挡滑行制动器的摩擦片和钢片已经拆出，这里只要进一步分解2挡滑行制动器鼓，步骤如下：

① 使用专用工具将2挡滑行制动器活塞回位弹簧座圈压下，用旋具或长环钳拆下卡环，取出回位弹簧及弹簧座圈，如图6-3-14（a）所示。

② 按图6-3-14（b）所示的方法从2挡滑行制动器鼓外圆上的油孔内吹入压缩空气，取出活塞。

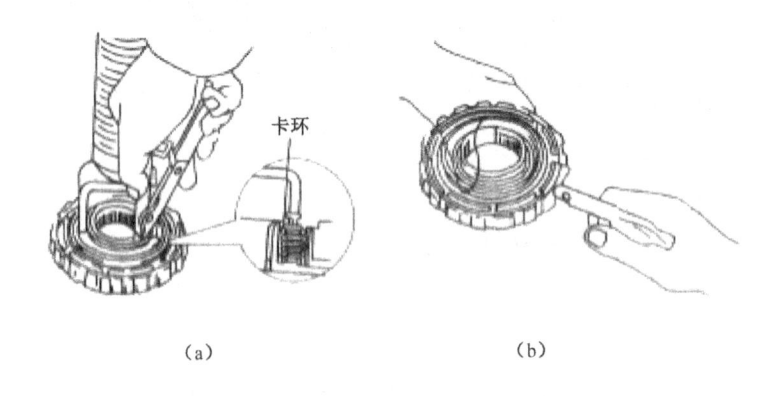

图 6-3-14　2挡滑行制动鼓的分解图

（6）低、倒挡制动器（B_3）的分解

低、倒挡制动器的零部件组成如图6-3-15所示。

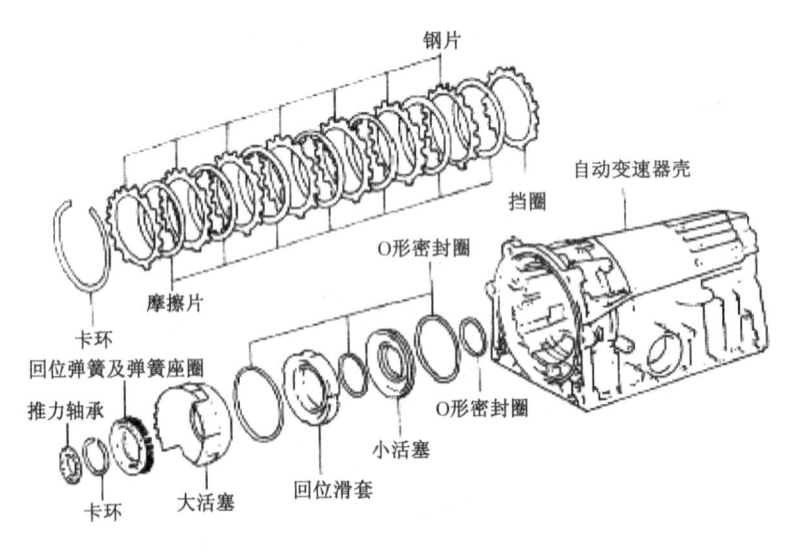

图 6-3-15　低、倒挡制动器的分解图

① 使用专用工具，将自动变速器壳内的低、倒挡制动器活塞的回位弹簧座圈压下，用旋具或卡环钳拆下卡环。

② 从壳体上的低、倒挡制动器进油孔内吹入压缩空气，取出大活塞。
③ 用专用工具取出回位滑套和小活塞。

2．离合器、制动器的检修

离合器、制动器的检修应包括：摩擦片、钢片、制动带的检查，离合器鼓、制动器鼓的检查，离合器和制动器活塞的检查，回位弹簧的检查等内容。

（1）检查离合器、制动器摩擦片和钢片

① 离合器、制动器表面如有烧焦、表面粉末冶金层脱落或翘曲变形，应予以更换。许多自动变速器摩擦片表面上印有符号，若这些符号已被磨去，说明摩擦片已磨损至极限，应更换。也可以测量摩擦片的厚度，若小于极限厚度，应更换。

② 带式制动器的制动带内表面如有烧焦、表面粉末冶金层脱落或表面符号已被磨去也应更换。

③ 检查钢片如有磨损，表面起槽或翘曲变形应更换。

④ 检查挡圈的摩擦面，如有磨损，应更换。

（2）检查离合器、制动器鼓

检查离合器、制动器鼓的液压缸内表面应无损伤或拉毛，与钢片配合的花键槽应无磨损。如有异常应更换新件。带式制动器鼓的外表面应无损伤、拉毛或起槽，如有异常应更换新件。

（3）检查离合器、制动器活塞

① 检查离合器、制动器的活塞，其表面应无损伤、拉毛或起槽，否则应更换新件。

② 检查离合器活塞上的单向阀，其阀球应能在阀座内活动自如。用压缩空气或煤油检查单向阀的密封性（从液压缸一侧往单向阀内吹气），密封应良好，如有异常应更换活塞。

③ 更换所有离合器、制动器及制动带液压缸活塞上的 O 形密封圈及轴颈上的密封环。新密封圈或密封环上应涂上少许自动变速器油或凡士林后装入。

（4）检查回位弹簧和密封圈

测量活塞回位弹簧的自由长度，并与制动器维修手册比较。若弹簧自由长度过小或有变形，应更换新弹簧。

3．离合器、制动器的装配

在装配离合器、制动器之前，应将所有零件用清洁的煤油清洗干净，油道、单向阀孔等处要用压缩空气吹干净，以免被脏物堵塞。

按照与分解相反的顺序装配各个离合器和制动器。在装配时应注意以下几点：

（1）装配前应在所有配合零件表面上涂少许自动变速器油。

（2）更换摩擦片时，应将新摩擦片放在干净的自动变速器油中浸泡 30min 后安装。

（3）安装回位弹簧座圈的卡环时，应确认卡环已落在弹簧座圈上的凸凹槽内，保证安装

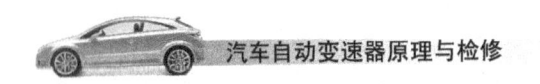

要到位。

（4）摩擦片和钢片要按拆卸时的顺序交错排列。摩擦片和钢片原则上没有方向性，正反面都可安装，但在重新安装使用过的钢片和摩擦片时，应按拆装前的顺序安装。在安装挡圈时有台阶的一面应朝上，让平整的一面与摩擦片接触。有碟形环的离合器或制动器应将碟形环放置在下面第一片的位置上，使之与活塞接触并使碟形的凹面向上。

（5）每个离合器或制动器装配后，都应检查活塞的工作是否正常：可按照分解时的方法，向油道内吹入压缩空气，检查活塞能否向上移动，将钢片和摩擦片压紧。若吹入压缩空气后活塞不能移动，则应检查漏气的部位，分解修复后再重新安装。

（6）用塞尺测量离合器和制动器的自由间隙，或用千分表测量离合器和制动器的自由间隙。若自由间隙不符合标准，可采用更换不同厚度挡圈的方法来调整。

6.3.5　行星排、单向离合器的检修

1. 行星排、单向离合器的分解

在分解行星排、单向离合器之前，应先确认各单向离合器的锁止方向，其方法是，用双手分别握住与单向离合器内外圈连接的零件，朝不同方向相对转动，检查并记下内外圈的相对锁止方向。在没有详细技术资料的情况下维修自动变速器时，一定要做好这一记录，以防在装配时将单向离合器装反，使自动变速器不能正常工作，而必须再次分解自动变速器，造成返工。

（1）超速挡行星排、超速单向离合器的分解

① 按图 6-3-16 所示方法，检查超速单向离合器的锁止方向，应使该单向离合器外圈（行星架）相对于内圈（超速离合器鼓）在逆时针方向（由自动变速器前方看，下同）锁止，在顺时针方向可以自由转动。

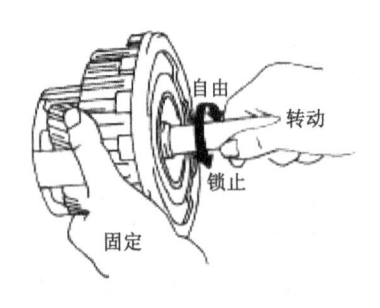

图 6-3-16　超速单向离合器检查

② 按图 6-3-17 所示顺序分解超速挡行星排和超速单向离合器。

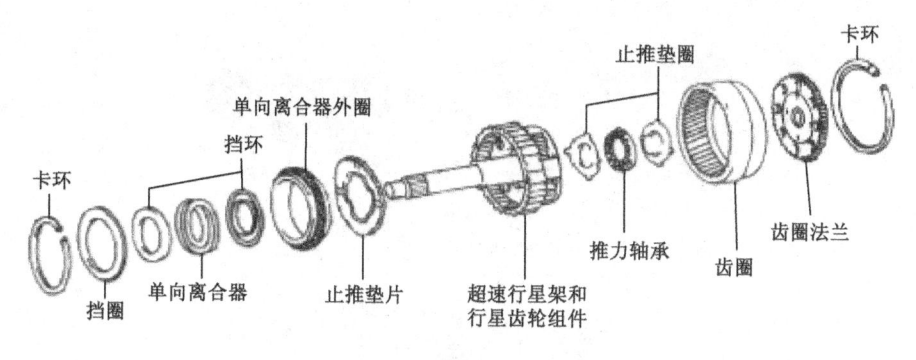

图 6-3-17 超速行星排的分解

(2) 前行星排、2 挡单向离合器 F_1 的分解

① 用左手握住太阳轮驱动鼓，右手转动 2 挡单向离合器外圈，检查 2 挡单向离合器的锁止方向，应使外圈相对于内圈在逆时针方向锁止，在顺时针方向能自由转动。

② 按图 6-3-18 所示顺序分解前行星排和 2 挡单向离合器。

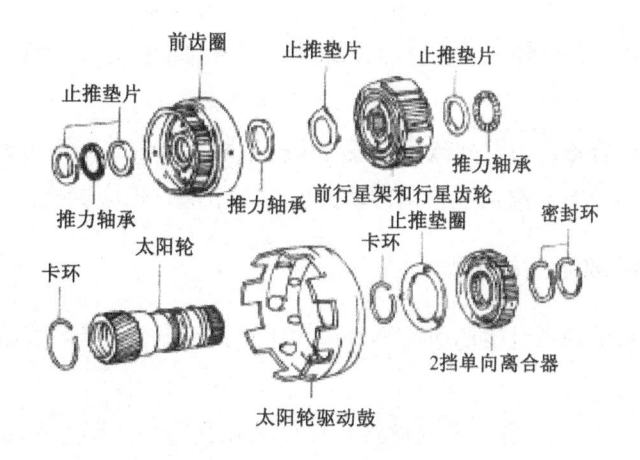

图 6-3-18 前行星排的分解

(3) 后行星排、1 挡单向离合器 F_2 的分解

① 用左手握住后行星架，右手转动 1 挡单向离合器内圈，检查其锁止方向，应使内圈相对于外圈在顺时针方向锁止，在逆时针方向可以自由转动。

② 按图 6-3-19 所示顺序分解后行星排和 1 挡单向离合器。

2. 行星排、单向离合器的检验

(1) 检查太阳轮、行星轮、齿圈的齿面，如有磨损或疲劳剥落，应更换整个行星排。

(2) 检查行星轮与行星架之间的间隙，其标准间隙为 0.2～0.6mm，最大不得超过 1.0mm，否则应更换止推垫片、行星架和行星轮组件。

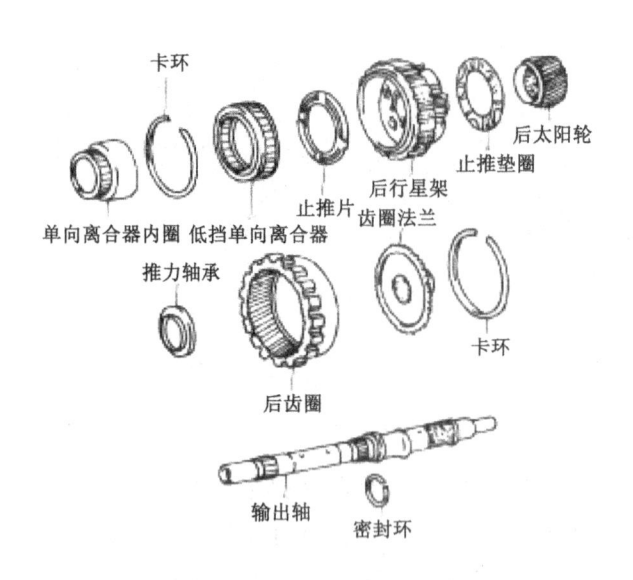

图 6-3-19　后行星排的分解图

（3）检查太阳轮、行星轮、齿圈等零件的轴颈或滑动轴承处有无磨损，如有异常磨损应更换新件。

（4）检查单向离合器，如滚柱破裂、滚柱保持架断裂或内外圈滚道磨损起槽，应更换新件。如果在锁止方向上有打滑或在自由转动方向上有卡滞，也应更换。

3. 行星排、单向离合器的装配

（1）将行星排和单向离合器的所有零件清洗干净，涂上少许自动变速器油，按分解相反的顺序进行装配。

（2）装好单向离合器之后应再次检查，保证其锁止方向正确，在自由转动方向上转动灵活。

6.3.6　液压控制系统的检修

自动变速器液压控制系统都安装在阀体上，是自动变速器最精密的部件之一，其性能的好坏直接影响自动变速器的换挡规律。在拆检自动变速器时，不一定都要拆检阀体，只有在判断是阀体故障时才对阀体进行拆检，以免无谓拆检造成装配精度的破坏。不论是液控自动变速器还是电控自动变速器，其阀体的检修方法是基本相同的。

1. 阀体的分解

阀体分解时应特别小心，不能丢失或分散小的节流阀、安全阀、随动阀和有关的弹簧。

（1）拆下阀体上的手动阀阀芯及电磁阀等零件。

（2）松开上下阀体之间的固定螺栓，将上下阀体分开。在拿起上阀体时为了防止阀体油道内的单向节流阀阀球掉落，应将上下阀体之间的隔板和上阀体一同拿起，并将上阀体油道一面朝上放置后再取下隔板。特别是在没有详细技术资料的情况下检修自动变速器时，更要注意。如果阀体油道内的某个阀或其他小零件掉出，由于阀体油道的形状十分复杂，往往因找不到这些小零件的原有位置而不能正确安装，导致修理后的自动变速器工作异常。

（3）从上阀体一侧取下隔板，取出上阀体油道内的所有单向阀阀球。

（4）顺序拆出上阀体中的控制阀。在拆出每个控制阀时，应先取出锁销和挡塞，再让阀芯和弹簧从阀孔中自由掉落。若阀芯在阀孔中有卡滞，不能自由掉落，则可用木锤或橡胶锤敲击阀体将阀芯振出；不要用铁丝或钳子伸入阀孔去取阀芯，以免损坏阀孔内表面或阀芯。

（5）拆出下阀体上所有的控制阀。

2. 阀体零件检修

（1）将上下阀体和所有控制阀的零件用清洁的煤油清洗干净。

（2）检查控制阀阀芯表面，如有轻微刮伤痕迹可用金相砂纸抛光。

（3）检查各阀弹簧有无损坏，测量弹簧长度，应符合自动变速器维修手册的要求，如不符合，应更换。

（4）检查滤油器，如有损坏或堵塞，应更换。

（5）如控制阀卡死在阀孔中应更换阀体总成。

（6）更换隔板上的纸质衬垫。

（7）更换所有塑胶阀体。

3. 阀体的装配

（1）将清洗后的上下阀体和所有控制阀零件放入干净的自动变速器油中浸泡几分钟。

（2）安装上下阀体各控制阀，注意各控制阀弹簧的安装位置，切不可将各控制阀的弹簧装错。必要时可参考自动变速器维修手册，以区分各个控制阀的弹簧。

（3）将上阀体油道内的阀球装入。

（4）用螺钉将隔板衬垫固定在上阀体上。

（5）将上下阀体合在一起，将三种不同规格的阀体螺栓安装在不同的位置上，分2～3次将所有螺栓拧紧。阀体螺栓的标准拧紧力矩为6.1N·m。

（6）安装电磁阀、手动阀等零件。

4. 检修阀体时的注意事项

（1）检修阀体时，切不可让阀芯等重要零件掉落。不要将铁丝、旋具等硬物伸入阀孔中，以免损伤阀芯和阀孔的精密配合表面。

（2）阀体分解后的所有零件在清洗后，可用压缩空气吹干。不允许用棉布擦拭，以免沾上细小的纤维丝，造成控制阀卡滞。

（3）装配阀体时应检查各控制阀阀芯是否能在阀孔中活动自如。如有卡滞应拆下，经清洗后重新安装。

（4）不要在阀体衬垫及控制阀的任何零件上使用密封胶或粘合剂。

（5）在更换隔板衬垫时要将新旧件进行对比，确认无误后再装入，以防止因零件规格不符而影响自动变速器的正常工作。有些自动变速器的修理包中没有阀体的隔板衬垫，在维修中如果旧衬垫破损，可用青稞纸（即电工用绝缘纸）自制，方法是：将旧衬垫的形状画在青稞纸上，用割纸刀和圆冲照原样刻出。

（6）在分解、装配阀体时，要有详细的技术资料（如阀体的分解图），以作为对照。如果在检修时没有这些资料可供参考，可以在分解之前先画出阀体的外形简图，然后每拆一个控制阀，就在阀体简图的相应位置上画下该控制阀零件的形状和排列顺序，同时测量并记下各个弹簧的外径、自由长度和圈数，以此作为装配时的参考。拆下的各个控制阀零件要按顺序排放，以便重装。

另外在分开上下阀体时，要特别注意不要使阀体油道中的阀球、滤网等小零件掉出。在拿起上面的阀体时，要将隔板连同阀体一同拿起，待翻转阀体使油道一面朝上后再拿开阀体；认清上下阀体油道中所有阀球等零件的位置，并画在简图上，同时测量并记下不同直径阀球的位置，然后才能取出阀球等零件，做进一步分解及阀体清洗工作。如果阀球脱落，安装时记不住阀球的安装位置则可仔细看阀体上的印痕，从而确认阀球安装位置。

5．自动变速器壳体的检修

（1）检查自动变速器壳体，如壳体变形或裂纹，应更换。

（2）油底壳接合平面的平面度超差应用锉刀修整。

（3）清除所有密封平面上残留的密封衬垫或密封胶。

（4）用煤油将自动变速器壳体清洗干净，用压缩空气将所有油道吹净。

（5）更换壳体上的所有 O 形密封圈，新安装。

6.3.7　自动变速器的组装

自动变速器的组装应在所有零部件均已清洗干净，各离合器、制动器、阀体、油泵等总成均已装配好并调整完毕后进行。在组装时，应注意以下几个问题。

（1）组装自动变速器时，应更换自动变速器各接合平面及轴颈上的所有密封圈或密封环。

（2）在安装一些小零件（如推力轴承、止推垫片、密封环等）时，为了防止零件掉落，可在小零件表面上涂抹一些润滑脂，以便将小零件固定在安装位置上。

（3）在组装过程中，应特别注意各个推力轴承、止推垫片和止推垫圈的位置、方向，不能错乱。

1. 行星齿轮变速机构的组装

（1）将止推轴承和装配好的输出轴、后行星排和低、倒挡制动器组件装入变速器壳，如图 6-3-20（a）所示。

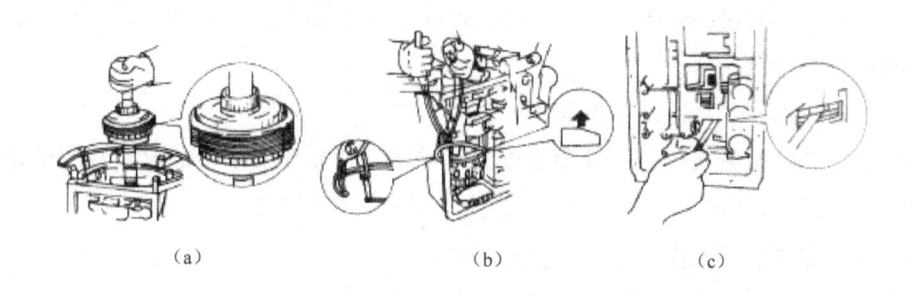

(a)　　　　　　　　(b)　　　　　　　　(c)

图 6-3-20　安装后行星排、2 挡制动器鼓和低、倒挡制动器

（2）装入 2 挡制动器鼓，注意将制动器鼓上的进油孔朝向自动变速器下方（即阀体一侧）。安装卡环时，注意使卡环有倒角的一面朝上，如图 6-3-20（b）所示。

（3）用塞尺测量低、倒挡制动器的自由间隙，如图 6-3-20（c）所示，其标准自由间隙应符合维修手册上规定的间隙。如不符合标准，应取出低、倒挡制动器，更换不同厚度的挡圈，予以调整。

（4）装入 2 挡制动器活塞衬套、止推垫片和 1（低）挡单向离合器。注意 1 挡单向离合器的安装方向。

（5）将 2 挡制动器的钢片和摩擦片装入变速器壳体，装入卡环。用塞尺测量 2 挡制动器自由间隙。如不符合标准，应更换不同厚度的挡圈，予以调整。

（6）装入前后太阳轮组件、前行星架和行星齿轮组件及推力轴承。

（7）将自动变速器立起，用木块垫住输出轴，安装前行星架上的卡环及止推垫片。

（8）安装 2 挡滑行制动带及制动带销轴。

（9）将已装配好的直接挡离合器组件、前进离合器组件及前齿圈组装在一起，注意安装好各组件之间的推力轴承及止推垫片。

（10）让自动变速器前部朝下，将组装在一起的直接挡离合器组件、前进挡离合器组件及前齿圈装入变速器，让直接挡离合器鼓上的卡槽插入前后太阳轮驱动鼓上的卡槽内。

（11）用塞尺测量直接挡离合器鼓与前后太阳轮驱动鼓卡槽之间的轴向间隙，其值应为

9.8～11.8mm。如不符，说明安装不当，应拆检并重新安装。

（12）安装 2 挡滑行制动带活塞及液压缸缸盖。

（13）在 2 挡滑行制动带活塞推杆上做一记号。将压缩空气吹入 2 挡滑行制动带液压缸进油孔，使活塞推杆伸出，然后用塞尺测量推杆的移动量。此值即为 2 挡滑行制动器制动带自由间隙。将测量结果与维修手册进行比较，如不符合标准，应更换不同长度的活塞推杆，予以调整。

（14）安装推力轴承、止推垫片和超速制动器鼓。注意使超速制动器鼓上的进油孔和固定螺栓孔朝向阀体一侧。拧紧制动鼓固定螺栓，装上卡环。

（15）测量自动变速器输出轴的轴向间隙，其值应为 1.23～2.49mm。如不符，说明安装不当，应拆检后重新安装。

（16）安装超速制动器钢片和摩擦片，装上卡环。

（17）将压缩空气吹入超速制动器进油孔，检查超速制动器工作情况，并测量超速制动器自由间隙。如不符合标准，应更换不同厚度的挡圈，予以调整。

（18）装入超速齿圈和推力轴承、止推垫片。

（19）装入超速行星架、超速离合器组件及推力轴承。

（20）安装油泵，拧紧油泵固定螺栓，其拧紧力矩为 21N·m。

（21）用手转动自动变速器输入轴，应使它在顺时针和逆时针方向都能自由转动。如有异常，应拆检后重新安装。

（22）再次将压缩空气吹入各个离合器、制动器的进油孔，检查其工作情况。在吹入压缩空气时，应能听到离合器或制动器活塞移动的声音。如有异常，应重新拆检并找出故障原因。

2．阀体、油底壳及前后壳体的组装

（1）安装 4 个蓄压器活塞及其弹簧。在安装之前，应更换所有蓄压器活塞上的 O 形密封圈，并在活塞上涂少许液压油。为防止装错蓄压器弹簧，应测量各个弹簧的长度，并与表 6-3-3 进行比较。

表 6-3-3　各个弹簧标准

蓄压器弹簧	自由长度/mm	颜　色
C_1	57.64	红紫
B_2	69.39	绿白
C_2	70.21	紫

（2）装入壳体油道上的止回阀。

（3）将阀体总成装入自动变速器，将不同长度的固定螺栓装入相应的位置，按 10N·m 的力矩拧紧各个固定螺栓。

（4）安装节气门拉索，将节气门拉索与节气门阀连接。

（5）接上各个电磁阀的线束插头。

（6）安装进油滤网。

（7）安装油底壳。

（8）将车速传感器装上输出轴。

（9）安装自动变速器后端壳和输出轴凸缘，输出轴凸缘的紧固螺母的拧紧力矩为 123N·m。用冲子将紧固螺母锁死在输出轴上。

（10）安装自动变速器前端壳。其固定螺栓有大小两种规格，大螺栓的拧紧力矩为 57N·m，小螺栓的拧紧力矩为 34N·m。

（11）安装自动变速器外壳上的其他部件，如车速传感器、输入轴转速传感器、挡位开关、加油管等。

（12）向液力变矩器内注入 2L 干净的自动变速器油，将加满液压油的液力变矩器装入自动变速器前端。

3. 自动变速器的安装及调整

在将自动变速器装上汽车之前，应先测量液力变矩器前端面（与飞轮的接合平面）与自动变速器前端面之间的距离，并与标准值进行比较。若测得的距离小于标准值，说明液力变矩器未安装到位，其后端轴套上的缺口未插入油泵驱动齿轮中间的凸块内。对此，应取出液力变矩器，让液力变矩器后端轴套上的缺口与油泵驱动齿轮中间的凸块对准后装入，使其安装到位，否则在装上汽车时会压坏自动变速器的油泵齿轮。

装车时，按拆卸时相反的顺序，将自动变速器装上汽车。注意，在安装时一定要让自动变速器前端面与发动机飞轮壳后端面完全贴合后才能锁紧固定螺栓，以防损坏自动变速器的油泵齿轮。

6.4 常见故障的诊断与排除

自动变速器常见故障主要有：汽车不能行驶、自动变速器打滑、换挡冲击大、不能升挡、升挡过迟、无前进挡、无超速挡、无倒挡、频繁跳挡、挂挡后发动机怠速易熄火、无发动机制动、不能强制降挡、无锁止、液压油易变质等。

6.4.1 汽车不能行驶

1．故障现象

（1）无论操纵手柄位于倒挡、前进挡或前进低挡，汽车都不能行驶。
（2）冷车起动后汽车能行驶一小段路程，但稍一热车就不能行驶。

2．故障原因

（1）自动变速器油底壳被撞坏，液压油全部漏光。
（2）操纵手柄和手动阀摇臂之间的连杆或拉索松脱，手动阀保持在空挡或停车挡位置。
（3）油泵进油滤网堵塞。
（4）主油路严重泄漏。
（5）油泵损坏。

3．故障诊断与排除

（1）拔出自动变速器的油尺，检查自动变速器液压油的油面高度。若油尺上没有液压油，说明自动变速器内的液压油已全部漏光。

对此，应检查油底壳、液压油散热器、油管等处有无破损而导致漏油。如有严重漏油处，应修复后重新加油。

（2）检查自动变速器操纵手柄与手动阀摇臂之间的连杆或拉索有无松脱。如有松脱，应按照正确的安装位置装回原位，并重新调整好操纵手柄的位置。

（3）拆下主油路测压孔上的螺塞，起动发动机，将操纵手柄拨至前进挡或倒挡位置，检查测压孔内有无液压油流出。

（4）若主油路侧压孔内没有液压油流出，应打开油底壳，检查手动阀摇臂轴与摇臂有无松脱，手动阀阀芯有无折断或脱钩。若手动阀工作正常，则说明油泵损坏。对此，应拆卸分解自动变速器，更换油泵。

（5）若主油路测压孔内只有少量液压油流出，油压很低或基本上没有油压，应打开油底壳，检查油泵进油滤网有无堵塞。如无堵塞，说明油泵损坏或主油路严重泄漏。对此，应拆卸分解自动变速器，予以修理。

（6）若冷车起动时主油路有一定的油压，但热车后油压即明显下降，说明油泵磨损过甚。对此，应更换油泵。

（7）若测压孔内有大量液压油喷出，说明主油路油压正常，故障出在自动变速器中的输入轴、行星排或输出轴。对此，应拆检自动变速器。

6.4.2 自动变速器打滑

1．故障现象

（1）起步时踩下油门踏板，发动机转速很快升高，但车速升高缓慢。
（2）行驶中踩下油门踏板加速时，发动机转速升高，但车速没有很快提高。
（3）平路行驶基本正常，但上坡无力，且发动机转速异常高。

2．故障原因

（1）液压油油面太低。
（2）液压油油面太高，运转中被行星排剧烈搅动后产生大量气泡。
（3）离合器或制动器摩擦片、制动带磨损过甚或烧焦。
（4）油泵磨损过甚或主油路泄漏，造成油路油压过低。
（5）单向超越离合器打滑。
（6）离合器或制动器活塞密封圈损坏，导致漏油。
（7）减振器活塞密封圈损坏，导致漏油。

3．故障诊断与排除

打滑是自动变速器最常见的故障之一。虽然自动变速器打滑往往都伴有离合器或制动器摩擦片严重磨损甚至烧焦等现象，但如果只是简单地更换磨损的摩擦片而没有找出打滑的真正原因，则会使修复后的自动变速器使用一段时间后又出现打滑现象。因此，对于出现打滑的自动变速器，不要急于拆卸分解，应先做各种检查测试，以找出造成打滑的真正原因。

（1）对于出现打滑现象的自动变速器，应先检查其液压油的油面高度和品质。若油面过低或过高，应先调整至正常后再做检查。若油面调整正常后自动变速器不再打滑，可不必拆修自动变速器。

（2）检查液压油的品质。若液压油呈棕黑色或有烧焦味，说明离合器或制动器的摩擦片或制动带有烧焦，应拆修自动变速器。

（3）做道路试验，以确定自动变速器是否打滑，并检查出现打滑的挡位和打滑的程度。将操纵手柄拨入不同的位置，让汽车行驶。若自动变速器升至某一挡位时发动机转速突然升高，但车速没有相应地提高，即说明该挡位有打滑。打滑时发动机的转速愈容易升高，说明打滑愈严重。

（4）对于有打滑故障的自动变速器，在拆卸分解之前，应先检查自动变速器的主油路油压，以找出造成自动变速器打滑的原因。自动变速器不论前进挡或倒挡均打滑，其原因往往是主油路油压过低。若主油路油压正常，则只要更换磨损或烧焦的摩擦元件即可。若主油路油压不正常，则在拆修自动变速器的过程中，应根据主油路油压，相应地对油泵或阀板进行检修，并更换自动变速器的所有密封圈和密封环。

6.4.3 换挡冲击大

1. 故障现象

（1）起步时，由停车挡或空挡挂入倒挡或前进挡时，汽车震动较严重。
（2）行驶中，在自动变速器升挡的瞬间汽车有较明显的闯动。

2. 故障原因

（1）发动机怠速过高。
（2）节气门拉索或节气门位置传感器调整不当，使主油路油压过高。
（3）升挡过迟。
（4）真空式节气门阀的真空软管破裂或松脱。
（5）主油路调压阀有故障，使主油路油压过高。
（6）减振器活塞卡住，不能起减振作用。
（7）单向阀钢球漏装，换挡执行元件（离合器或制动器）接合过快。
（8）换挡执行元件打滑。
（9）油压电磁阀不工作。
（10）电脑有故障。

3. 故障诊断与排除

导致自动变速器换挡冲击大的故障原因很多，情况也比较复杂。故障原因可能是调整不当等，对此，只要稍作调整即可排除；也可能是自动变速器内部的控制阀、减振器或换挡执行元件有故障，对此，必须分解自动变速器，予以修理；还可能是电子控制系统有故障，对此，必须对电子控制系统进行检测，才能找出具体原因。因此，在诊断故障的过程中，必须循序渐进，对自动变速器的各个部分进行认真的检查。一定要在全面检测的基础上，有针对性地进行分解修理，切不可盲目地拆修。

（1）检查发动机怠速。安装自动变速器的汽车的发动机怠速一般为 750 r/min 左右。若怠速过高，应按标准予以调整。
（2）检查节气门拉索或节气门位置传感器的调整情况。如不符合标准，应重新予以调整。
（3）检查真空式节气门阀的真空软管。如有破裂，应更换；如有松脱，应接牢。

（4）做道路试验。如果有升挡过迟的现象，则说明换挡冲击大的故障是升挡过迟所致。如果在升挡之前发动机转速异常升高，导致在升挡的瞬间有较大的换挡冲击，则说明离合器或制动器打滑，应分解自动变速器，予以修理。

（5）检测主油路油压。如果怠速时的主油路油压过高，则说明主油路调压阀或节气门阀有故障；可能是调压弹簧的预紧力过大或阀芯卡滞所致；如果怠速时主油路油压正常，但起步进挡时有较大的冲击，则说明前进离合器或倒挡及高挡离合器的进油单向阀阀球损坏或漏装。对此，应拆卸阀板，予以修理。

（6）检测换挡时的主油路油压。在正常情况下，换挡时的主油路油压会有瞬时的下降。如果换挡时主油路油压没有下降，则说明减振器活塞卡滞。对此，应拆检阀板和减振器。

（7）电子控制自动变速器如果出现换挡冲击过大的故障，应检查油压电磁阀的线路以及油压电磁阀工作是否正常、电脑是否在换挡的瞬间向油压电磁阀发出控制信号。

如果线路有故障，应予以修复；如果电磁阀损坏，应更换电磁阀；如果电脑在换挡的瞬间没有向油压电磁阀发出控制信号，说明电脑有故障，对此，应更换电脑。

6.4.4 不能升挡

1．故障现象

（1）汽车行驶中自动变速器始终保持在1挡，不能升入2挡及高速挡。
（2）行驶中自动变速器可以升入2挡，但不能升入3挡和超速挡。

2．故障原因

（1）节气门拉索或节气门位置传感器调整不当。
（2）调速器有故障。
（3）调速器油路严重泄漏。
（4）车速传感器有故障。
（5）2挡制动器或高挡离合器有故障。
（6）换挡阀卡滞。
（7）挡位开关有故障。

3．故障诊断与排除

（1）对于电子控制自动变速器，应先进行故障自诊断。影响换挡控制的传感器有：节气门位置传感器、车速传感器等。按所显示的故障代码查找故障原因。

（2）按标准重新调整节气门拉索或节气门位置传感器。

（3）检查车速传感器。如有损坏，应予以更换。

（4）检查挡位开关的信号。如有异常，应予以调整或更换。

（5）测量调速器油压。若车速升高后调速器油压仍为 0 或很低，说明调速器有故障或调速器油路严重泄漏。对此，应拆检调速器。调速器阀芯如有卡滞，应分解清洗，并将阀芯和阀孔用金相砂纸抛光。若清洗抛光后仍有卡滞，应更换调速器。

（6）用压缩空气检查调速器油路有无泄漏。如有泄漏，应更换密封圈或密封环。

（7）若调速器油压正常，应拆卸阀板，检查各个换挡阀。换挡阀如有卡滞，可将阀芯取出，用金相砂纸抛光，再清洗后装入。如不能修复，应更换阀板。

（8）若控制系统无故障，应分解自动变速器，检查各个换挡执行元件有无打滑，用压缩空气检查各个离合器、制动器油路或活塞有无泄漏。

6.4.5 升挡过迟

1. 故障现象

（1）在汽车行驶中，升挡车速明显高于标准值，升挡前发动机转速偏高。

（2）必须采用松油门提前升挡的操作方法才能使自动变速器升入高挡或超速挡。

2. 故障原因

（1）节气门拉索或节气门位置传感器调整不当。

（2）节气门位置传感器损坏。

（3）调速器卡滞。

（4）调速器弹簧预紧力过大。

（5）调速器壳体螺栓松动或输出轴上的调速器进出油孔处的密封环磨损，导致调速器油路泄漏。

（6）真空式节气门阀推杆调整不当。

（7）真空式节气门阀的真空软管破裂或真空膜片室漏气。

（8）主油路油压或节气门油压太高。

（9）强制降挡开关短路。

（10）电脑或传感器有故障。

3. 故障诊断与排除

（1）对于电子控制自动变速器，应先进行故障自诊断。如有故障代码，则按所显示的故障代码查找故障原因。

（2）检查节气门拉索或节气门位置传感器的调整情况。如不符合标准，应重新予以调整。

（3）测量节气门位置传感器的电阻。如不符合标准，应予以更换。

（4）对于采用真空式节气门阀的自动变速器，应拔下真空式节气门阀上的真空软管，检查在发动机运转中真空软管内有无吸力。如果没有吸力，说明真空软管破裂、松脱或堵塞，对此，应予以修复。

（5）检查强制降挡开关。如有短路，应予以修复或更换。

（6）测量怠速时的主油路油压，并与标准值进行比较。若油压太高，应通过节气门拉索或节气门位置传感器予以调整。采用真空式节气门阀的自动变速器，应采用减少节气门阀推杆长度的方法予以调整。若调整无效，应拆检主油路调压阀或节气门阀。

（7）用举升器将汽车升起，让驱动轮悬空，然后起动发动机，挂上前进挡，让自动变速器运转，同时测量调速器油压。

调速器油压应能随车速的升高而增大。将不同转速下测得的调速器油压与维修手册上的标准值进行比较。若油压值低于标准值，说明调速器有故障或调速器油路有泄漏。对此，应拆卸自动变速器，检查调速器固定螺栓有无松动、调速器油路上的各处密封圈或密封环有无磨损漏油、调速器阀芯有无卡滞或磨损过甚、调速弹簧是否太硬。

（8）若调速器油压正常，则升挡过迟的故障原因为换挡阀工作不良。对此，应拆检或更换阀板。

6.4.6 无前进挡

1. 故障现象

（1）汽车倒挡行驶正常，在前进挡时不能行驶。

（2）操纵手柄在 D 位时不能起步，在 S 位、L 位（或 2 位、1 位）时可以起步。

2. 故障原因

（1）前进离合器严重打滑。

（2）前进单向超越离合器打滑或装反。

（3）前进离合器油路严重泄漏。

（4）操纵手柄调整不当。

3. 故障诊断与排除

（1）检查操纵手柄的调整情况。如有异常，应按规定程序重新调整。

（2）测量前进挡主油路油压。若油压过低，说明主油路严重泄漏，应拆检自动变速器，更换前进挡油路上各处的密封圈和密封环。

（3）若前进挡的主油路油压正常，应拆检前进离合器。如摩擦片表面粉末冶金层有烧焦或磨损过甚，应更换摩擦片。

（4）若主油路油压和前进离合器均正常，则应拆检前进单向超越离合器，按照所述方法检查前进单向超越离合器的安装方向是否正确以及有无打滑。如有装反，应重新安装；如有打滑，应更换新件。

6.4.7　无超速挡

1. 故障现象

（1）在汽车行驶中，车速已升高至超速挡工作范围，但自动变速器仍不能从3挡换入超速挡。

（2）在车速已达到超速挡工作范围后，采用提前升挡（即松开油门踏板几秒后再踩下）的方法也不能使自动变速器升入超速挡。

2. 故障原因

（1）超速挡开关有故障。

（2）超速电磁阀有故障。

（3）超速制动器打滑。

（4）超速行星排上的直接离合器或直接单向超越离合器卡死。

（5）挡位开关有故障。

（6）液压油温度传感器有故障。

（7）节气门位置传感器有故障。

（8）3～4换挡阀卡滞。

3. 故障诊断与排除

（1）对于电子控制自动变速器，应先进行故障自诊断，检查有无故障代码。液压油温度传感器、节气门位置传感器、超速电磁阀等部件的故障都会影响超速挡的换挡控制。按显示的故障代码查找故障原因。

（2）检查液压油温度传感器在不同温度下的电阻值，并与标准值进行比较。如有异常，应更换液压油温度传感器。

（3）检查挡位开关和节气门位置传感器的信号。挡位开关的信号应和操纵手柄的位置相符。

节气门位置传感器的电阻或输出电压应能随节气门的开大而上升，并与标准相符。如有异常，应予以调整。若调整无效，应更换挡位开关或节气门位置传感器。

（4）检查超速挡开关。在 ON 位置时，超速挡开关的触点应断开，超速指示灯不亮；在 OFF 位置时，超速挡开关的触点应闭合，超速指示灯亮起。如有异常，应检查电路或更换超速挡开关。

（5）检查超速电磁阀的工作情况。打开点火开关，但不要起动发动机，在按下超速挡开关时，检查超速电磁阀有无工作的声音。如果超速电磁阀不工作，应检查控制线路或更换超速电磁阀。

（6）用举升器将汽车升起，让驱动轮悬空。

运转发动机，让自动变速器以前进挡工作，检查在空载状态下自动变速器的升挡情况。如果在空载状态下自动变速器能升入超速挡，且升挡车速正常，说明控制系统工作正常，不能升挡的故障原因为超速制动器打滑。在有负荷的状态下不能实现超速挡，如果能升入超速挡，但升挡后车速提不高，发动机转速下降，说明超速行星排中的直接离合器或直接单向超越离合器卡死，使超速行星排在超速挡状态下出现运动干涉，加大了发动机运转阻力。如果在无负荷状态下仍不能升入超速挡，说明控制系统有故障。对此，应拆卸阀板，检查 3~4 挡换挡阀。如有卡滞，可将阀芯拆下，予以清洗并抛光。如不能修复，应更换阀板总成。

6.4.8 无倒挡

1. 故障现象

汽车在前进挡能正常行驶，但在倒挡时不能行驶。

2. 故障原因

（1）操纵手柄调整不当。

（2）倒挡油路泄漏。

（3）倒挡及高挡离合器或低挡及倒挡制动器打滑。

3. 故障诊断与排除

（1）检查操纵手柄的位置。如有异常，应按规定程序重新调整。

（2）检查倒挡油路油压。若油压过低，则说明倒挡油路泄漏。对此，应拆检自动变速器，予以修复。

（3）若倒挡油路油压正常，应拆检自动变速器，更换损坏的离合器片或制动器片（制动带）。

6.4.9 频繁跳挡

1．故障现象

汽车以前进挡行驶时，即使油门踏板保持不动，自动变速器仍会经常出现突然降挡现象；降挡后发动机转速异常升高，并产生换挡冲击。

2．故障原因

（1）节气门位置传感器有故障。
（2）车速传感器有故障。
（3）控制系统电路接地不良。
（4）换挡电磁阀接触不良。
（5）电脑有故障。

3．故障诊断与排除

（1）对于电子控制自动变速器，应先进行故障自诊断。如有故障代码出现，按所显示的故障代码查找故障原因。
（2）测量节气门位置传感器。如有异常，应更换。
（3）测量车速传感器。如有异常，应更换。
（4）检查控制系统电路各条接地线的接地状态。如有接地不良现象，应予以修复。
（5）拆下自动变速器油底壳，检查各个换挡电磁阀线束接头的连接情况。如有松动，应予以修复。
（6）检查控制系统电脑各接线脚的工作电压。如有异常，应予以修复或更换。
（7）换一个新的阀板或电脑试一下。如果故障消失，说明原阀板或电脑损坏，应更换。
（8）更换控制系统所有线束。

6.4.10 挂挡后发动机怠速易熄火

1．故障现象

（1）发动机怠速运转时将操纵手柄由 P 位或 N 位换入 R 位、D 位、S 位、L 位（或 2 位、

1位）时发动机熄火。

（2）在前进挡或倒挡行驶中，踩下制动踏板停车时发动机熄火。

2．故障原因

（1）发动机怠速过低。

（2）阀板中的锁止控制阀卡滞。

（3）挡位开关有故障。

（4）输入轴转速传感器有故障。

3．故障诊断与排除

（1）在空挡或停车挡时，检查发动机怠速，正常的发动机怠速应为750r/min。若怠速过低，应重新调整。

（2）对于电子控制自动变速器，应先进行故障自诊断，按所显示的故障代码查找故障原因。

（3）检查挡位开关的信号，应与操纵手柄的位置相一致，否则应予以调整或更换。

（4）检查输入轴转速传感器。如有损坏，应更换。

（5）拆卸阀板，检查锁止控制阀。

如有卡滞，应清洗抛光后装复。如仍不能排除故障，应更换阀板。若油底壳内有大量摩擦粉末，应彻底分解自动变速器，予以检修。

6.4.11 无发动机制动

1．故障现象

（1）在行驶中，当操纵手柄位于前进低挡（S，L或2，1）位置时，松开油门踏板，发动机转速降至怠速，但汽车没有明显减速。

（2）下坡时，操纵手柄位于前进低挡，但不能产生发动机制动作用。

2．故障原因

（1）挡位开关调整不当。

（2）操纵手柄调整不当。

（3）2挡强制制动器打滑或低挡及倒挡制动器打滑。

（4）控制发动机制动的电磁阀有故障。

（5）阀板有故障。

（6）自动变速器打滑。

（7）电脑有故障。

3. 故障诊断与排除

（1）对于电子控制自动变速器，应先进行故障自诊断，按所显示的故障代码查找故障原因。

（2）做道路试验，检查加速时自动变速器有无打滑现象。如有打滑，应拆修自动变速器。

（3）如果操纵手柄位于 S 位时没有发动机制动作用，但操纵手柄位于 L 位时有发动机制动作用，则说明 2 挡强制制动器打滑，应拆修自动变速器。

（4）如果操纵手柄位于 L 位时没有发动机制动作用，但操纵手柄位于 S 位时有发动机制动作用，则说明低挡及倒挡制动器打滑，应拆修自动变速器。

（5）检查控制发动机制动的电磁阀线路有无短路或断路；电磁阀线圈电阻是否正常；通电后有无工作声音，如有异常，应修复或更换。

（6）拆卸阀板总成，清洗所有控制阀。阀芯如有卡滞可抛光后装复。如抛光后仍有卡滞，应更换阀板。

（7）检测电脑各引脚电压。要特别注意与节气门位置传感器、挡位开关连接的各引脚的电压。如有异常，应做进一步的检查。

（8）更换一个新的电脑试一下。如果故障消失，说明原电脑损坏，应更换。

6.4.12 不能强制降挡

1. 故障现象

当汽车以 3 挡或超速挡行驶时，突然将油门踏板踩到底，自动变速器不能立即降低一个挡位，致使汽车加速无力。

2. 故障原因

（1）节气门拉索或节气门位置传感器调整不当。

（2）强制降挡开关损坏或安装不当。

（3）强制降挡电磁阀损坏或线路短路、断路。

（4）阀板中的强制降挡控制阀卡滞。

3. 故障诊断与排除

（1）检查节气门拉索或节气门位置传感器的安装情况，如有异常，应按标准重新调整。

（2）检查强制降挡开关。在油门踏板踩到底时，强制降挡开关的触点应闭合；松开油门踏板时，强制降挡开关的触点应断开。如果油门踏板踩到底时强制降挡开关触点没有闭合，可用手直接按动强制降挡开关。如果按下开关后触点能闭合，说明开关安装不当，应重新调整；如果按下开关后触点仍不闭合，说明开关损坏，应予以更换。

（3）对照电路图，在自动变速器线束插头处测量强制降挡电磁阀。如有异常，则故障原因可能是线路短路、断路或电磁阀损坏。对此，应检查线路或更换电磁阀。

（4）打开自动变速器油底壳，拆下强制降挡电磁阀，检查电磁阀的工作情况。如有异常，应予以更换。

（5）拆卸阀板总成，分解并清洗强制降挡控制阀，阀芯如有卡滞，可进行抛光。若无法修复，则应更换阀板总成。

6.4.13 无锁止

1. 故障现象

（1）汽车行驶中车速、挡位已满足锁止离合器起作用的条件，但锁止离合器仍没有产生锁止作用。

（2）汽车油耗较大。

2. 故障原因

（1）液压油温度传感器有故障。

（2）节气门位置传感器有故障。

（3）锁止电磁阀有故障或线路短路，断路。

（4）锁止控制阀有故障。

（5）变扭器中的锁止离合器损坏。

3. 故障诊断与排除

（1）对于电子控制自动变速器，应先做故障自诊断，检查有无故障代码。如有故障代码则可按显示的故障代码查找相应的故障原因，与锁止控制有关的部件包括液压油温度传感器、节气门位置传感器、锁止电磁阀等。

（2）检查节气门位置传感器，如果在一定节气门开度下的节气门位置传感器输出电压过高或电位计电阻过大，应予以调整。若调整无效，应更换节气门位置传感器。

（3）打开油底壳，拆下液压油温度传感器。检测液压油温度传感器如不符合标准，应更换液压油温度传感器。

(4)测量锁止电磁阀。如有短路或断路，应检查电路。如电路正常，则应更换电磁阀。

(5)拆下锁止电磁阀，检查锁止电磁阀，如有异常，应予以更换。

(6)拆下阀板，分解并清洗锁止控制阀。如有卡滞，应抛光后装复。如不能修复，应更换阀板。

(7)若控制系统无故障，则应更换变矩器。

6.4.14 液压油易变质

1. 故障现象

(1)更换后的新液压油使用后不久即变质。

(2)自动变速器温度过高，从加油口处向外冒烟。

2. 故障原因

(1)汽车使用不当，经常超负荷行驶，如经常用于拖车，或经常急加速、超速行驶等。

(2)液压油散热器管路堵塞。

(3)通往液压油散热器的限压阀卡滞。

(4)离合器或制动器自有间隙太小。

(5)主油路油压过低，离合器或制动器在工作中打滑。

3. 故障诊断与排除

(1)让汽车以中低速行驶 5～10min，待自动变速器达到正常工作温度后，在发动机运转过程中检查自动变速器液压油散热器的温度。在正常情况下，液压油散热器的温度可达 60℃左右。

(2)若液压油散热器的温度过低，说明油管堵塞，或通往液压油散热器的限压阀卡滞。这样，液压油得不到及时的冷却，油温过高，导致变质。

(3)若液压油散热器的温度太高，说明离合器或制动器自由间隙太小。对此，应拆卸自动变速器，予以调整。

(4)若液压油温度正常，应测量主油路油压；若油压太低，应检查节气门拉索或节气门位置传感器的调整情况。

若节气门拉索或节气门位置传感器安装正常，应拆卸自动变速器，检查油泵是否磨损过甚、阀板内的主油路调压阀和节气门阀有无卡滞、主油路有无漏油处。

(5)若上述检查均正常，则故障可能是汽车经常超负荷行驶所致，或未按规定使用合适牌号的液压油所致。对此，可将液压油全部放出，加入规定牌号和数量的液压油。

小　结

　　自动变速器的结构和工作原理都很复杂，液力变矩器、换挡执行元件、阀体、电控系统或其他任何部件出现故障，都会影响自动变速器的正常工作。自动变速器不易拆装，当出现故障或工作不正常时，盲目拆卸分解往往找不出产生故障的正真原因，甚至造成自动变速器不应有的损坏。因此，在进行自动变速器拆卸前应对其进行基本检查，在进行基本检查无故障后再进行试验。通过检查和试验确定自动变速器故障范围，为拆解维修提供依据。自动变速器维修完后，也应进行全面性能试验，以保证自动变速器的各项性能指标达到标准要求。

习　题

　　6-1　自动变速器液压油更换步骤有哪些？
　　6-2　自动变速器的基本试验有哪些？
　　6-3　失速试验的步骤是什么？
　　6-4　油泵的检测步骤是什么？
　　6-5　如何检查液力变矩器？
　　6-6　离合器、制动器装配时应注意什么？
　　6-7　自动变速器常见的故障现象有些类型？

参考文献

[1] 胡光辉，仇雅莉．汽车自动变速器原理与检修．机械工业出版社，2012 年 7 月
[2] 赵振宁，李东兵．自动变速器原理与检修．北京理工大学出版社，2014 年 1 月
[3] 杨海鹏．汽车自动变速器原理与检修．北京理工大学出版社，2011 年 6 月
[4] 赵海波，张涛．汽车自动变速器构造与维修．机械工业出版社，2009 年 3 月
[5] 王胜良．汽车自动变速器技术与维修．机械工业出版社，2010 年 4 月
[6] 么居标．自动变速器．机械工业出版社，2011 年 1 月
[7] 冯永亮，徐家顺．汽车自动变速器检修一体化项目教程．上海交通大学出版社，2012 年 1 月
[8] 谭本忠．自动变速器原理与维修．山东科学技术出版社，2010 年 1 月

附录 A 油路图

A.1 丰田 A43D 油路图

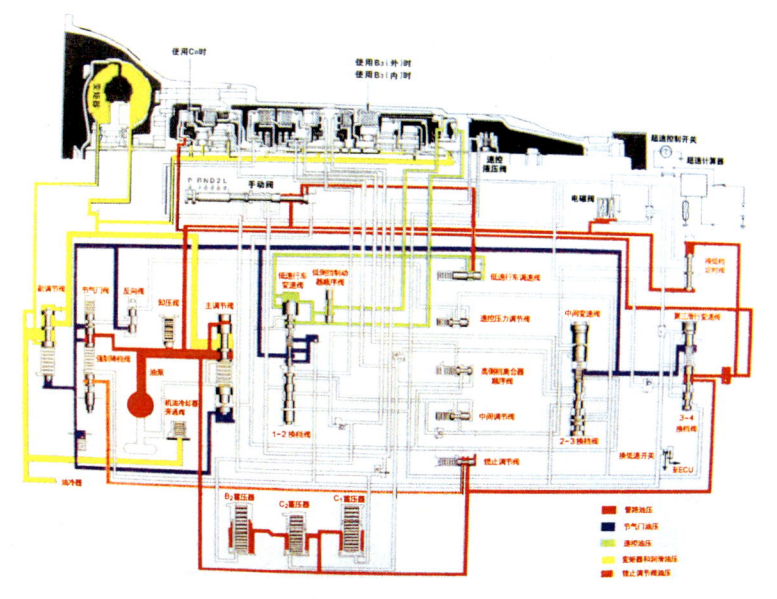

图 A-1 P 位油路

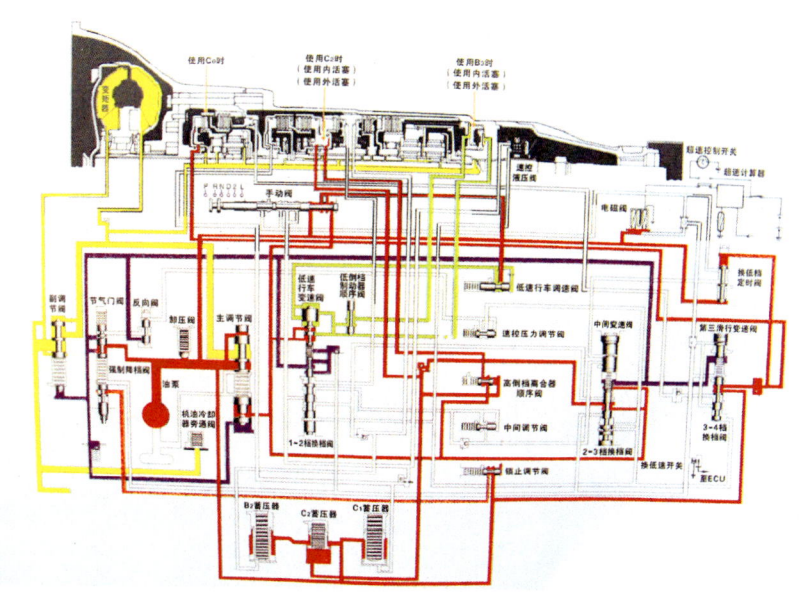

图 A-2 R 位油路

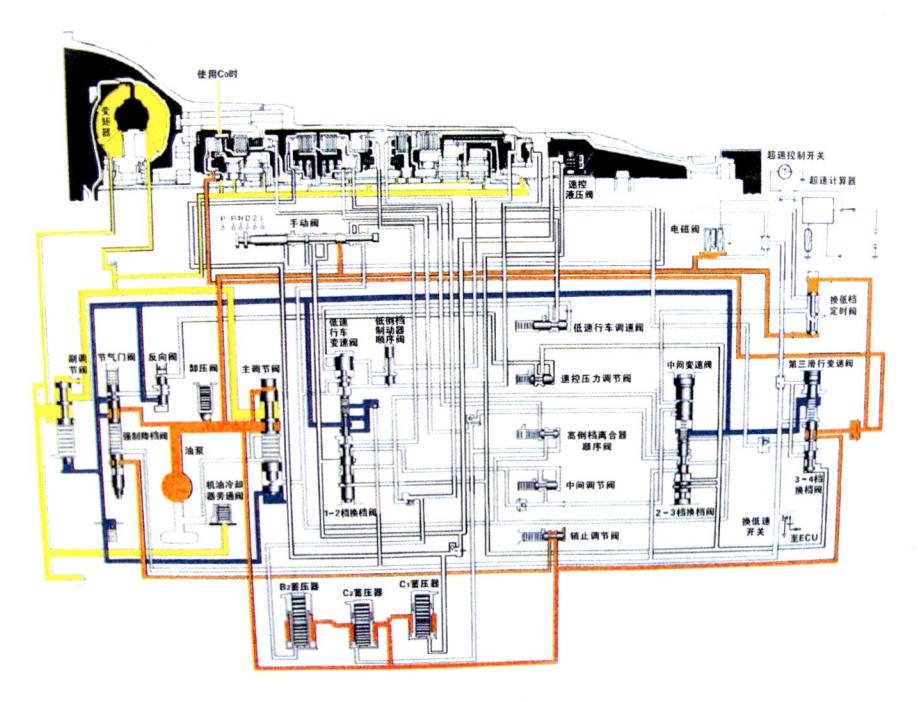

图 A-3　N 位油路

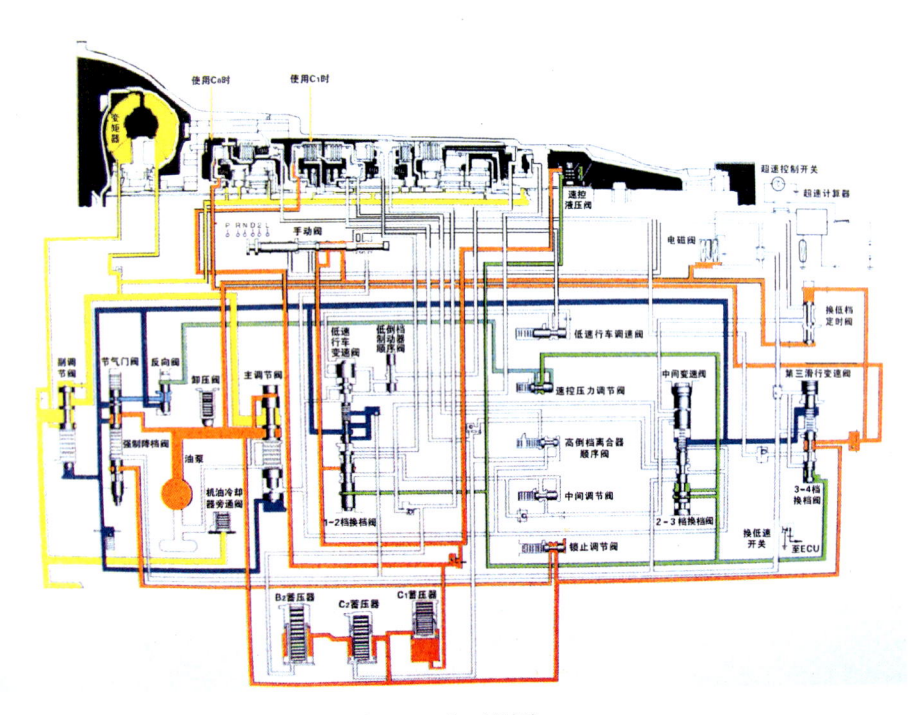

图 A-4　D 位 1 挡油路

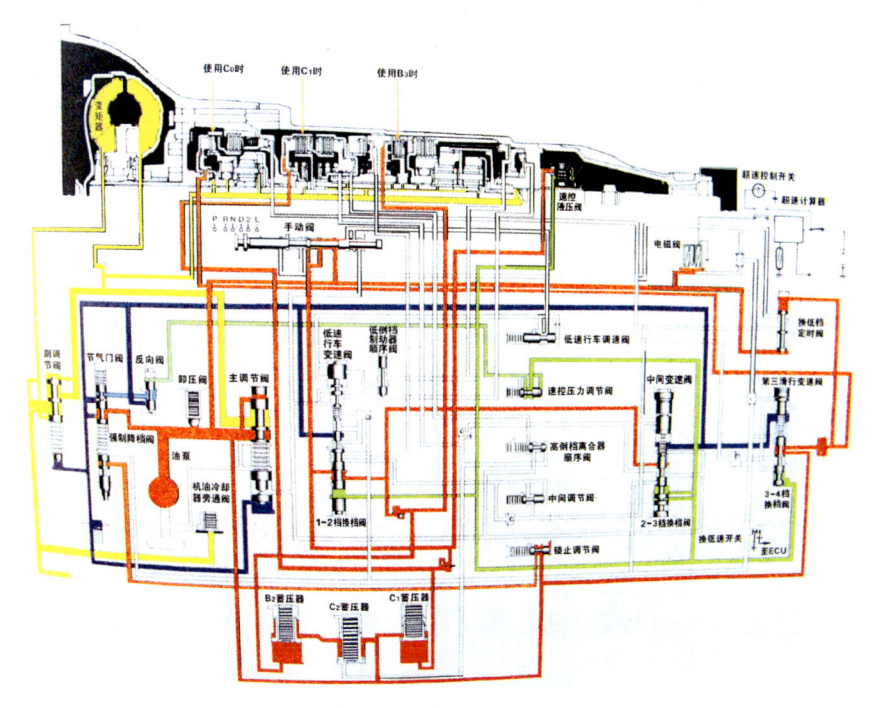

图 A-5　D 位 2 挡油路

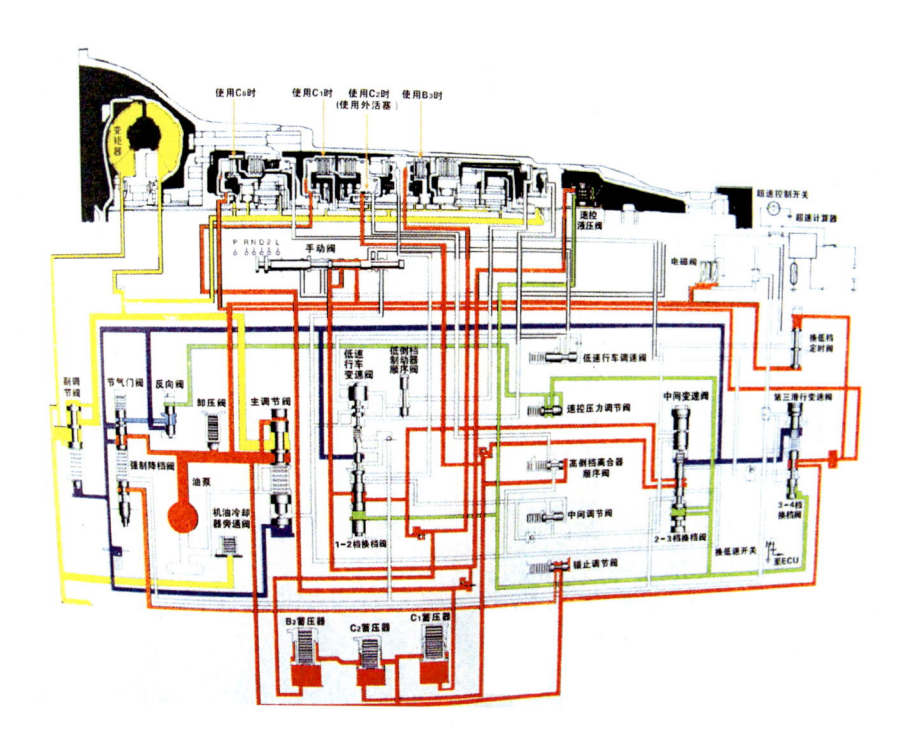

图 A-6　D 位 3 挡油路

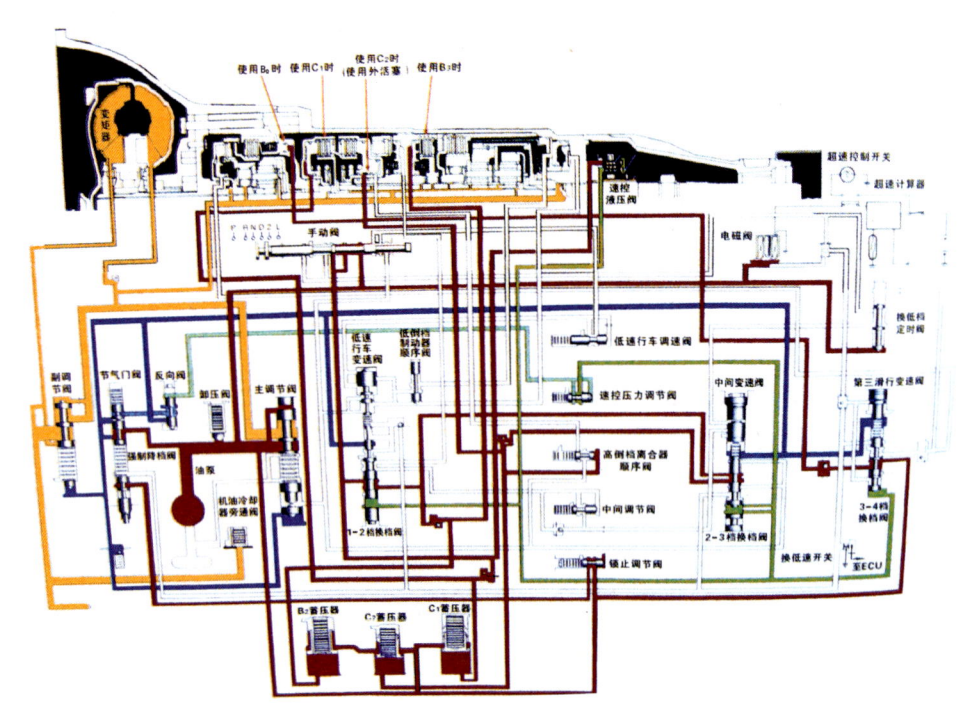

图 A-7　D 位 4 挡油路

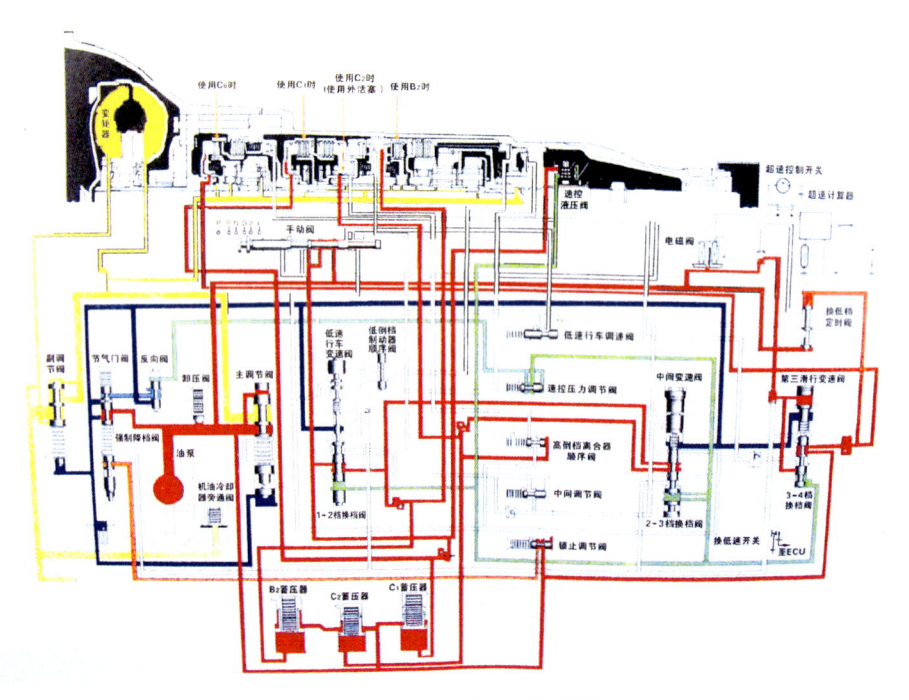

图 A-8　D 位超速主开关断开油路

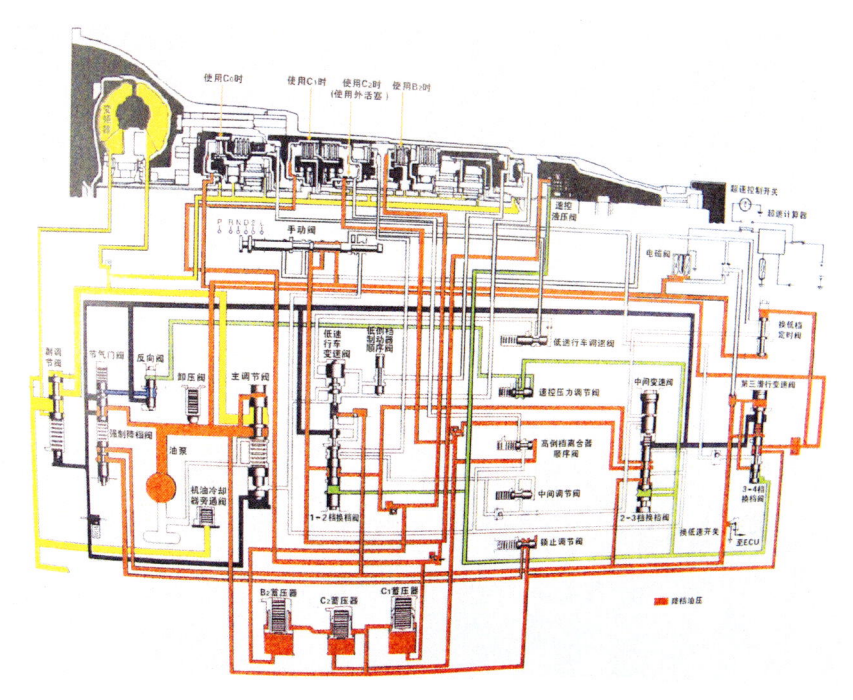

图 A-9　D 位强制降挡油路

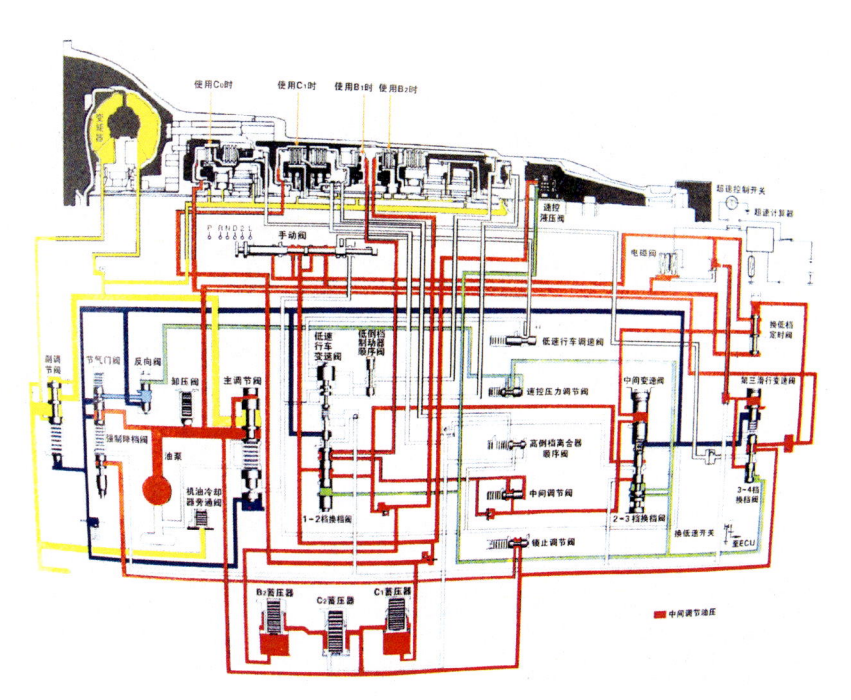

图 A-10　2 位 2 挡油路

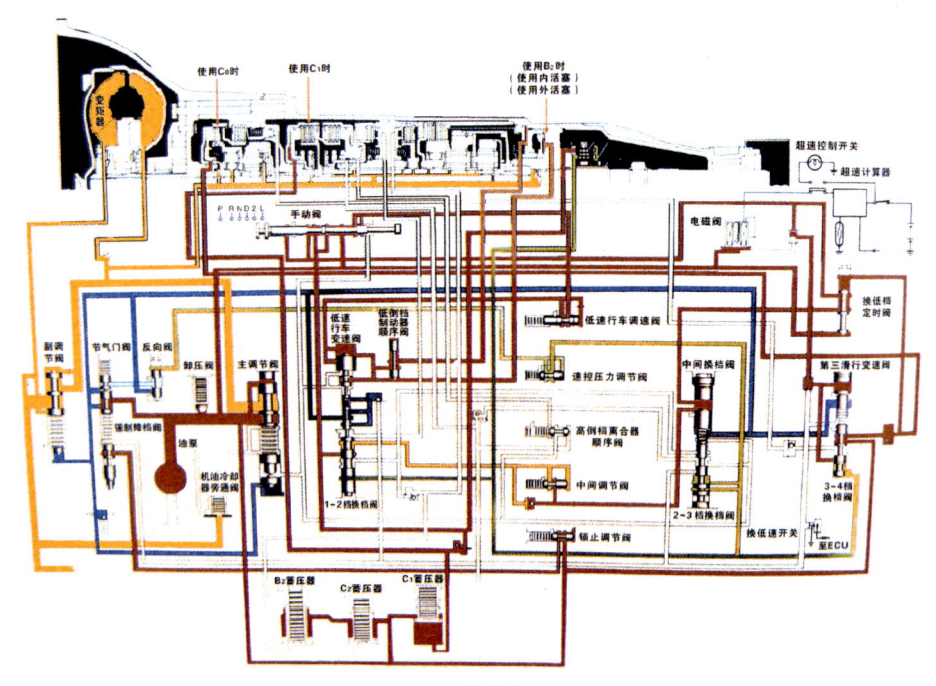

图 A-11　L 位油路

A.2　丰田 A140E 油路图

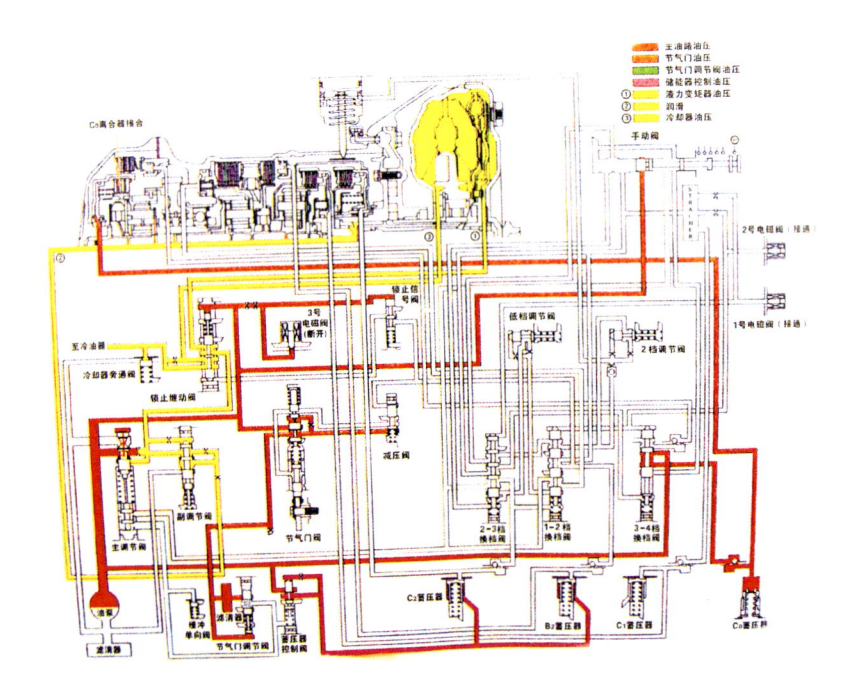

图 A-12　丰田 A140E 电子控制自动变速器 P 位油路

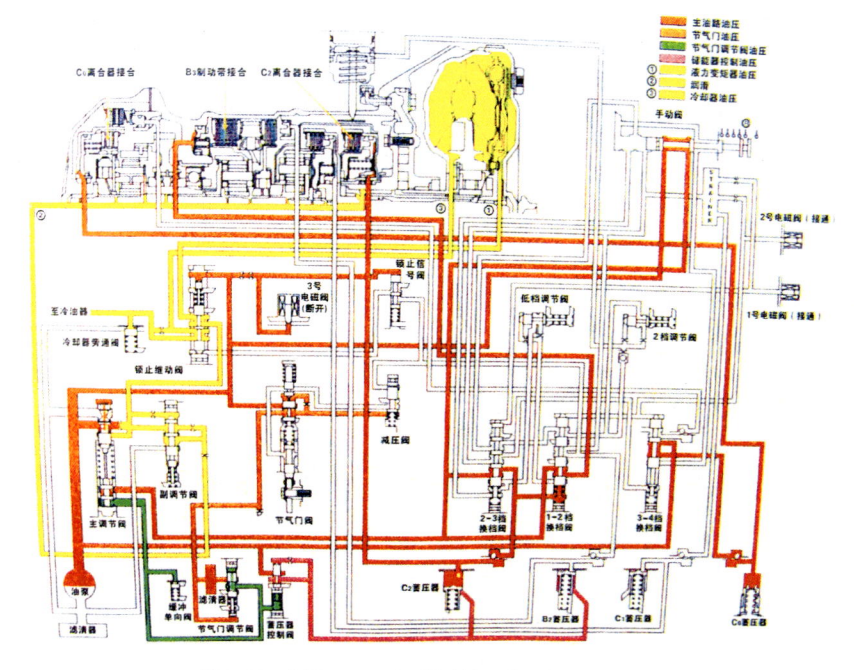

图 A-13　丰田 A140E 电子控制自动变速器 R 位油路

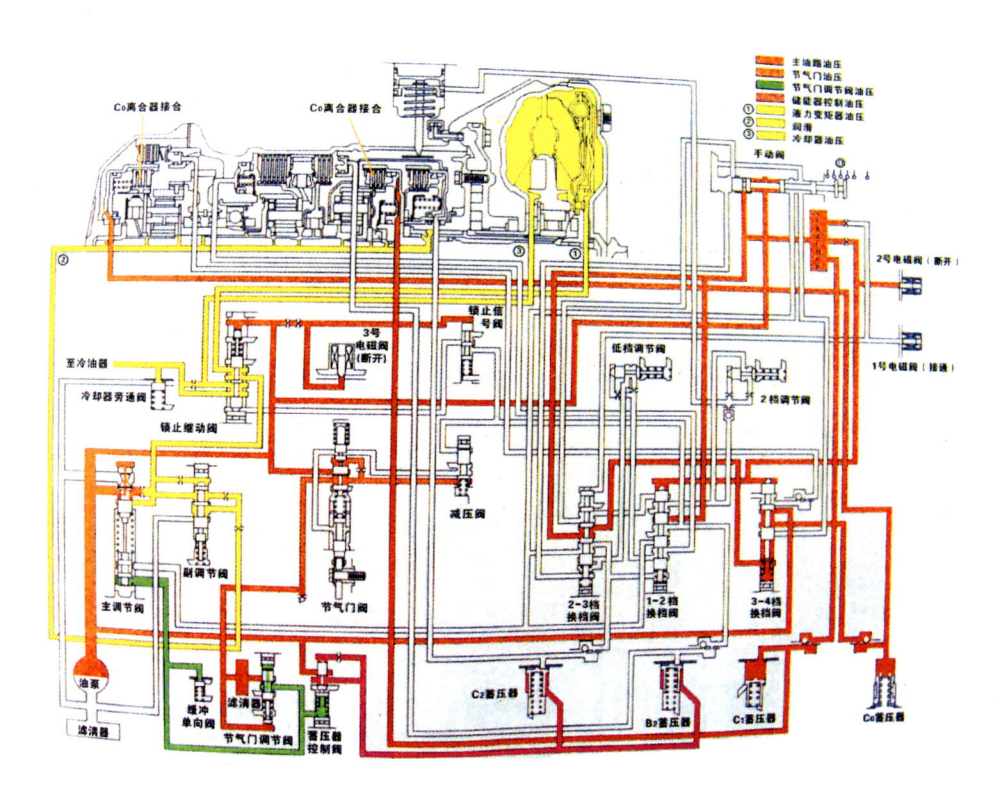

图 A-14　丰田 A140E 电子控制自动变速器 D_1 挡油路

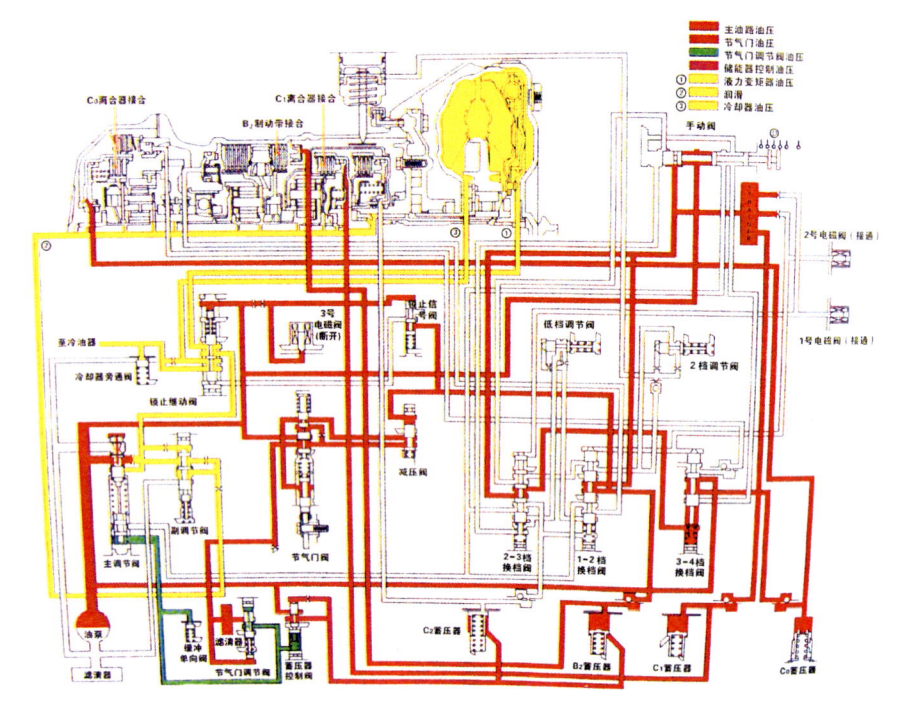

图 A-15　丰田 A140E 电子控制自动变速器 D_2 挡油路

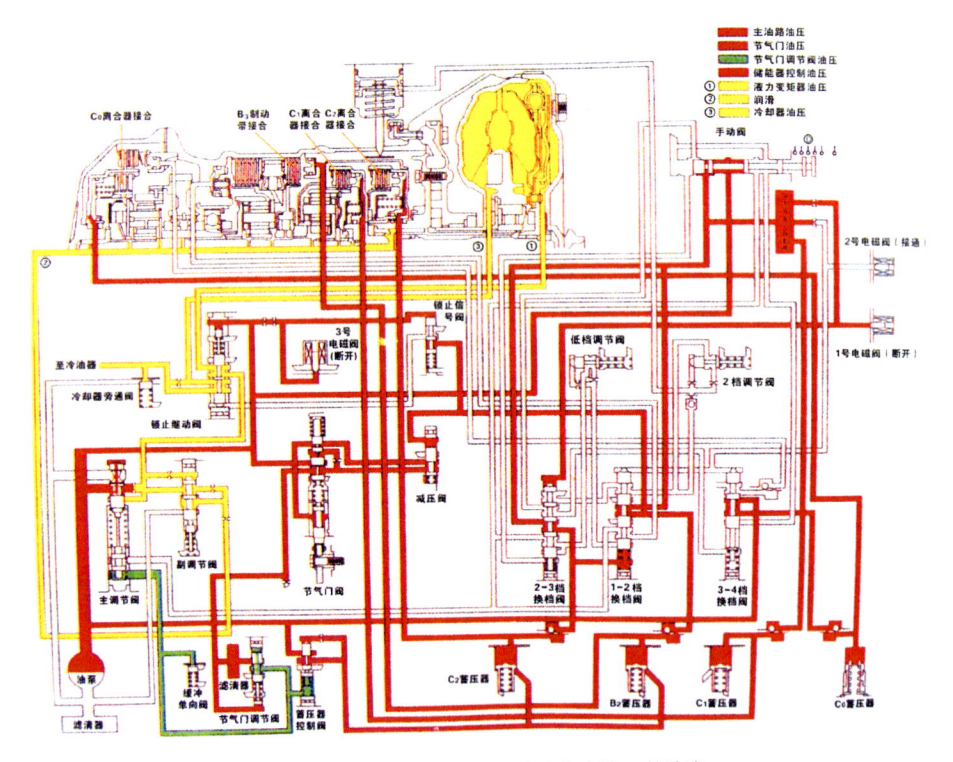

图 A-16　丰田 A140E 电子控制自动变速器 D_3 挡油路

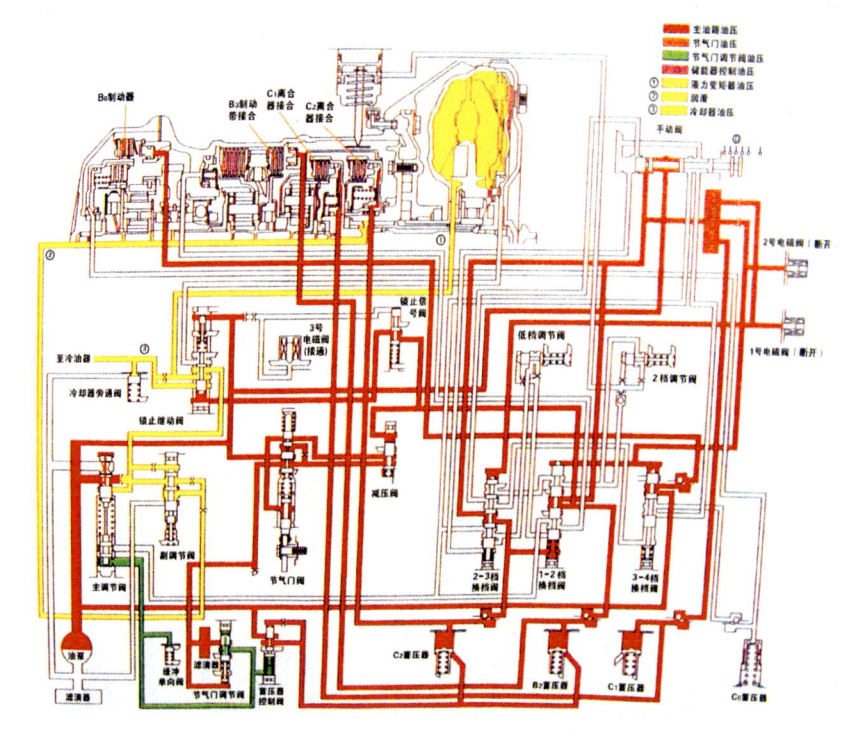

图 A-17　丰田 A140E 电子控制自动变速器 D_4 挡油路

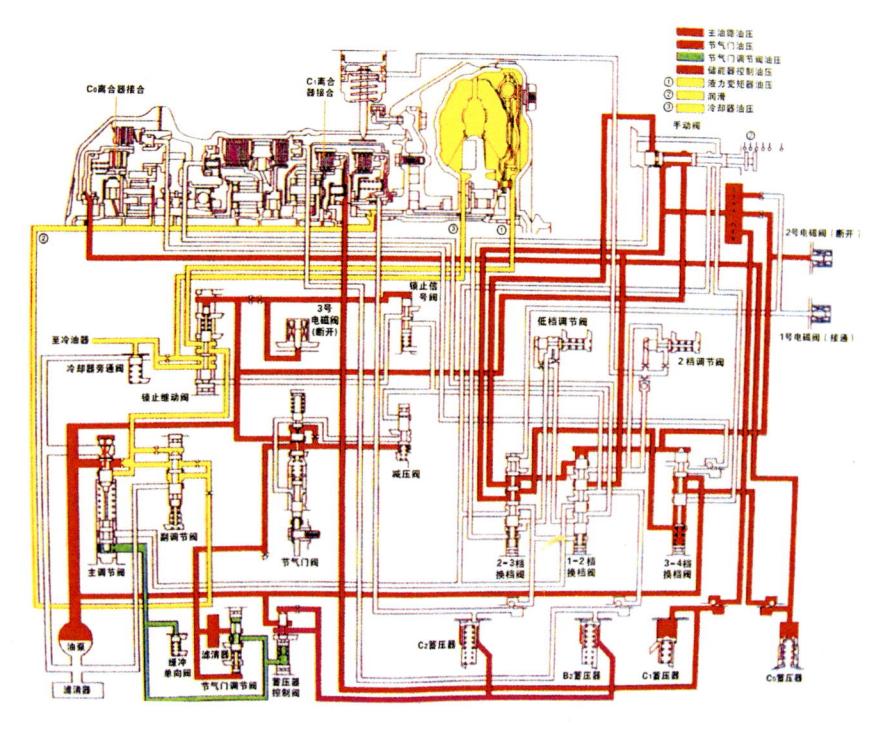

图 A-18　丰田 A140E 电子控制自动变速器 2_1 挡油路

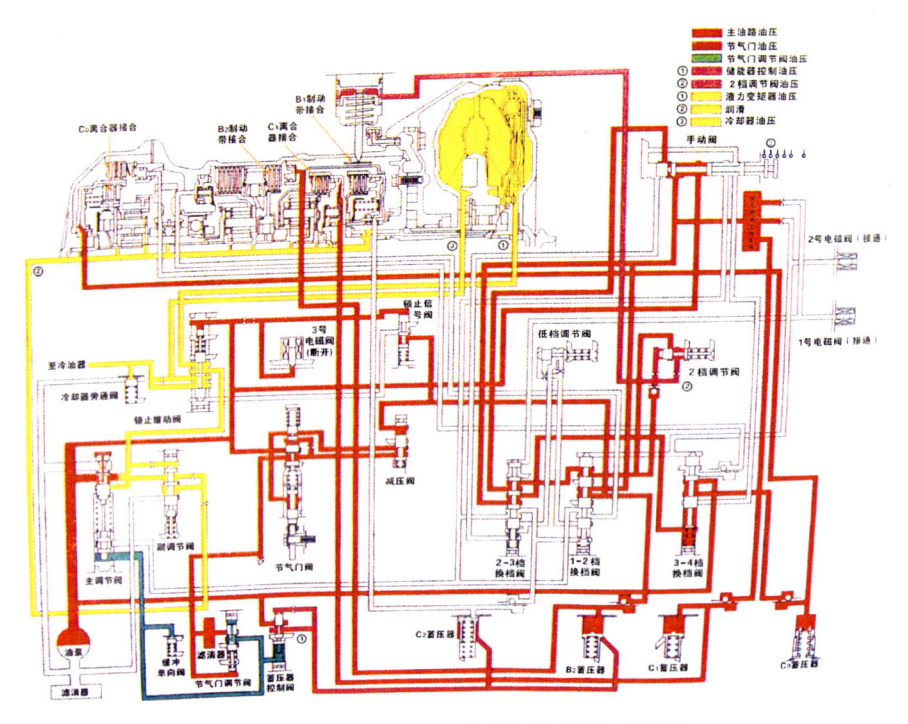

图 A-19　丰田 A140E 电子控制自动变速器 2_2 挡油路

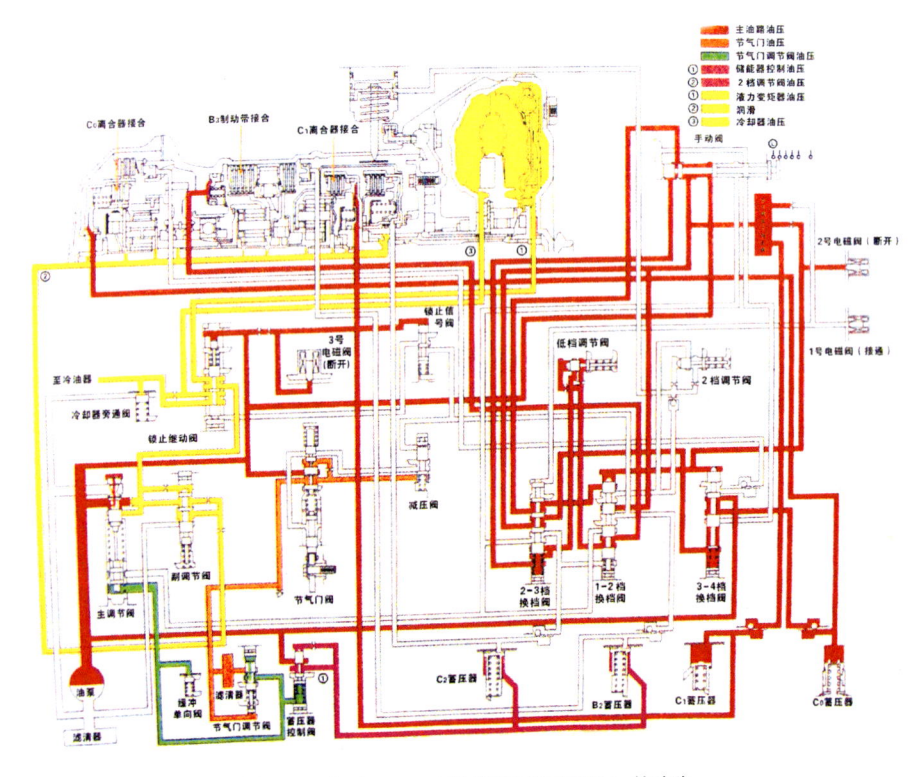

图 A-20　丰田 A140E 电子控制自动变速器 L_1 挡油路

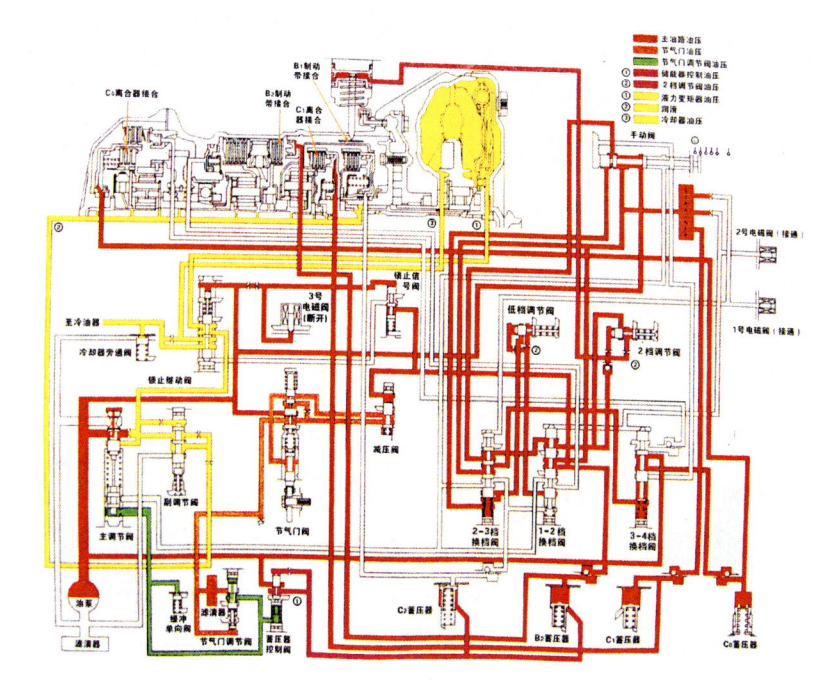

图 A-21　丰田 A140E 电子控制自动变速器 L_2 挡油路

A.3　大众 01M 油路图

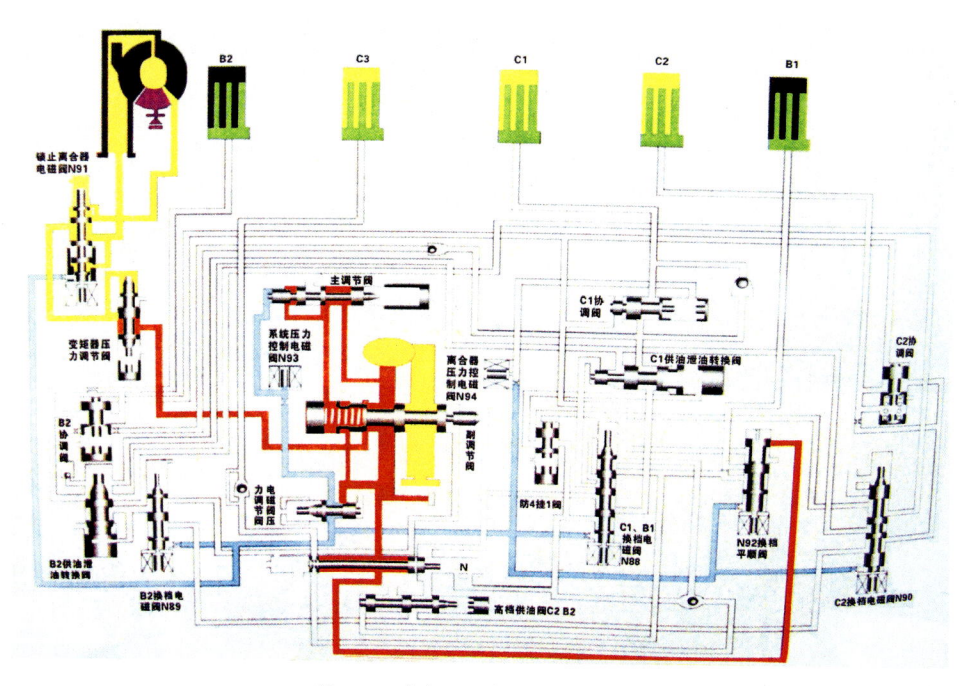

图 A-22　大众 01M 变速器 N 位油路图

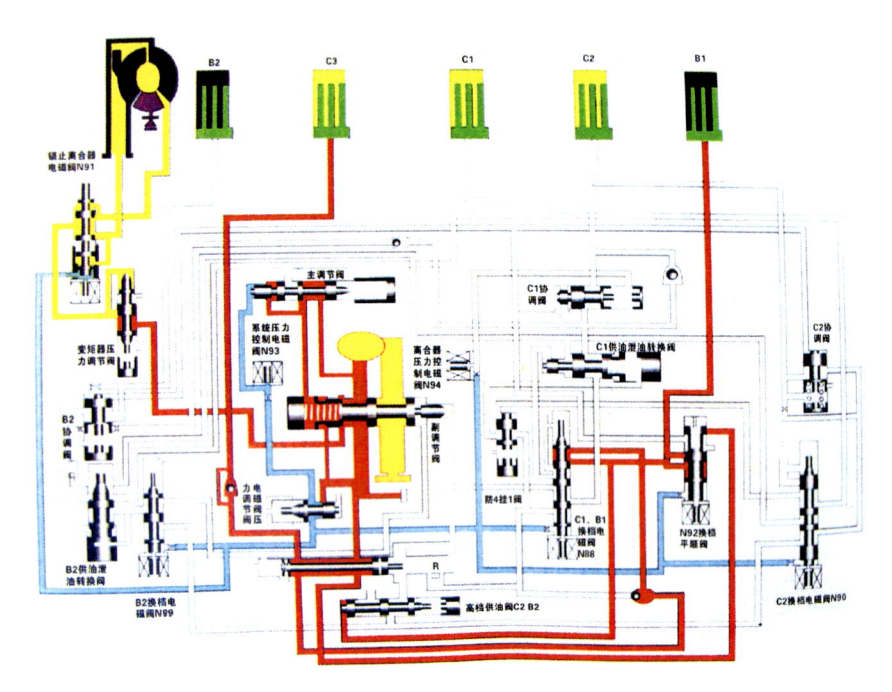

图 A-23 大众 01M 变速器 R 位油路图